《老子》自圆其说

——我读《老子》

高金坚 著

华龄出版社

HUALING PRESS

图书在版编目（CIP）数据

《老子》自圆其说 / 高金坚著 . -- 北京：华龄出
版社，2024.5

ISBN 978-7-5169-2684-0

Ⅰ.①老… Ⅱ.①高… Ⅲ.①《老子》—研究 Ⅳ.
① B223.15

中国国家版本馆 CIP 数据核字（2024）第 013320 号

策划编辑	南川一滴		**责任印制**	李未圻
责任编辑	郑建军		**装帧设计**	华彩瑞视

书　　名	《老子》自圆其说		**作　者**	高金坚
出　版 **发　行**	华龄出版社 HUALING PRESS			
社　　址	北京市东城区安定门外大街甲 57 号		**邮　编**	100011
发　　行	（010）58122255		**传　真**	（010）84049572
承　　印	运河（唐山）印务有限公司			
版　　次	2024 年 5 月第 1 版		**印　次**	2024 年 5 月第 1 次印刷
规　　格	710mm×1000mm		**开　本**	1/16
印　　张	26		**字　数**	369 千字
书　　号	ISBN 978-7-5169-2684-0			
定　　价	98.00 元			

谨以此书献给
92 岁父亲高明浩和 91 岁母亲郑丽英

题　辞

至关，
老子著五千余言而去，莫知其所终。
出世？入世？
《老子》天下第一。

至道，
人往高处走，水往低处流。
福兮？祸兮？
《老子》众妙之门。

至德，
无为无争四年无事，有读有写一书有成。
注老？注我？
《老子》自圆其说。

目　录

上篇

我读《老子》

第一章　老子其人：《老子列传》真相

据现有资料可知，历史上第一个为老子写传记的人，是中国最著名的汉代历史学家司马迁，他写的《史记·老子列传》对老子有一个500来字的记述。全文如下：

老子者，楚苦县厉乡曲仁里人也，姓李氏，名耳，字聃，周守藏室之史也。

孔子适周，将问礼于老子。老子曰："子所言者，其人与骨皆已朽矣，独其言在耳。且君子得其时则驾，不得其时则蓬累而行。吾闻之，良贾深藏若虚，君子盛德，容貌若愚。去子之骄气与多欲，态色与淫志，是皆无益于子之身。吾所以告子，若是而已。"孔子去，谓弟子曰："鸟，吾知其能飞；鱼，吾知其能游；兽，吾知其能走。走者可以为罔，游者可以为纶，飞者可以为矰。至于龙吾不能知，其乘风云而上天。吾今日见老子，其犹龙邪！"

老子修道德，其学以自隐无名为务。居周久之，见周之衰，乃遂去。至关，关令尹喜曰："子将隐矣，强为我著书。"于是老子乃著书上下篇，言道德之意五千余言而去，莫知其所终。

或曰：老莱子亦楚人也，著书十五篇，言道家之用，与孔子同时云。

盖老子百有六十余岁，或言二百余岁，以其修道而养寿也。

自孔子死之后百二十九年，而史记周太史儋见秦献公曰："始秦与周合，合五百岁而离，离七十岁而霸王者出焉。"或曰儋即老子，或曰非也，世莫知其然否。

老子，隐君子也。老子之子名宗，宗为魏将，封于段干。宗子注，注子官，官玄孙假，假仕于汉孝文帝。而假之子解为胶西王卬太傅，因家于齐焉。

世之学老子者则绌儒学，儒学亦绌老子。"道不同不相为谋"，岂谓是邪？李耳无为自化，清静自正。[1]

一、《老子列传》可信

对《老子列传》的记载，历经两汉魏晋，都没有人怀疑。最早对老子其人其书提出疑问的是北魏的崔浩。北宋王十朋《问策》云："至于疑五千言非老子所作，有如崔浩。"[2]但是影响很小，没有引起学者注意。真正对老子其人其书进行质疑是从宋代开始的，到二十世纪二十、三十年代，疑古思潮兴起，老子其人其书遭到了最为细致的审查和盘诘。虽然学术界进行过相当激烈的争论，许多学者对这些问题作过详细的考证，结果众说纷纭，莫衷一是，终究没有得出一致的意见。实际上，这些争论或分歧，有的源于没有读懂《老子列传》而引起的误解、曲解，有的由于学派相绌而形成的成见、偏见。至今为止，《老子列传》仍是我们所看到的时间最早、影响最大、最具权威性的老子传，所记载的内容是真实可信的。

首先，司马迁确信本传传主老子是真实的历史人物。司马迁正处于与先秦相去不远，而又是黄老之学盛行的时代。据《史记·太史公自序》说，他的父亲司马谈身为史官，又曾"习道论于黄子"，[3]对先秦诸子曾作过一番整理工作，而重点归结于道家，写有《论六家要旨》的重要文献。司马迁虽然出自这种有道家传统的家庭，但他深受儒家学说影响。《汉书》卷八十八《儒林传》记载："孔氏有古文《尚书》，孔安国以今文字读之……而司马迁亦从安国问故，迁书载《尧典》《禹贡》《洪范》《微子》《金縢》诸篇，多古文说。"[4]司马迁信仰儒家远过于道家，所以他能了解道家，而又不会故意为道家而编造事实。司马迁是一个严肃的历史学家，具有中国史家据实直书的最优秀的品质，他是在呕心沥血地做他的名山事业。他敢在汉朝刘家天下为刘家死对头项羽作本纪，不受"成王败寇"思想左右，这就证明他不会趋炎附势，不会歪曲史实，捏造事实。

司马迁为老子作传，是把老子视作与刘邦、孔子同样重要的历史人物，作为信史来写的，本着"网罗天下放失旧闻"，[5] 然后"述故事，整齐其世传。"[6] 查遍《史记》所记载的数以百计的重要历史人物传记，对人物的籍贯，既记载国籍、县籍，又交代乡籍、里籍的，只有三人：一是"本纪"中的汉高祖刘邦，二是"世纪"中的孔子，三是"列传"中的老子。在司马迁看来，此三人，地位特殊，刘邦为本朝的开国皇帝，孔子在"独尊儒术"后已成为儒家圣人，老子为西汉初期颇受推崇的人物，朝廷颇重黄老之术。司马迁受其父影响，对老子也有所重。据《史记·太史公自序》记载，司马迁二十岁远游，曾经"北涉汶、泗，讲业齐、鲁之都，观孔子之遗风；乡射邹、峄；厄困鄱、薛、彭城，过梁、楚以归"。[7] 从此行程来看，从北到南，司马迁到过孔子的故乡、刘邦的故乡，也到过老子的故乡（"过梁、楚以归"）。司马迁详细记载三人的里籍，完全可以理解。里籍详细到如此程度，是不可能对传主是否实有其人，还存在怀疑的。

司马迁还认定老子生在孔子之前。正如陈鼓应、白奚在《老子评传》中所指出的：《史记》中共有列传七十篇，其中凡写人物的都是按第一传主的年代先后排列的，并无一篇错乱。其中《老子列传》是第三篇，在它之前是《伯夷列传》和《管晏列传》，在它之后依次为《司马穰苴列传》《孙子吴起列传》《伍子胥列传》《仲尼弟子列传》等。伯夷是周初时人，管仲是春秋早期人，而司马穰苴事齐景公，大约与晏婴、孔子同时。司马迁把老子安排在管仲和司马穰苴之间，据此可以比较肯定地说，这位大史学家是明确的认定老子就是春秋时期孔子问礼的老聃。[8]

到目前为止，并没有出现新的材料和证据能够推翻《老子列传》叙述的内容。相反，新的考古发现，特别是 1973 年湖南长沙马王堆三号汉墓出土了《老子》帛书二种，其中被命名为甲本的帛书《老子》不避汉刘邦的讳，使得认为《老子》成书于西汉文景之世的"晚出论"不攻自破。1993年湖北荆门市郭店战国楚墓又出土了竹简本《老子》三种，使得认为《老子》成书于战国中期的"晚出论"也变得难以立足。这两次考古发现，以地下材料印证了《老子列传》的基本叙述，可以相信，司马迁《老子列传》还是可靠的。

其次，读完《老子列传》，可以感觉到，司马迁当时对老子的真面目还是自信的，他是以严谨的笔触记述的，言之凿凿而非言辞恍惚，实录直书而非语焉不详，所以，老子的面貌是清晰真实而非模糊神秘的。

下面对《老子列传》逐段进行分析：

本传第一段，自"老子者"起，至"周守藏室之史也"止，记述老子的姓名、籍贯和职业，这是可信的。

关于老子的姓名，司马迁说是"姓李氏，名耳，字聃"，从《庄子》《韩非子》等先秦古籍中的"老子曰""老聃曰""老聃之言"所引用的内容，都可以在通行本《老子》中找到原文得到印证，这就说明老子即老聃是可信的。对老子的"名""字"，没有发生过争议，也是可信的。《说文》："聃，耳曼也。"段注："曼者，引也。耳曼者，耳引之而大也。""聃"的意思是"长耳朵"，"字聃"正与"名耳"相配。"名"与"字"相应合，是古人起名取字的规矩。

有争议的是老子姓老还是姓李？对此，前人有许多解释。东汉郑玄注《礼记·曾子问》说："老聃，古寿考者之号也。"意思是古代寿命长的人就可以号"老聃"。可是，历史上长命的不少，号"老聃"的只老子一人。这说不通。葛洪《神仙传》说，因为老子在母亲体内生活了七八十年，所以一出生就是满头白发，于是起名"老子"。当然，这是神话，不可信。

按照先秦对思想家称呼及其著作书名的惯例，"老"应是老子的姓氏。人们对先秦思想家的尊称基本上都是姓氏后面加"子"，如孔子、墨子、孟子、荀子、庄子、韩子（韩非子的"非"为后人所加）、孙子、吴子等，其著作也是姓氏后面加"子"，如《墨子》《孟子》《荀子》《庄子》《韩子》《孙子》《吴子》等，《论语》是个例外，因为它是孔子的再传弟子整理的孔子语录，故题名《论语》。"老子"这一称谓及其著作名为《老子》，可知"老"也是姓。先秦贵族一般都有几个姓氏，老子也应该是。据《通志·氏族略序》考证，先秦贵族有姓有氏，一个人可以有几个姓氏，有时称姓，有时称氏，时代越靠前，姓氏的使用越混乱。如孔子是商王室后裔，本为子姓，后来借用先祖孔父嘉的名，以"孔"为氏，后来姓氏不分，于是人们就泛言孔子姓"孔"。秦始皇既叫嬴政，又叫赵政。先秦时，"老"是一个姓氏，老氏一姓是老童的后裔。唐代司马贞《史记索隐》引葛玄的话说："李氏女所生，因母姓也。"[9]"李"为老子母亲家姓。因此，可以说，"老""李"都是老子的姓氏，"老"是老子的父姓，"李"是老子的母姓。随母姓，或许是母系氏族的遗风。这种解释应该比较可信的，这也可解释何以在先秦诸子中，惟有《老子》带有母性生殖崇拜的意味。也有学者推测老子生年是公元前571年，这一年是庚寅年，是虎年，当地方言称虎作"狸儿"。老子生于虎年，小名小虎，当地人叫"狸儿"。司马迁写《史记》前到过老子家乡，他听到当地人唤老子为"狸儿"，因为音近，狸儿听成了"李耳"，司马迁便以为老子姓李名耳了。这也说得通。所以，可以确认，老子是本名，老聃、李耳、李聃是曾用名。

　　关于老子的籍贯，司马迁记载得与刘邦、孔子一样翔实，是可以确信的。一般来说，我们现在的干部档案登记籍贯填写到县籍就行了。可能是司马迁觉得老子太重要了，非要把他的里籍也记录清楚。春秋时期，基层组织有城内近郊和郊外农村两个系统，城内近郊分若干乡，乡之下有连、里、轨，五户为轨，十轨为里，四里为连，十连为乡；郊外农村乡之下有卒、邑、轨，五户为轨，六轨为邑，十邑为卒，十卒为乡。一里为五十户，一邑为三十户。里和邑相当于现今的村民小组。苦县在春秋时期本属于陈国，后来楚灭陈，遂属于楚国，在今河南省鹿邑县东。有争议的是老子是楚人还是陈人？《史记索隐》："苦县本属陈，春秋时楚灭陈，而苦又属楚，故云楚苦县。"[10]据《史记·陈杞世家》记载，楚灭陈是在公元前479年，[11]正是孔子去世的那一年，已入战国之初。有学者认为司马迁不说老子是陈人而说是楚人，说明老子生在战国时代而非春秋时代，应当生在孔子之后而非之前。这样的推断是不能成立的。老子长寿，作为孔子的前辈，在楚灭陈之后还活了若干年，司马迁为之立传，称其为楚人，这是完全可能的。还有一种可能，当时人们有使用新名称表述变更前地名的习惯，司马迁说老子是楚人，用的是后来汉代使用的地理概念。如秦汉之交时的陈胜、吴广、刘邦、项羽等，他们的家乡在春秋时，都不属于楚国，而他们起兵后都自视为楚人，这是因为战国时，他们的家乡先后被楚国兼并。

　　关于老子的职务，司马迁说是"周守藏室之史"，《史记索隐》："藏室史，周藏书室之史也。又《张苍传》'老子为柱下史'，盖即藏室之柱下，因以为官名。"[12]所谓"周守藏室之史"，即周王朝的一个史官，当时的史官不限于掌典籍、记史事，同时也司祭礼、观天象、卜吉凶、论兴亡，是君王最高智囊，在朝廷议事时，他在大厅柱子边候着，随时准备为君王决策提供建议和咨询，所以又称"柱下史"，相当于现在的中央政策研究室主任之类的职务。有学者将"藏书室之史"视同当今国家档案馆图书馆馆长一类职务，不够准确。老子的史官身份，历来无人怀疑。

　　本传第三段，自"老子修道德"起，至"莫知其所终"止，记述老子学说的特点、离周的原因、至关写书及出关离去之事。这也是可以确信的。

　　关于老子出关的原因，司马迁说是"见周之衰"。据詹剑峰考证，老子"见周之衰"指的是王子朝之乱，这场王室的争位内乱，前后十八年，才告平息，以王子朝失败而告终。老子去周的时间，大概在公元前520年至公元前516年之间，尤其是公元前516年，可能性最大。因为王子朝把"周之典籍"带到楚国去了，而老子为周之征藏史，他所管的周王室档案图书都被带走了，因此老子离职而去。[13]这是确凿可信的。

　　关于老子著书，也可证实。马王堆汉墓出土的帛书《老子》，可以断定是先秦古籍。甲、乙两种抄本都不分章，但分为上、下两篇。据帛书抄者统计，两篇文字加起来，共五千四百六十七言，与司马迁所说"老子乃著书《上下篇》，言道德之意五千余言"正合。上下两篇内容，以"道""德"为主旨，也与本传所说"修道德，其学以自隐无名为务""言道德之意"符合。由此可证司马迁所说属实。

关于关尹，也确有其人。《庄子·天下》记载："关尹、老聃乎，古之博大真人哉！"王夫之说："真人者，谓得其真也。"[14] 这说明关尹不但确有其人，而且与老子齐名。

关于"至关"的"关"是哪个关、著书的细节以及出关后的种种猜测，已无关宏旨，可以不论。

本传末句"李耳无为自化，清静自正"，是司马迁总括老子学说的特点，与《老子》五十七章"我无为而民自化，我好静而民自正"完全一致，说明李耳即老子，老子（李耳）是《老子》的作者，是可以确信无疑的。

二、误读的真相

本传第二段，自"孔子适周"起，至"其犹龙邪"止，以及第四、五、六、七段，自"或曰老莱子亦楚人也"起，至"因家于齐焉"止，这是学者争论最多的五段，也是被误读和曲解最严重的内容。

本传第八段，"世之学老子者则绌儒学，儒学亦绌老子。'道不同不相为谋'，岂谓是邪？"记述老学与儒学互绌之事。本传其它各段内容几乎都遭到古往今来众多学者逐字逐句的质疑和考证，但不知是无意还是故意，第八段的记载却一直没有引起学者的关注，也因此造成对相关内容的误读和曲解。

"道不同不相为谋"出自《论语·卫灵公篇》，[15] 孔子认为所走道路不同的人，最好不要相互商量谋划，有井水不犯河水之意。孔子原意是，人各有志，即使深信自己走的是正道，也不要否定别人有各行其道的自由，只是不必相互商议，这里表现出了对对方的宽容与尊重。但是，儒学与道学之间相互对立、相互绌抑到西汉时已经非常突出，已经不存在宽容与尊重，已经到了只有你死我活的斗争了。对此，司马迁是耳闻目睹、亲身经历的，所以，他非常感慨地说"岂谓是邪！"岂止是说的这样啊！言下之意是比这残酷多啦！

《史记》关于西汉时期儒、道相互绌黜有多处记载。楚汉相争时，打天下的刘邦对儒生是相当厌恶的。在轻视儒生的同时，刘邦对张良、陈平等道家人物却非常重视。但战争时期，胜负难测，生死攸关，道儒之间没有冲突和竞争。

平定天下，西汉初期，在陆贾的反复劝告下，一向轻视儒生的汉高祖刘邦已经开始注重文治，需要找到一个政治上的理论指导。由于能否入选统治理论，事关一个学派的兴衰以及学者的荣辱得失，于是儒、道两家便有意或无意地展开了竞争。西汉初期，儒、道两家第一次竞争的结果是道家胜出，成为统治思想，道家得到了极好的发展机会，从而促使"文景之治"的出现。

道进儒退、道升儒降的势头在窦太后在世时达到顶点。窦太后这个女人不简单，她是文帝妻、景帝母、武帝祖母。她出身贫寒，历经磨难，深知民间疾苦，这可能是她特别爱好道家清静无为之学的根本原因。在窦太后的主持下，黄老之书实际上成了当时皇家的政治教材。当时的儒、道斗争，窦太后可以说是一人与朝中主要官员相抗，而结果却是窦太后大获全胜，儒家一败涂地。《史记·儒林列传》记载：

> 太皇窦太后好老子言，不说儒术，得赵绾、王臧之过以让上，上因废明堂事，尽下赵绾、王臧吏，后皆自杀。申公亦疾免以归，数年卒。[16]

"明堂"事件中，因窦太后干预，已被武帝重用的大儒申公被迫免职，两位弟子被逼自杀。又如，魏其侯窦婴是窦太后的"从兄子"，时任丞相；武安侯田蚡，是景帝皇后的同母弟，时任太尉。丞相、太尉与赵绾所担任的御史大夫号称"三公"，是当时朝廷的最高执政官，而郎中令掌宫廷事，也握有实权。只因他们"务隆推儒术，贬道家言"，[17]窦太后不高兴，就罢免他们丞相、太尉职务。从道进儒退、道升儒降到道退儒进、道降儒升的转折点的标志是窦太后的去世。以窦太后去世为界限，儒家逐渐压倒道家。窦太后去世后，道家失去政治靠山，儒家在斗争中明显占据优势。《史记·儒林列传》有清晰的记载：

> 及至孝景，不任儒，窦太后又好黄老术，故诸博士具官待问，未有进……及窦太后崩，武安侯田蚡为丞相，绌黄、老、刑名百家之言，延文学儒者数百人，而公孙弘以《春秋》白衣为天子三公，封以平津侯。天下之学士靡然向风矣。[18]

窦太后刚一去世，失官在家、崇尚儒学的田蚡便东山再起，当了丞相，他大张旗鼓地宠儒家，贬道学。在处理与匈奴的关系问题上，道家人物汲黯与当时的儒家代表人物公孙弘产生了严重的分歧。道家要少欲清静，儒家要多欲立功。争执的结果，使儒家打算直接灭了他了事。《史记·汲黯列传》曾记载：

> 上方向儒术，尊公孙弘。及事益多，吏民巧弄。上分别文法，汤等数奏决谳以幸。而黯常毁儒，面触弘等徒怀诈饰智以阿人主取容，而刀笔吏专深文巧诋，陷人于罪，使不得反其真，以胜为功。上愈益贵弘、汤，弘、汤深心疾黯，唯天子亦不说也，欲诛之以事。[19]

晚年的司马迁亲眼看到，武帝掌权后，大力扶持儒家，儒盛道衰，儒进道退，儒学已"靡然向风矣"，道学最终不得不退出政坛，他还亲眼目睹了儒、道两派生死之争的残酷事实。窦太后在世时，道进儒退，道学找儒学的麻烦，甚至要剥夺一些儒生的生命；窦太后去世后，情况刚好相反，儒学在找道学的麻烦，借机剥夺对方的生命。除了当时两个学派人物现实政治上的争斗，肯定还会有理论上的以及有关两个学派创始人老子与孔子的争论甚至相互贬低、相互攻击。本传第八段即是这个社会现象的真实写照。读懂了第八段的文字，再回头看争议最多的第二段及第四段至第七段内容，就可以读通了。

先看第二段，关于"孔子适周，将问礼于老子"，这是可信的。

老子是周守藏室之史，对周礼应该十分了解，孔子以继承周礼为自己的文化使命，他去东周向老子问礼，是情理中的事。所以，《老子列传》是把"孔子适周，将问礼于老子"作为事实记载的。《史记》中还有两处记载，一处见于《孔子世家》，一处见于《仲尼弟子列传》。如果此事属于子虚乌有，自己不确信真有其事，像司马迁这样一个严肃的历史学家是不会如此处理材料的。另外，《吕氏春秋·当染》有关于孔子向老子问礼的记载；《庄子》有八条关于老子与孔子交往的材料；《礼记·曾子问》中有四则材料记述了孔老交往；与《礼记》同为汉代儒家经典的《韩诗外传》《孔子家语》中也有这样的记载。虽然孔子何时、何地、几次向老子问礼，并不能确定，但有此事实是儒、道两家都承认的。

本传第二段在"孔子适周，将问礼于老子"之后，自"老子曰"起，至"其犹龙邪"止，没有记载老子如何向孔子传授周礼，而是记述了老子把孔子教训了一顿，告诫他要去掉"骄气与多欲、态色与淫志"；孔子对老子的告诫不仅不反感，反而非常崇拜，赞叹老子"其犹龙邪！"这些扬老抑孔的言语应是道家绌儒学之言，不可信。这也是受到儒家后学质疑最多的地方。宋儒叶适在《习学记言》中指出："司马迁记孔子见老聃，叹其犹龙……孔子赞其为龙，则是为黄老学者借孔子以重其师之辞也"。[20]实际上，这也的确是司马迁用于说明"世之学老子者则绌儒学"的例证。

《史记》常用"互见法"，我们可以对照看看《史记·孔子世家》有关孔子问礼于老子的记载：

鲁南宫敬叔言鲁君曰："请与孔子适周。"鲁君与之一乘车，两马，一竖子俱，适周问礼，盖见老子云。辞去，而老子送之曰："吾闻富贵者送人以财，仁人者送人以言。吾不能富贵，窃仁人之号，送子以言，曰：'聪明深察而近于死者，好议人者也；博辨广大危其身者，发人之恶者也。为人子者毋以有己，为人臣者毋以有己。'"孔子自周反于鲁，弟子稍益进焉。[21]

这里也记述了老子给孔子的赠言，也是教训孔子的话，看起来这些内容相对更客观。不过对此也不可全信，显然此处老子已被儒化处理。看来《老子列传》和《孔子世家》记载孔子适周问礼于老子这同一件事，道、儒两家的表述是不同的，司马迁的意思却很明确，道、儒两家的表述都不可全信，唯一可以确信的是"孔子适周，将问礼于老子"这件事。

本传第四、五、六、七段，自"或曰老莱子亦楚人也"起，至"因家于齐焉"止，这些是儒家弟子绌老子之言，不可信。这是司马迁用于说明"儒学亦绌老子"的例证。实际上，司马迁只是记述了当时社会上流传的四个传言：

第一个传言是本传第四段的记述："或曰：老莱子亦楚人也，著书十五篇，言道家之用，与孔子同时云。"（此传言的潜台词是，老子就是老莱子，老莱子不如孔子，所以，老子不如孔子。）

第二个传言是本传第五段的记述："盖老子百有六十余岁，或言二百余岁，以其修道而养寿也。"（有人说老子修道使自己寿命延长到一百六十多岁甚至二百多岁。谁信？此传言的潜台词是，老子是神话人物，不是真有其人。）

第三个传言是本传第六段的记述："自孔子死之后百二十九年，而史记周太史儋见秦献公曰：'始秦与周合，合五百岁而离，离七十岁而霸王者出焉。'或曰儋即老子，或曰非也，世莫知其然否。"（有人说孔子死后129年见秦献公的周太史儋就是老子，也有人说不是，谁也说不清。此传言的潜台词是，老子生于孔子之后。）

第四个传言是本传第七段的记述："老子，隐君子也。老子之子名宗，宗为魏将，封于段干。宗子注，注子宫，宫玄孙假，假仕于汉孝文帝。而假之子解为胶西王卬太傅，因家于齐焉。"（此传言的潜台词是，既然说老子是隐君子，怎么知道他有子孙后代在汉孝文帝时当官呢，所以老子身份是假的。）

自汉武帝"独尊儒术"始，儒学坐大，变成历代王朝的意识形态，特别是到中晚唐两宋以后，就不再愿意把已是道家、道教祖师的老子置于至圣先师之师的行列了。

二十世纪二十、三十年代，老子其人其书成为学术界的热门话题，一场辩论以诉讼判案的形式开场，"原告"是梁启超（任公），"被告"是《老子》，"审判官"是原告认定的张煦，史称"老子诉讼案"。1922年3月4日，梁启超在北京大学作了题为《论〈老子〉书作于战国之末》的讲演，对胡适《中国哲学史大纲》作了评论，承汪中老子即太史儋之说，提出六大疑点，认为老子是战国时人，断定《老子》书作于战国之末，并向数千听众说："我今将老子提起诉讼，请各位审判。"[22] 不过十天，张煦以"原告认定审判官自兼书记官"身份发表《梁任公提诉〈老子〉时代一案判决书》，逐条驳否原告各证，宣判："梁任公所提出各节，实不能丝毫证明《老子》一书，有战国产品嫌疑。"[23] 这次所谓的"老子诉讼案"开启了二十世纪初老学辩论之端，当时知名的中国历史、哲学专家大都参加了热烈的辩论。辩论形成两派：一派以胡适为代表，认为《老子》确是春秋后期老子所作，孔子确曾向老子问过礼。另一派以冯友兰为代表，认为《老子》不是春秋后期的老子所作，认为《老子》成书于战国或战国之后。互相驳难的辩论文章都收在了《古史辩》第四册和第六册。这两册的主编罗根泽在"自序"中说："关于考据《老子》年代的文章，止第四册及本册所收，就有三十五六万言，真是有点小题大做。不要说旁观者望而却步，当事者也见而生畏。"[24]

这场辩论的实质是老子与孔子、老学与孔学谁先谁后的问题。1958年，胡适在《中国古代哲学史台北版自记》中为三十年前的这场辩论做了一个别有一番滋味在心头的结论：

> 二、三十年过去了，我多吃了几担米，长了一点经验。有一天，忽然大觉大悟了！我忽然明白：这个老子年代的问题，原来不是一个考证方法的问题，原来只是一个宗教信仰的问题！像冯友兰先生一类的学者，他们诚心相信，中国哲学史当然要认孔子是开山老祖，当然要认孔子是"万世师表"。在这个诚心的宗教信仰里，孔子之前当然不应该有个老子。在这个诚心的信仰里，当然不能承认有一个跟着老聃学礼助葬的孔子……懂得了"虽不对而亦非无由也"（按：冯友兰语）的心理，我才恍然大悟：我在二十五年前写几万字的长文讨论"近人考据老子年代的方法"真是白费心思，白费精力了。[25]

冯友兰后来在《论孔丘》一文中也说：

> 我当时写孔丘，有一目的，要证明孔丘是第一个私人讲学的人，第一个以私人资格提出一个思想体系的人，第一个创立一学派的人……因为要给孔丘这三个'第一'，这就需要把与孔丘同时的别的讲学立说的人都说成是不存在的。[26]

也许胡适所言不虚。人一旦有了信仰，他的所见往往容易带有偏见。近现代否定老孔师生关系的学者非常多，除了梁启超、冯友兰，还有康有为、钱穆、张西堂、罗根泽等，虽然他们都是名家，很有影响力，但要想用一些捕风捉影的所谓证据去否定这么多的古籍记载，是十分困难的。这场辩论更像是司马迁所描述的"世之学老子者则绌儒学，儒学亦绌老子"现象在近现代的重现。

实际上，记载孔子向老子问礼的不仅有《史记》这样的正宗史书，诸子书中记载更多，道家的《文子》《庄子》，儒家的《礼记》《孔子家语》《韩诗外传》，以及《吕氏春秋》等都有记载。记载此事的典籍是如此之多，表明这一传说在战国乃至秦汉十分流行。而且记载此事的更多的是儒家自己的典籍，这些儒家作品均成书于汉代儒学独尊、排斥别家的学术氛围下，儒道两家的对立已甚为明显。这表明孔子曾问礼于老子不仅为道家所乐道，而且也被儒家学派视为史实而世代相传，以致儒家即便在获得独尊的地位后对此仍无法否认。

综上所述，司马迁的《老子列传》是真实可信的。对《老子列传》，本着正本清源、以正视听的目的，不增减一字一句，只作句子前后位置调整，重新编辑成如下《老子正传》。

三、《老子正传》

老子者，楚苦县厉乡曲仁里人也，姓李氏，名耳，字聃，周守藏室之史也。

孔子适周，将问礼于老子。

老子修道德，其学以自隐无名为务。居周久之，见周之衰，乃遂去。至关，关令尹喜曰："子将隐矣，强为我著书。"于是老子乃著书上下篇，言道德之意五千余言而去，莫知其所终。

李耳无为自化，清静自正。

世之学老子者则绌儒学。老子曰："子所言者，其人与骨皆已朽矣，独其言在耳。且君子得其时则驾，不得其时则蓬累而行。吾闻之，良贾深藏若虚，君子盛德，容貌若愚。去子之骄气与多欲，态色与淫志，是皆无益于子之身。吾所以告子，若是而已。"孔子去，谓弟子曰："鸟，吾知其能飞；鱼，吾知其能游；兽，吾知其能走。走者可以为罔，游者可以为纶，飞者可以为矰。至于龙吾不能知，其乘风云而上天。吾今日见老子，其犹龙邪！"

儒学亦绌老子。或曰：老莱子亦楚人也，著书十五篇，言道家之用，与孔子同时云。盖老子百有六十余岁，或言二百余岁，以其修道而养寿也。自孔子死之后百二十九年，而史记周太史儋见秦献公曰："始秦与周合，合五百岁而离，离七十岁而霸王者出焉。"或曰儋即老子，或曰非也，世莫知其然否。老子，隐君子也。老子之子名宗，宗为魏将，封于段干。宗子注，注子宫，宫玄孙假，假仕于汉孝文帝。而假之子解为胶西王卬太傅，因家于齐焉。

"道不同不相为谋"，岂谓是邪！

注释

1　司马迁：《史记》卷六十三《老子韩非列传》，北京：中华书局简体字本，1999 年，第 1701 页。

2　转引自杨义：《老子还原》，北京：中华书局，2011 年，第 172 页。

3、5、6、7、9、10、11、12、16、17、18、19、21　司马迁：《史记》，上海：上海古籍出版社，2011 年，第 2478 页、第 2503 页、第 2487 页、第 2482 页、第 1651 页、第 1651 页、第 1268 页、第 1651 页、第 2356 页、第 2157 页、第 2353 页、第 2345 页、第 1496 页。

4　班固：《汉书》，北京：中华书局，2007 年，第 879 页。

8　陈鼓应、白奚：《老子评传》，南京：南京大学出版社，2001 年，第 9 页。

13、26　詹剑峰：《老子其人其书及其道论》，武汉：华中师范大学出版社，2006 年，第 18—19 页、第 2 页。

14　王夫之：《庄子解》，北京：中华书局，1985 年，第 283 页。

15　李泽厚：《论语今读》，北京：生活·读书·新知三联书店，2004 年，第 447 页。

20　叶适：《习学记言》卷十五《老子》，上海：上海古籍出版社，1992 年，第 128 页。

22　梁启超：《论〈老子〉书作于战国之末》，《古史辩》第四册，上海：上海古籍出版社，1982 年，第 306—307 页。

　　23　张煦：《梁任公提诉〈老子〉时代一案判决书》），《古史辩》第四册，上海：上海古籍出版社，1982 年，第 312—313 页。

　　24　罗根泽主编：《古史辨》，第六册"自序"，上海：上海古籍出版社，1982 年，第 1 页。

　　25　转引自曹勇宏：《老子：冷笑着的智慧》，北京：中国发展出版社，2009 年，第 6—7 页。

第二章 《老子》其书："执古御今"

一、《老子》名称

《老子列传》记载老子"著书上下篇，言道德之意五千余言"，这说明，司马迁看到的《老子》传本最早的名称可能是《上下篇》。老子为"周守藏室之史"，在周朝廷当"柱下史"，相当于现在的中央政策研究室主任，"以道佐人主"（第三十章）是他的根本职责，不仅要记史事、掌典籍，同时也司祭礼、观天象、卜吉凶、论兴亡，不仅要"历记成败存亡祸福古今之道"，[1]同时也要随时回答君王询问，提供决策咨询服务。所以，《上下篇》应该是老子上报朝廷的有关治国理政的策论汇编。

《上下篇》在周王朝没有引起重视，流传到社会上却产生广泛影响，老子也成为著名的先秦诸子。先秦诸子之书，凡是某子所著就称《某子》，如《庄子》《孟子》《荀子》《墨子》《韩子》（后世称《韩非子》）《孙子》《吴子》《尉缭子》等。所以，老子所作之书《上下篇》就被称为《老子》。

把《老子》"改子为经"，起于汉景帝时候，起先是改称《老子经》。《广弘明集·吴主孙权论叙佛道三宗》记载三国时的阚泽对吴主说："如许成子、原阳子、庄子、老子等百家子书，皆修身自玩，放畅山谷，纵佚其心，学归澹泊，事乘人伦长幼之节，亦非安俗化民之风。至汉景帝，以《黄子》《老子》义体尤深，改子为经，始立道学，敕令朝野悉讽诵之。"[2]

据《汉书·艺文志》记载，汉代解说《老子》的著作，有邻氏《老子经传》四篇、傅氏《老子经说》三十七篇、徐氏《老子经说》六篇，[3] 从这些书名可知，这时已开始把《老子》改称《老子经》，但还没有改称《道德经》。

《道德经》的名称始于三国两晋期间道教有了长足发展之后。《史记》《汉书》《三国志》等都只称《老子》，没有出现"道德经"的名称。世传汉代河上公注《道德经》，但陆德明《经典释文》称作"《老子章句》四篇以授文帝"，其书也著录为《河上公章句》，不称《道德经》。严遵著《道德指归论》六卷，但是《经典释文》及新旧《唐书》均著录为《老子指归》。《三国志·锺会传》记述王弼"好论儒道，辞才逸辩，注《易》及《老子》"，[4] 也不说他注《道德经》。《道德经》名称最早出现于道教文献资料。东汉末年即三国时期，东吴道士葛玄在《老子道德经序决》中提到河上公"常读老子《道德经》"，葛洪《神仙传》卷八也有相同的记载。《晋书·王羲之传》说："山阴有一道士，养好鹅，羲之往观焉，意甚悦，固求市之。道士云：'为写《道德经》，当举群相赠耳。'羲之欣然写毕，笼鹅而归，甚以为乐。"[5] 到了隋朝，《隋书·经籍志》就已经大量著录《道德经》了。

《老子》之所以被称为《道德经》，主要是因为《老子》内分上、下篇，上篇的第一句是"道可道，非常道"，下篇的第一句是"上德不德，是以有德"。因此，上篇也称"道经"，下篇又称"德经"，合起来就称为《道德经》。但是，韩非《解老》《喻老》是先解"德经"后喻"道经"，严遵本也是"德经"在前，"道经"在后。1973 年，长沙马王堆汉墓出土甲、乙两种帛书《老子》写本，都以"德经"为上卷，"道经"为下卷。所以，也有学者认为《老子》应该称为《德道经》。

二、《老子》注解

自古及今，有关《老子》的注解，可谓汗牛充栋，不可胜数。清代魏源曾说："解老自韩非下千百家，老子不复生，谁定之？"[6] 据高明《帛书老子校注·序》记载："《老子道德经》世传今本种类很多，据元杜道坚《道德玄经原旨》张与材《序》云：'《道德》八十一章，注者三千余家。'此说未免有些夸大。一九二七年王重民著《老子考》，收录敦煌写本、道观碑本和历代木刻与排印本，共存目四百五十余种；一九六五年严灵峰辑《无求备斋老子集成》，初编影印一百四十种，续编影印一百九十八种，补编影印十八种，总计三百五十六种，将其所集，辑于一书。《老子》传本虽多，时代不古，多属魏晋以后，汉代传本几乎绝迹。"[7] 陈鼓应搜列《老子》注解二百六十二家，皆有姓名书名可查。[8]"三千余"、"千百"不是实数，只是形容其众多。注家不仅有韩非子、严遵、王弼、王安石、苏辙、王夫之等历史上知名学者，还有四位皇帝也做过御注，他们是唐玄宗李隆基、宋徽宗赵佶、明太祖朱元璋和清世祖福临。到了近现代，研究老子的热潮不但没有消退，反倒有越来越热的势头。在国外，《老子》也得到热捧，从十九世纪初起算，至今已出版各种外文版《老子》近二百五十种。据说，在德国，家家都有一本《老子》。陈鼓应说："近代以来，西方学人迻译外国典籍，最多是《圣经》，其次就是《老子》。"[9]

　　《老子》注家众多，分歧也多。一是，"分章"不一。焦竑《老子翼·附录》说："今世所传老子《道德经》，或总为上、下二篇，或分八十一章，或七十二章，本既各异，说亦不同，盖莫得而考也。"[10] 朱得之著《老子通义》，在"凡例"中也指出："分章莫究其始。至唐玄宗改定章句，是旧有分章而不定者。是以有五十五（韩非）、六十四（孔颖达）、六十八（吴草庐）、七十二（庄君平）、八十一（刘向诸人，或谓河上公）之异，又有不分章（如王辅嗣、司马君实）者"。朱得之本人则"以意逆志"，定之为六十四章。[11] 这些都说明，《老子》分章不仅没有一定之数，而且古来分歧多样。可是帛书甲乙本、楚简本出土后，人们发现《老子》根本不分章。

　　二是，"解读"不一。众多《老子》注家，或"以我注老"，或"以老注我"，各取所需，出于各种不同的动机，从不同的角度，对《老子》作出各种不同的解读，因而注解本身往往打上时代和注者个人的烙印。明代宋濂曾在其所著《诸子考》中明确指出："'视之不见名曰夷，听之不闻名曰希，搏之不得名曰微'，道家祖之；'谷神不死，是谓玄牝。玄牝之门，是谓天地之根'，神仙家祖之；'吾不敢为主而为客，不敢进寸而退尺。是谓行无行，攘无臂，扔无敌，执无兵。祸莫大於轻敌，轻敌几丧吾宝。故抗兵相加，哀者胜矣'，兵家祖之；'道冲而用之或不盈，渊乎似万物之宗。挫其锐，解其纷，和其光，同其尘。湛兮似或存。吾不知谁之子，象帝之先'，庄、列祖之；'将欲翕之，必固张之；将欲弱之，必固强之；将欲废之，必固兴之；将欲夺之，必固与之'，申、韩祖之；'以正治国，以奇用兵，以无事取天下'，张良祖之；'我无为而民自化，我好静而民自正，我无事而民自富，我无欲而民自朴'，曹参祖之。"[12]清代魏源在《老子本义·序》中也说："后世之述老子者，如韩非有《喻老》《解老》，则是以刑名为道德，王雱、吕惠卿诸家皆以庄解老，苏子由、焦竑、李贽诸家又动以释家之意解老，无一人得其真。"[13]老子注解，众说纷纭，莫衷一是。

三、《老子》版本

《老子》问世以来，在流传中出现了各种不同的版本，大致可分为三种版本：

第一种是最古老的版本：郭店楚简本《老子》，这是宫庭老师教本。

1993年，湖北荆门郭店一号楚墓发现竹简本《老子》，简称"竹简本"。依照历年来考古发掘所得出的楚墓年代谱系推断，郭店一号墓的年代为战国中期偏晚，至迟不会晚于公元前300年，即公元前四世纪末。简本的传抄年代应当更早些，比马王堆帛书本早了一百年左右，是迄今所见最古老的传抄本。

公元前四世纪末，是孟子和庄子还活着的时候，孟子的卒年大约为公元前289年，庄子的卒年据推断大约为公元前286年。既然简本在公元前

300 年前就已随葬，表明在此之前，《老子》就已经存在并流行了。简本的问世，推翻了有关《老子》成书于《孟子》、《庄子》之后的晚出说。

简本有甲、乙、丙三本，甲本共有竹简 39 枚，乙本共有竹简 18 枚，丙本共有竹简 14 枚，三本的简长、形制不同，内容基本无重复，三本各有不同的传抄来源，甲本依据的底本可能稍早于乙、丙本。三本都是节抄本，章序和文字与今本都有较大差异。经过整理的郭店楚墓发掘的竹简的照片与释文，编为《郭店楚墓竹简》，1998 年由文物出版社出版，郭店楚简本《老子》甲、乙、丙三本全在其中。

郭店一号墓的随葬品中有一件有"东宫之币"刻铭的漆耳杯，引起了专家对墓主人身份的猜测。关于"东宫之币"，有的专家释读为"东宫之杯"，有的释读为"东宫之师"。在中国古代，"东宫"一般是指太子宫。如果释读为"东宫之杯"，那么这件漆耳杯就是太子宫中的器物，显然大有来历；如果释读为"东宫之师"，那么就有两种可能：或者是指"东宫的老师"，因此，墓主人有可能是太子的老师；或者是为东宫制造器具的匠师"物勒工名"的标记，那么也不过说明此杯是为太子宫所制作的罢了。著名历史学家李学勤倾向于墓主人是楚国太子的老师。他在一篇文章中说："郭店一号墓所出漆耳杯，有'东宫之币（师）'刻铭，看来墓主人曾任楚太子的师傅。他兼习儒、道，是一位博通的学者，故藏有《老子》《子思子》等书抄本，或即用为太子诵读的教材。"[14] 我赞同这个推测。简本甲、乙、丙三本除甲本的个别篇章有关于道的形上描述外，大多为治国理政的内容，三本所保留的《老子》，全部加起来只相当于流行本的三分之一左右，既主题集中又有所不同，显然是编选的结果，类同于教材。

第二种是最贵气的版本：马王堆帛书本《老子》，这是上层贵族读本。

1973 年，湖南长沙马王堆三号汉墓出土帛书本《老子》，简称"帛书本"。帛书本的贵气表现在三个方面：一是帛书本主人身份高贵。马王堆一号墓出土文物上有的上面或写或印有"车大侯家"或"车大侯家丞"字样；二号墓出土了三颗印章，上刻阴文篆体"利苍""车大侯之印"和"长沙丞相"字样。所以，考古专家断定马王堆古墓应为西汉初年车大侯、长沙丞相利苍的家族墓。

二是帛书本材质珍贵。马王堆三号墓出土的《老子》保存在一个漆盒内，有两种帛书写本，皆朱丝墨书，其中一种是抄写在通高为24厘米的帛上，卷在长条形木片上，名为甲本；另一种是抄写在通高为48厘米的帛上，折叠成长方形，放在漆盒下层的一个格子里，名为乙本。帛书在地下埋藏了两千一百多年，因年久而粘连，破损比较严重。

三是帛书本应是当时珍藏本或精装本，是上层贵族读本。出土帛书的三号墓墓主是一位年仅三十余岁的男子，专家推断为利苍的儿子，是一名年轻贵族公子哥儿。帛书本从抄写时代看，甲本用篆书抄写，无避讳，乙本用隶书抄写，文字上避"邦"字讳，说明两本抄写时代不同。甲本抄写在刘邦称帝之前，似为秦汉之际的抄本，乙本抄写在刘邦称帝之后，为西汉初年的抄本。帛书本的编排顺序是《德经》在前《道经》在后，与韩非所看到的《老子》是同一版本，因为韩非在《解老》和《喻老》两篇文献中都是先解"德经"而后解"道经"。韩非是战国末年一位与韩国国君同族的贵族公子，他所看到的《老子》也许就是帛书本这类贵族读本。从战国末年，到秦汉之际，特别是西汉初年，由于统治阶层一些重要人物如文帝、景帝、窦太后、曹参、陈平等人的提倡，黄老之学被当作统治思想和政治术略加以运用，使得研习《老子》、珍藏《老子》成为当时上层贵族的时尚。帛书本《老子》应该是当时上流社会、贵族阶层的时尚奢侈品。

影响文帝、景帝和武帝初期三朝朝政的窦太后，她是文帝的皇后，景帝的皇太后，武帝的太皇太后，她好黄老之学。《史记·外戚世家》称："窦太后好黄帝、老子言，帝及太子诸窦不得不读《黄帝》《老子》，尊其术。"[15]《汉书·外戚传》也有相同内容记载："窦太后好黄帝、老子言，景帝及诸窦不得不读《老子》，尊其术。"[16]黄老之学的实质是"老"而不是"黄"，只是托名黄帝而经过改造的老子之术，班固在《汉书·艺文志》中称之为"君人南面之术"。[17]直到窦太后死后，汉武帝采纳董仲舒独尊儒术的建议后，黄老之学才真正退出贵族时尚圈。

第三种是最流行的版本：通行本《老子》，这是社会普及本。

通行本《老子》（简称"通行本"）主要有四个本子：东汉河上公《老子章句》（简称"河上公本"）、张道陵《老子想尔注》（简称"想尔本"）、三国魏王弼《老子注》（简称"王弼本"）、唐傅奕《道德经古本篇》（简称"傅奕本"）。有的还加上西汉严遵《道德真经指归》（简称"严遵本"）。严遵本现存于明刻《道藏》中，标明共十三卷，仅存后七卷，与河上公本相接近，但社会影响不大。

河上公本，是托名战国河上公撰著、约成书于西汉末或东汉时期的《老子》注本。河上公本以上篇为道经，分三十七章，以下篇为德经，分四十四章，共四卷八十一章，并于每章之首加标题名，以概括标注者理解大意，注文也有特点，侧重从治国养生方面加以注释，谈治国，落脚在养生。

王弼本，为三国魏人王弼所注。王弼是个天才少年，只活了23岁，其所著《老子注》《周易注》等，开魏晋玄学的先声。王弼本排列次序与河上公本同，但无章题。王弼本一反西汉烦琐训诂考据之风，不讲历史考据，不讲文字校勘，专讲义理，极其简要，文笔晓畅。由于简要，易于接受，随着玄学思潮的扩展而流传全国，所以王弼本流行最广，影响最大，成为最著名的一种通行本。

想尔本，为东汉末年张陵所注。张陵是"五斗米道"创立者，道教徒称之为"张道陵"，尊奉为"天师"，他所创建的五斗米道因此又被称为"天师道"。想尔本假托仙人"想尔"之名注释《老子》，用道教修道养生成仙思想来改造和发挥老子道家学说，是一部改道家哲理为道教神学的理论著作，是天师道创教的理论依据。想尔本注解《老子》"载营魄抱一，能无离乎"说："一者，道也……一散为气，聚形为太上老君"，将"一"变为道教的人格神"太上老君"，把道家思想的本根之道改造为宗教神学的教主，成为信仰的对象。想尔本所录《老子》原文与众本不同，其最大的特点是减去了感叹助词，被称为"减助字本"，后世多有沿袭。

傅奕本，是唐朝人傅奕根据项羽妾墓出土的《老子》整理而成。项羽妾墓所埋葬的死者，肯定不会是公元前 202 年项羽兵败垓下，他突围之前自杀的虞姬，而是被项羽宠爱的另一位有文化的女子，在项羽起兵反秦后势力兴盛之时死亡，才能墓葬，并随葬《老子》。傅奕本所根据的项羽妾墓出土的《老子》，这是我国历史上最早出土的《老子》版本，但是出土最早的版本并不等于版本最古老，它不会早于郭店楚简本，很可能只是秦始皇统一六国之前的抄写本，应该也是当时的贵族读本或珍藏本，至迟不晚于项羽起兵兴盛之际。现存傅奕本，有明朝正统年间刻印的"道藏"本，此本有后人改动，但可以根据宋范应元《道德经古本集注》订正。

《老子》的三种版本正好与《老子》流传的三个阶段相一致。

第一个阶段是春秋末年至战国时期，这是师徒传授《老子》时期。老子出关后，回到故乡，开始他的授徒讲学生涯，道家学派逐渐兴盛。主要方式是老师对学生授课讲学。在一代接一代的老师对学生授课讲学中，《老子》得以流传。如史称"萧规曹随"的西汉丞相曹参崇尚黄老之学。据《史记》卷八十《乐毅列传》记载，曹参学于盖公，盖公得之于"善修黄帝老子之言"的乐臣公。其传授过程是这样的："河上丈人教安期生，安期生教毛翕公，毛翕公教乐瑕公，乐瑕公教乐臣公，乐臣公教盖公。盖公教于齐高密、胶西，为曹相国师。"[18] 从河上丈人到曹参是八代师生薪火相传。老师讲授《老子》的教本，可能就是一种节抄本。最古老的郭店楚简本《老子》就是这时期的老师教本。

第二阶段是西汉初年，这是贵族阶层喜好黄老的时期。汉初，君王大臣、皇亲国戚这些上流贵族学黄老之学，尊黄老之道，行黄老之术，是一种时尚、一种时髦。除了为大臣编印类似现在的领导干部读本的《老子》精选本，还要为皇亲国戚编印贵族读本，各种《老子》的珍藏本、精装本应运而生。所以，最贵气的马王堆汉墓帛书《老子》就是这时期的贵族读本。傅奕本《老子》也可能是这时期贵族阶层的普及读本。

第三阶段是三国魏晋时期，这是《老子》的社会普及化时期。通行本实际上就是《老子》在社会各阶层中的普及本，反映了《老子》流行的三个系统：河上公本属民间系统的普及本，王弼本属文人系统的普及本，想尔本属道教系统的普及本。其中河上公本和王弼本在社会上流传最广、影响最大。高明说："王注本文笔晓畅，流传在文人学者与士大夫阶层；河上公注本通俗简要，流行于道流学子与平民百姓之间。"[19] 陈鼓应也认为："在众多的《道德经》古本中，流传最广的要算是王弼本和河上本。王弼本为一般学者所推崇，而河上本则为普遍民间所通用。"[20]

面对如此众多的版本，我们到底应该如何取舍，应该选择哪一种版本？有的认为竹简本是成书年代最古老的，离老子生活的年代最近，所以是最可信的；有的认为竹简本残缺不全，只有通行本三分之一内容，不如帛书本。帛书本年代比通行本早，内容比竹简本多，所以是最可取的；有的认为通行本流行时间最长、影响最广，所以是最可用的。众说纷纭，仁者见仁，智者见智。

怎么对待三种版本？其实老子已经告诉我们办法，就是"执古御今"。他说"执古之道，以御今之有，以知古始，是谓道纪。"（第十四章）

一方面，从成书年代看，竹简本、帛书本是"古之道"，通行本是"今之有"，后人"执古御今"，通过研究竹简本、帛书本，可以知道古本《老子》演变为通行本的规律（"道纪"）。正如刘笑敢在《老子古今》中所说："幸运的是在马王堆帛书《老子》出土以后，我们又有了竹简本《老子》，加之传统的古本和流传至今的版本，我们可以考察一部文献在两千年的演变中所出现的各种现象，并可以从中发现一些类似规律的通则。这不仅为了解《老子》本身演变的情况提供了基本资料，而且为了解一般文献的流传、加工以及思想的解放、发展提供了前所未有的机遇。"[21]

另一方面，从历史影响看，通行本已在历史上流传了两千年，已融入中国人的思想血脉，可以说通行本既是"今之有"，又是"古之道"。我们不能由于竹简本、帛书本版本古老就断定它们更接近老子原始本。春秋战国时期是一个非常特殊的时期，是一个思想观念大解放时期，百花齐放，百家争鸣，不同流派纷纷亮相，思想观念瞬息万变；是一个语言文字大变革时期，文字的书写方式由甲骨文向金、篆、隶等转变，书写载体由甲骨向竹简、布帛等转变，字形、字义、新字发展非常迅速。由于这种特殊性，我们不能认定这个时期的版本就是更接近老子原始本的。竹简本虽然是目前最古老的，但也不能断定是最可信的。竹简本、帛书本都是古墓随葬品，长埋地下，有两千年的历史空白，对之后两千年中国社会、中国文化没有发生任何影响，当代发掘出来，也只几十年时间，其意义如同当代出现的一个新注本，所以，可以说竹简本、帛书本在文本上是"古之道"，但在影响上是"今之有"。后人"执古御今"，通过研究竹简本、帛书本，可以知道通行本在历史上流传、对后世产生影响的一些情况及规律。总之，从这两方面看，通行本更可信、更可取、更可用。

注释

1、3、16、17   班固：《汉书》，中华书局，2007年，第334页、第333页、第334页、第984页。

2   《弘明集·广弘明集》，上海：上海古籍出版社，1991年，第102页。

4   陈寿：《三国志》卷二十八《锺会传》，北京：中华书局，2011年，第662页。

5   房玄龄等：《晋书》卷八十《王羲之传》，北京：中华书局，1974年，第2100页。

6、13   魏源：《老子本义》，上海：华东师范大学出版社，2010年，"论老子一"第1页、"序"第2页。

7、19   高明：《帛书老子校注·序》，北京：中华书局，1996年，第1页、第3页。

8、9、20   陈鼓应：《老子注译及评介》，北京：中华书局，2015年，第455页、第3页、第356页。

10   焦竑：《老子翼·附录》，上海：华东师范大学出版社，2011年，第203页。

11　转引自董平:《老子研读》,北京:中华书局,2015 年,第 16 页。

12　转引自兰喜并:《老子解读》,"自序",北京:中华书局,2005 年第 9 页。

14　李学勤:《荆门郭店楚简中的〈子思子〉》,《郭店楚简研究》(《中国哲学》第二十辑),沈阳:辽宁教育出版社,1999 年,第 79 页。

15、18　司马迁:《史记》,上海:上海古籍出版社,2011 年,第 1540 页、第 1869 页。

21　刘笑敢:《老子古今》导论一,北京:中国社会科学出版社,2006 年,第 3 页。

第三章 《老子》其意：圣王之道

司马迁在《老子列传》中说："老子修道德，其学以自隐无名为务。居周久之，见周之衰，乃遂去。至关，关令尹喜曰：'子将隐矣，强为我著书。'于是老子乃著书上下篇，言道德之意五千余言而去，莫知其所终。"这里涉及两个问题：第一是老子为谁著书；第二是《老子》写了什么。

关于第一个问题，按《老子列传》记载，老子是应关尹"强为我著书"之请，"乃著书上下篇"，似乎很明确老子是专门为关尹著书，但是，老子仅仅用出关停留的几天时间写出中国历史上第一部私家著作，而且是如此伟大的经典，这是不可设想的。我认为更有可能的应该是《上下篇》早已成文，并且呈送给周王，但没引起重视，出关时老子重新抄录以应付过关。司马迁描述出关细节，"至关"之"关"更是一种隐喻，老子出关而去，由入世到出世，"莫知其所终"；《老子》留在关内，由王廷到民间，终成中华文化的瑰宝。

老子作为一名史官，主要职责就是"以道佐人主"（第三十章），向君王、统治者提供历史经验教训，他除了管典籍、记言行、备咨谋之外，就是进箴谏了。《老子》全书出现有 35 个"吾"字及"我"字，这都是著者老子的自称，营造了全书"第一人称"的氛围和基本风格，表示着著者老子不是以旁观者、局外人身份，而是身临其境，直叙所见所闻所思所想。《老子》进说对象是"圣人""侯王""人主""天下王""社稷主"等主政者。《老子》五千言，"圣人"一词出现了 31 次。《说文解字》："圣（聖），通也，从耳。"所谓"从耳"即闻"天道"，"通"即通"地天"，"口"则是发号令，能闻天道、通地天、发号令的"圣"即是"王"。所以，老子所说"圣人"是指精通统治之道的君王。张舜徽认为"凡《老子》书中所称'圣人'，皆指人君之通治道者。推之其他论君道之书，所言'圣人'，皆同斯义。与夫儒家六艺经传中所称之'圣人'，名同实异，学者所宜明辨也。"[1]另外，"侯王""人主""（君）上"之类词句出现 22 次，"为天下""托天下""取天下"等"天下"之词出现 62 次，共计 310 余字，占全书 6%。可见老子的进言对象及所进何言了。所以，《老子》不是写给普通人看的书，而是一部专门写给君王看的书，是一部献给君王、"人主"的政治方略，是"以道佐人主"的箴言策论。李泽厚曾在《中国古代思想史论》中指出："《老子》把兵家的军事斗争学上升为政治层次的'君人南面术'，以为统治者的侯王'圣人'服务，这便是它的基础含义。"[2]

明太祖朱元璋、唐玄宗李隆基、宋徽宗赵佶和清世祖福临，四位皇帝专门作过《老子》御注。特别是朱元璋在《御注道德真经》序言中说，自从即位以来，他一心求取"哲王之道"，至于"宵昼遑遑"。等他读了几遍《老子》之后，豁然开朗，以为得解，认为《老子》讲的正是"哲王之道"。[3]朱元璋之所以能成为《老子》的知音，因缘就是他具有帝王的身份。而《老子》正是一部圣王学，是专门为这样的君王写的，通篇讲的是圣王之道，如何"以道佐人主"，是为君王服务的，其中的话，也都是对君王说的。普通人读此书，往往入于迷途，其根源就在这里。

关于第二个问题，《老子》究竟写了什么？有人说《老子》是一部哲学著作，有人说《老子》是一部兵书，有人说是专讲养生修道的，有人说是专讲人生处事的，有人说是专讲帝王权谋的，众说不一。司马迁说《老子》五千言"言道德之意"。"道德之意"之"道德"二字到底有何之意？尤其是西汉时所指何意？张舜徽在《周秦道论发微》一书中对此作了详细的考证和阐述，他认为大约在我国古代奴隶社会和封建社会的统治者，都有"南面"之称，"南面术"便是他们怎样驾驭臣下、压制人民的一套手法和权术。这种"南面术"，周秦古书中，称为"道"；有人把这种术的体和用，总结出了一套有系统的理论，便是"道论"；宣扬这种理论的，便是"道家"。张舜徽说："自汉以上学者悉知'道德'二字为主术，为君道，是以凡习帝王之术者，则谓之修道德，或谓之习道论……《史记》称老子著书上下篇，言道德之意五千言而去。所谓言道德之意者，犹云述人君南面之术耳。"[4]

"人君南面之术"概念与中国古代房屋建筑传统有关联。我国古代房屋建筑大多是坐北朝南，这样冬天向阳避寒，夏天迎风纳凉。由于房屋朝南，尊者坐正中，面向南方，卑幼面向北方，"南面"为尊，"北面"为卑的观念由此而起。天子朝会群臣，自然南面而坐，群臣北向而拜。《周易·说卦传》第五章云："帝出乎震，齐乎巽，相见乎离……离也者明也，万物皆相见，南方之卦也，圣人南面而听天下，向明而治，盖取诸此也。"[5]后来"南面"就被引申为专指帝王君王的统治。最早把老子学说看作是一种"南面术"的，当数曾问学于老子的孔子。《论语·卫灵公篇》有记载："子曰：无为而治者，其舜也与？夫何为哉？恭己正南面而已矣。"[6]后来，《汉书·艺文志》最早对此作了明确概括："道家者流，盖出于史官，历记成败存亡祸福古今之道，然后知秉要执本，清虚以自守，卑弱以自持，此君人南面之术也。"[7]张舜徽认为："这里所提出的'此君人南面之术'，一语道破了道家学说的全体大用。给予后世研究道家学说的人以莫大的启发和指示，应该算得是一句探本穷源的话。我们没有理由不重视它。"[8]

老子写五千言的目的是"以道佐人主"，《老子》的内容必然是圣王之道。其实，老子本人早已说得很清楚，他在第五十七章说："以正治国，以奇用兵，以无事取天下。"这就是他的圣王之道。总之，《老子》是一部圣王学，核心讲圣王之道，内容可分四大块，一是老子道论，是老子有关道的基本思想理论；二是老子治国策，阐述"以正治国"策略；三是老子兵法，阐述"以奇用兵"兵法；四是老子天下观，阐述"以无事取天下"天下观。道论是理论基础，后三者是实践运用，老子围绕圣王"治国、用兵、取天下”这三件大事，以道论为指导，提出并系统全面阐述了治国策、兵法和天下观。

一、老子道论："道法自然"

道是老子思想的最核心概念，道论是老子思想体系的最基本理论．老子的思想大厦是以道论为基础建立起来的，老子治国策、老子兵法、老子天下观都是由道论而展开的，是老子道论在治国、用兵、取天下三大领域的理论展现和实践运用。《老子》书中，第一章、四章、六章、十一章、十四章、十五章、二十一章、二十五章、三十四章、四十章、五十一章、五十五章、七十章和第七十六章，此十四章重在道论；第十六章、三十二章、三十五章、四十二章和第五十二章，此五章兼论道论和治国策；第三十七章兼论道论、治国策和天下观。

1."非常道"。

道，经老子之手，成为一个高度抽象的哲学范畴，成为一个非同寻常的思想概念。老子之道，乃非常之道，其"非常"之处有七：

其一，道之可道是"非常道"。《老子》首章首句"道，可道，非常道"，老子开宗明义，指出道是可通达之道（"可道"），是非同寻常之道（"非常道"），不是平常之道（非"常道"）。没有旁出，只有一条路一直通达的称为"道"。"可道"即可以一达之通道，"常道"即平常之道，非永恒不变之道，"非常道"即非同寻常之道。"可道"是"常道"和"非常道"的共同属性。老子常常就近取譬，以"常道"喻示"非常道"，老子之道是"可道"的；但是，"常道"不等同于"非常道"，老子之道不是"常道"，是"非常道"。如，"谷"为水流通道，是自然界"常道"，"谷神"为老子之道别名，是"非常道"；"牝"为动物生殖产道，是动物界"常道"，"玄牝"为老子之道别名，是"非常道"。详见本篇《我读〈老子〉》第四章《老子入门》之［入门之钥］和下篇《〈老子〉自圆其说》第一章［高谈阔论］。

其二，道之可名是"非常名"。《老子》首章第二句"名，可名，非常名"，老子指出，道之名，是可以表达的名称（"可名"），是用非同寻常的通道名称来表达（"非常名"），不是用常用的通道名称来表达（"常名"），即老子之道是非常名称，是老子专用名称，不是常用名称、普通名称。老子惯用"常道"喻示"非常道"，正如"常道"非"非常道"，"常道"之"常名"亦非老子"非常道"之"非常名"。"道"是老子专用的名称，老子之道是"非常道"，要用"非常名"来表达。如"谷"、"牝"是自然界动物界"常道"，其名称也是日常常用的"常名"，在"谷"之后、"牝"之前，分别加上"神"和"玄"，成为"谷神"和"玄牝"，形成两个新的老子专用的"非常道"之"非常名"，两者皆为老子之道别名。此处"神"不是人格神，与"玄"同义，是形容道的神妙莫测、深奥玄妙。谷口流出水，牝门生出婴儿，引申出谷神、玄牝创生天地万物，以此喻道创生。道生天地万物要从产道之门（即阴门）出，这个产门，就叫"玄牝之门"。"玄牝之门"，也即"天门"（第十章），又是"众妙之门"（第一章），三门同一门，都是天地产门（阴门）。所以，老子之道专用别名来自"常名"，又不同于"常名"，这正是老子"非常名"的非常之处。还有，"自然""无为""玄德""玄同""微明""习常"等，皆为老子专用于表达"非常道"之"非常名"。

其三，道之本体是有无混成。《老子》第二十五章说，有一个混然一体的东西（"有物混成"），早在天地形成之前就已经存在了（"先天地生"），我不知道它的名字，勉强称它为"道"（"吾不知其名，字之曰道"）。老子从日常生活的经验（"常道"）中提炼出"有"与"无"这对范畴，将道之为物视为有无混成的统一体（"非常道"）。老子认为，"无"是用来表达道创生天地的原始初生（"无，名天地之始"），"有"是用来表达道创生之后万物的生育繁衍（"有，名万物之母"），所以，经常要用"无"来观照道的玄妙（"常无，欲以观其妙"），经常要用"有"来观照道的边际（"常有，欲以观其缴"）（第一章）。老子将有、无提升为本体论的最高范畴，把道本体视为有、无统一体，由有、无这对关系范畴阐述道论思想，是老子思想的鲜明特色和卓越之处，是老子对中国传统思想的一个重要贡献。

老子描述了有、无这一对关系的三种表现形态：一是有无同道。《老子》首章说"此两者同，出而异名"。"此两者"即"有"和"无"。"无"和"有"两者同处于道中，无、有同源。第二十一章说"道之为物，惟恍惟惚。惚兮恍兮，其中有象；恍兮惚兮，其中有物。窈兮冥兮，其中有精；其精甚真，其中有信"、第十四章说"无状之状，无物之象，是谓惚恍"。道是恍恍惚惚、窈窈冥冥的无状之状，无物之象，此即"无"也；又是其中"有象""有物""有精""有信"，此即"有"也。无、有同源，两者同处于道，"不可致诘，故混而为一"（第十四章），此时没有专用名称区分。"出而异名"，出"道"之后才有"无""有"不同名称。

二是"有生于无"。《老子》第四十章说"天下万物生于有，有生于无"，这句话曾引起许多争议和困惑。结合第四十二章所说"道生一，一生二，二生三，三生万物"，有助于更好地理解"有生于无"。"一"即道之"无"。老子凡释道之"无"用（即第十一章"无之以为用"）功能时，常用"一"来表示。"道生一"，是指道生出无。老子认为，无、有同源，同在道中，原本没有区别，没有名称，从道中生出后才有区别和不同名称（"此两者同，出而异名"）。无与有，虽同源，非同出。"无""有"之先后顺序应该是，道生出"无"（"道生一"），"无"再生出"有"（"一生二"）。"二"是指天与地。"有"是指天、地之有。所以，"道生一，一生二"，即道生无，无中生有（"有生于无"）。

三是"有无相生"。《老子》第二章说"有无相生"，表现了"道之动"过程中有与无的相互生成、相互转化。第四十二章所说"道生一，一生二，二生三，三生万物"，就是"有无相生"的过程。道生一，即道生无；一生二（指天与地），即无生有（"有生于无"）；"二生三"是指"天""地"二者形成天上与地下及天地上下之间的"虚空"（即"无"）三者，天与地上下相合形成中空，亦即有生无；"三生万物"，是指天之"有"、地之"有"与天地间之"无"三者生出万物。"道之动"，就是"有无相生"，生生不息的过程。

其四，道之创生是"为天下母"。在老子看来，道在天地形成以前就存在，他说道是"有物混成，先天地生"（第二十五章）；道创生了天地万物，他说"天下万物生于有，有生于无"（第四十章）、"道生一，一生二，二生三，三生万物"（第四十二章），"道生之，德畜之，物形之，势成之。是以万物莫不尊道而贵德"（第五十一章）；所以，道是"天下母"，他说道是生产天地的产道（"玄牝之门，是谓天地根"）（第六章）、"天下有始，以为天下母"（第五十二章）、"有物混成，先天地生。寂兮寥兮，独立而不改，周行而不殆，可以为天地母"（第二十五章）、"无，名天地之始；有，名万物之母"（第一章）、"道冲而用之或不盈，渊兮似万物之宗"（第四章）、"道者，万物之奥"（第六十二章）。

其五，道之存在是"独立而不改"。老子认为，道的存在，一不依赖，二不改变，"寂兮寥兮，独立而不改"（第二十五章）。道是独立存在的，"先天地生"，不依赖于天地万物而存在；道是不会改变的，"道法自然"，不为任何其他原因而改变。

其六，道之运行是"周行而不殆"。与"大曰逝，逝曰远，远曰反"相应，亦蕴含"反者道之动"（第四十章）之意。道由初始原点为起点，由此而去，是为"逝"，既"逝"而至于遥"远"穷极之境，"远"是一个极点、转折点，由"远"而"返"，返回于初始的本原。以"远"为转折点，"大曰逝，逝曰远"是"无极"运行，至远，"远曰反"是"极反"运行。这一由"始"而"逝"，由"逝"而"远"，又由"远"而"返"，从"无极"到"极反"的周而复始的循环过程，即是道之"周行"的运动状态。

其七，道之法则是"道法自然"。老子说："王法地，地法天，天法道，道法自然"（第二十五章）。"王法地，地法天，天法道"，其中"法"为效法，王、地、天，逐级效法道，最终归结为效法道。"道法自然"，其中"法"是内在法则，道的内在法则是"自然"，这是道的总法则，是最高法则。"道法自然"，并不是说在道之上还有一个"自然"，道还要效法道之上外在的"自然"。"道法自然"，意谓道的内在法则是"自然"。正因为"道法自然"，所以，道不为任何其他原因而生成，不为任何其他原因而改变，自然而然，自然自成，自己如此，"独立而不改"；所以，道能顺其自然，无所滞碍，无所不至，由逝而远，由远而反，"周行而不殆"；所以，道能"先天地生"，"为天下母"，"道之尊，德之贵，夫莫之命而常自然"也（第五十一章）。

2. 老子定律。

《老子》第四十章是全书的纲领，老子提出了关于道之生、道之动、道之用的三大定律。老子三大定律是"道法自然"这个最高法则的具体体现，五千言文字则是这三大定律的延伸展开，五千言文意则是这三大定律的实际展现。

第一定律："天下万物生于有，有生于无"。这是老子关于"道之生"的定律。"道之生"过程是：道生无，无生有，有生天下万物，换言之，即是："道生一，一生二，二生三，三生万物"（第四十二章）。老子认为，道是天下万物创生之源、产生之门，是"玄牝之门"（第六章），是"天地根"（第六章）、"天下母"（第五十二章），是"万物之宗"（第四章）、"万物之奥"（第六十二章）。道创生天下万物，可以说是无所不为、无所不能，此即所谓"无不为"也；道之生，又是"道法自然"（第二十五章），"生而不有，为而不恃，长而不宰"（第五十一章），"以辅万物之自然而不敢为"（第六十四章），此即所谓"无为"也。所以，"道之生"定律的实质是"道常无为而无不为"。"道之生"定律是老子定律中最重要的定律，"道常无为而无不为"思想是老子最核心的思想，是老子为君王设计的"以无事取天下"政治方略的思想基础。

　　第二定律："反者道之动"。这是老子关于"道之动"的定律。老子认为，道的创生是运动、变动的，"周行而不殆"（第二十五章），而且"道之动"是有规律的，这个律动就是"反者道之动"。"反"通"返"，有相反而成、返本复初、反复循环三层含义。"道之动"的过程是"大曰逝，逝曰远，远曰反"（第二十五章）。这一由"始"而"逝"，由"逝"而"远"，又由"远"而"返"的周而复始的循环过程，即是"道之动"的"周行"状态。老子认为，"极"是对立双方相互转化的转折点。道变化发展到极点，就会转向相反。"远"即为极点、转折点，达到至远穷极这个极点、转折点，道就反向运行。"道之动"的关键是"反"动的极点。老子非常重视"无极"，强调"复归于无极"（第二十八章）。"无极"就是没有达到极点，不走极端，适可而止。道运行不越极点，这是正向运行，处于"无极"状态。所以，"无极"即"无反"。越过极点，则反向运行，是"极反"，处于"无正"状态。"无正"即"奇"，"其无正，正复为奇"（第五十八章）。"正"即"无反"即"无极"，"奇"即"无正"即"极反"；"正"与"奇"相对，"无反"与"无正"相对，"无极"与"极反"相对。"无极"思想是老子"以正治国"治国策的理论基础；"极反"思想是老子"以奇用兵"兵法的理论基础。详见本篇《我读〈老子〉》第三章"老子治国策"和"老子兵法"。

　　第三定律："弱者道之用"。这是老子关于"道之用"的定律。老子的"道之用"有二个：一是无用之用，"无之以为用"（第十一章）；二是弱者之用。"弱者道之用"与"无之以为用"意思相近，至弱即无，是"道常无为而无不为"思想在"道之用"上的具体体现。"道之生"定律讲的是本源，重在"道常无为而无不为"，君王用之则可实现"以无事取天下"；"道之动"定律讲的是方向，重在"复归于无极"（"无极"思想）和"大曰逝，逝曰远，远曰反"、"其无正，正复为奇"（"极反"思想），君王用之则可实现"以正治国，以奇用兵"；"道之用"定律讲的是用法，重在"知雄守雌"，实质是"术"。所谓"弱者"，具体如"守雌""守柔""守静""守黑""守辱""处下"等等，都是权宜之计。如守雌，但眼光要始终盯着"雄"（"知其雄，守其雌"）；守黑，但眼光要始终盯着"白"（"知其白，守其黑"）；守辱，但眼光要始终盯着"荣"（"知其荣，守其辱"）。所以，"弱者道之用"定律，是老子韬光养晦之术的理论基础。

　　3. 自然与无为。

　　老子道论最重要的命题是"道法自然"。道是老子道论的最高范畴，法是最高法则，道的最高法则是"自然"，即自然自成，自己如此。"王法地，地法天，天法道，道法自然"，王、地、天、道，逐级效法，层层传递，层层落实，道的最高法则传递到圣王手里，成为圣王之道，"道法自然"外化为"道常无为而无不为"（第三十七章）。所以，"道法自然"与"道常无为而无不为"是两个不同层级的法则，前者是抽象的、最高的道的法则，后者是具体的、实践的圣王法则，"无为"以"自然"为依据，为遵循，为效法。老子说："圣人欲不欲，不贵难得之货；学不学，复众人之所过，以辅万物之自然而不敢为"（第六十四章）。所谓"无为"，就是"以辅万物之自然而不敢为"。道的存在是有无同道（"此两者同，出而异名"（第一章）），道的变化是"有无相生"（第二章），这是道的"自然"法则。"无为"并不是说什么事都不为，"无为"是相对于"有为"而言的，"道常无为而无不为"也是一个"有无相生"的过程。老子说：

　　　　是以圣人之治，虚其心，实其腹，弱其志，强其骨，常使民无知无欲，使夫智者不敢为也。为无为，则无不治。（第三章）

圣王之治，为"无为"之前，必先"有为"。"虚其心，实其腹，弱其志，强其骨"，皆为"有为"也，这是第一阶段。为"有为"，从而"常使民无知无欲，使夫智者不敢为也"，这时才可以"为无为"，由为"有为"而进入"为无为"，这是第二阶段。在此基础上，实施无为而治，则可实现无所不治（"为无为，则无不治"），实现"无为而无不为"，这是第三阶段。"道常无为而无不为"，作为圣王之道，是老子运用"道法自然"这一道论思想阐述圣王治国安民策略的核心思想。

二、老子治国策："以正治国"

治国是君王第一要务，向君王进献治国策是老子第一职责，所以，老子治国策是《老子》的重要内容。老子治国策的核心内容是"以正治国"。《老子》书中，第二章、三章、五章、七章、八章、九章、十章、十二章、十七章、十八章、十九章、二十章、二十二章、二十三章、二十四章、二十六章、二十七章、三十三章、三十六章、三十八章、三十九章、四十一章、四十三章、四十四章、四十五章、四十七章、五十章、五十三章、五十六章、五十八章、五十九章、六十二章、六十三章、六十四章、六十五章、七十一章、七十二章、七十三章、七十四章、七十五章、七十九章和第八十一章，此四十二章重在治国策；第十六章、三十二章、三十五章、四十二章和第五十二章，此五章兼论道论和治国策；第十三章、五十四章、六十章和第七十七章，此四章兼论治国策和天下观；第五十七章论及治国策、兵法和天下观。

1. 何谓"正"？

古今注家由于对"正"字理解不同，对"以正治国"的解释也不同，主要有四类：其一，把"正"解为"正道"。孔子说："政者，正也。子帅以正，孰敢不正？"[9]张松如认为"以正治国"即"以正道治理国家"。[10]此类注解最普遍，影响最广泛。这是以儒解老。其二，把"正"解为"惩罚"。吴澄说："正者，法制禁令正其不正，管商以正治国"，认为"正者仅可施于治国，不可以取天下。"[11]这是以法解老。其三，把"正"解为"清静"。释德清说："治天下国家者，当以清净无欲为正。"[12]陈鼓应说："正，指清静之道"，"以正治国"即"以清静之道治国"。[13] 这是以释解老。其四，把"正"解为"有为"，进而否定老子"以正治国"思想。王弼说："以道治国则国平，以正治国则奇正起也，以无事则能取天下也"，[14] 把"以奇用兵"看作"以正治国"的结果；卢育三说："'以正治国，以奇用兵'是当时的名言，不是老子的主张。在老子看来，不论是'以正治国'，还是'以奇用兵'，都属于有为……都不好，不若'以无事取天下'为好。这样解释可能更符合老子原义"；[15] 李零说："《老子》说，治国是靠'正'（正常手段），用兵是靠'奇'（反常手段），取天下是靠'无事'（不劳民伤财）。这里，它要强调的是第三句话"；[16] 高亨说："如上文所言，是老子之术，治国以正，用兵以奇矣，恐非其原意也。疑'以无事取天下'本作'无以取天下'，言以正治国，以奇用兵，行此二者，实无以取天下也……盖'无以'二字误倒作'以无'，后人见四十八章有'取天下常以无事'句，因增事字耳"，[17] 这是注家自我作古，臆解老子。此四类解释皆不得老子主旨，不可取。

"正"的甲骨文字是"𠙶"，上下结构，上部为一个方形的城邑，下部是一只脚趾形。《汉字字源字典》作出解释："正，会意字。甲骨文从止（脚），从口（城），会直对着城邑进发之意，是'征'的本字。金文将城市填实。篆文将城市变为一横。隶变后楷书写作正。本义为直对着城邑进发，即远行。"[18] 经过金文、小篆的演化，上端演化成一横，下部演化成"止"，这就是现在的"正"字。我认为，"正"应该有三层含义：第一，有一个前进的目标；第二，脚步正向着目标进发。第三，有一个界限极限。城邑既是远行的目标，又远行的界限极限，远行到达城邑、达到目标就要止步。"正"的上端为"一"，"一"者，"极"也，既是目标更是极限；下部为"止"，"止"者，既是远行更是止步也。所以，"正"的本义是"止"于"一"，《说文解字》徐锴注："守一以止也"，意谓以"止"守"一"（极），即不至极，不过度，亦即老子所说"复归于无极"（第二十八章），有正向、正面之意，超过这个界限极限则物极必反，就会走向反面、负面。现在常用的正常、正直、正当、正派、正确等，只是"正"字的引申义。老子所说的"以正治国"之"正"，指的是本义，而不是引申义。老子"无极"思想，是以"正"的本义为基础的。

2."无极"思想。

从清代易顺鼎以来，有马叙伦、蒋锡昌、高亨、张松如、陈鼓应等学者认为《老子》第二十八章"守其黑，为天下式。为天下式，常德不忒，复归于无极。知其荣"二十三个字为"后人窜入之语"，不是《老子》原文，应当订正，以存真面。但帛书《老子》甲、乙本与今本大致相同，只是语句的次序略有差别。因有文本上的异议，便直接删去这二十三个字，我认为并不妥当。根据帛书，可证明至少汉代的《老子》就是今本的样子了。如此随意删改，不仅缺乏依据，而且也不合《老子》主旨。详见下篇《〈老子〉自圆其说》第二十八章［众说纷纭］、［高谈阔论］。

《老子》第二十八章中这二十三个字极其重要，其中蕴含着老子非常重要的"无极"思想，不仅删不得，而且要深刻领会。"极"字甚为关键，值得玩味。古今注家多不解"极"味，以至于不识老子"无极"思想。"极"是"極"的简化字，本义是屋脊、房顶，指房屋的最高处，引申为极点、极端、过度、过分。老子说："反者道之动"（第四十章）、"周行而不殆"（第二十五章）。道是循环运行永不停息的，变化发展到极点，就会转向相反。老子认为，"极"是道正向运行的极点，是从正向转向反向运行的转折点。老子说："字之曰道，强为之名曰大，大曰逝，逝曰远，远曰反"（第二十五章）。道由初始原点为起点，由此而去，是为"逝"，既"逝"而至于遥"远"穷极之境，"远"是一个极点、转折点，由"远"而"返"，返回于初始的本原。这一由"始"而"逝"，由"逝"而"远"，又由"远"而"返"的周而复始的循环过程，即是道之"周行"的运动状态。老子所谓"物壮则老"（第三十章、第五十五章），"壮"就是事物由盛而衰的极点和转折点，过了这个极点，则反，则老。道在运行中没有到达极点（极端）

的状态就是"无极"，就是"正"。所以，"正"即"无极"；正向运行，到极点（极端）后就反（返）了，"物极必反"、"盛极而衰"，变成反（返）向运行，"极反"就不正了，就是"奇"。所以，"正"即"无反"即"无极"，"奇"即"无正"即"极反"。

《老子》书中"极"有多种表现。如"极"表现为"多"：第四十四章"甚爱必大费，多藏必厚亡。"爱财太甚达到极点，就会走向大破费；珍藏太多达到极端，就会消亡。还有，第五十七章"天下多忌讳，而民弥贫；民多利器，国家滋昏；人多伎巧，奇物滋起；法令滋彰，盗贼多有"，第六十五章"民之难治，以其智多"等，皆为多极必反之证；"极"也表现为"强"：第四十二章"强梁者不得其死，吾将以为教父"，第七十六章"坚强者死之徒，柔弱者生之徒。是以兵强则不胜，木强则兵"，第五十五章"益生曰祥，心使气曰强"，皆为"物壮则老"之证。

"无极"是指正向运行没有达到极点、极端，不会转变成反向运行，亦即"无反"，守住正面不走极端，适可而止不"极反"。老子"无极"思想的核心内容就是"知足知止"，"知足"就是知"无反"而足，"知止"就是知"极"而止，如此则可防止由正转反，如此则能"知足不辱，知止不殆，可以长久"（第四十四章）。老子说："持而盈之，不如其已。揣而锐之，不可长保。金玉满堂，莫之能守。富贵而骄，自遗其咎"（第九章）。"盈""锐""满""骄"，皆是极点，达到极点就会"极反"，事与愿违，即"不如其已""不可长保""莫之能守""自遗其咎"。所以，老子强调"圣人去甚、去奢、去泰"（第二十九章）。"甚"是过分，"奢"是过多，"泰"是过度，皆为极端，"圣人去甚、去奢、去泰"，就是要去掉极端，守住"无极"，知无极而足，避免"极反"，皆为申言"知足"之旨；第五十八章"圣人方而不割，廉而不刿，直而不肆，光而不耀"。"割"为"方"之极端，"刿"为"廉"之极端，"肆"为"直"之极端，"耀"为"光"之极端，"不割""不刿""不肆""不耀"就是不要极端，要知极而止，皆为申言"知止"之意。

3. 以正治国。

"无极"思想是老子"以正治国"策略的思想基础。"以正治国",究其实质,是以"无极"思想治国。

先看"无为"之治。第三章"不尚贤,使民不争;不贵难得之货,使民不为盗;不见可欲,使民心不乱。是以圣人之治,虚其心,实其腹,弱其志,强其骨。常使民无知无欲,使夫智者不敢为也。为无为,则无不治。""不尚""不贵""不见",皆为使民"知止"之举,目的在于使民"不争""不为盗""心不乱""不敢为""虚其心,实其腹,弱其志,强其骨",皆属"知足"之策,目的在于使民"无知无欲"。所以,老子所说"为无为",不是什么都不为,什么都不做,而是做该做的事,该做的事就是"无极"之事,"为无为"即"为无极",守住"无极",防止"极反","则无不治"也。第三十七章"道常无为而无不为",意谓道在"无极"则可以无所不为。侯王若能守住"无极",在"无极"状态,万物将自由变化,天下将自我安定。所以,"无为"之治就是"无极"之治。

再看"为啬"之治。第五十九章"治人事天莫若啬。夫为啬,是谓早服。早服谓之重积德,重积德则无不克,无不克则莫知其极,莫知其极可以有国,有国之母可以长久,是谓深根固柢,长生久视之道。"所谓"啬",就是深藏不露。老子由农夫重"啬"之"常道",通过层层推理,一直达到"有国之母"和"长生久视"。只有懂得"啬",才能事事克制("无不克"),才能不逾越极点,守住"无极"("莫知其极"),守住"无极"就可以保有国家("莫知其极可以有国"),才可以使国家长治久安,才可以长久在位统治。老子认为,"啬"即是"无极",亦即是"正",这是圣王"以正治国"之本,所以,没有比"啬"更重要的("莫若啬")。"啬"治也是"无极"之治。

三看"愚民"之治。第六十五章"古之善为道者,非以明民,将以愚之。民之难治,以其智多。故以智治国,国之贼;不以智治国,国之福。"

老子认为，在治国方略上，有截然不同的两个策略：一者是"明民"，即"以智治国"；一者是"愚民"，即"不以智治国"。老子主张后者而反对前者，主张"愚之"而非"明民"，认为治国是"智"不及"愚"。民众之所以难治，就在于他们智多。智者敢为，容易极端、"极反"，"智慧出，有大伪"（第十八章）、"民多伎巧，奇物滋起"（第五十七章），所以"不以智治国"才是"善为道"，也叫"玄德"。"愚民"之治要点仍是守"无极"、防"极反"，"使民无知无欲，使夫智者不敢为"（第二章），复反众人所做的"极反"行为（"复众人之所过"（第六十四章）），使民众知足知止，天下就能大治。

四看"闷政"之治。第五十八章"其政闷闷，其民淳淳；其政察察，其民缺缺。祸兮福之所倚，福兮祸之所伏。孰知其极？其无正。正复为奇，善复为妖。人之迷，其日固久。是以圣人方而不割，廉而不刿，直而不肆，光而不耀。"在老子看来，"其政闷闷"与"其政察察"、"其民淳淳"与"其民缺缺"也是可以相互转化的。为了解开这个"人之迷"难题，老子提出了解决原则，即"方而不割，廉而不刿，直而不肆，光而不耀"。不割、不刿、不肆、不耀，是守"正"、守"无极"的措施，否则"方、廉、直、光"一直正向发展就会出现物极必反，由"无极"到"极反"，。由"正"到"无正"（奇），方而割，廉而刿，直而肆，光而耀，就成为政之祸了。老子认为，"以正治国"，就是要以正向举措治国，守住"正"，"复归于无极"（第二十八章），治政做到"闷闷"而不"察察"，民众就会"淳淳"而不"缺缺"。

还有，第七十六章所说"守柔"、第十六章所说"守静"、第六十一章所说"处下"、第二十九章所说"去甚、去奢、去泰"等等，此类"以正治国"之策皆为"无极"思想运用。

三、老子兵法："以奇用兵"

《老子》书中，第三十章、三十一章、四十六章、六十七章、六十八章和第六十九章，此六章重在兵法；第五十七章兼论兵法。第五十七章说："以正治国，以奇用兵，以无事取天下"。有注家把三者割离开，否定前两者，以为"以正治国，以奇用兵"不是老子主张，只有"以无事取天下"才符合老子"无为"思想。此说不符合《老子》原义。"国之大事，在祀与戎"。从上古以来，战争一直是君王所领导从事而关乎整个氏族、部落、邦国生死存亡的两件最为重大的活动之一。老子作为一名精通历史、"历记成败存亡祸福之道"的史官，写五千言的目的是"以道佐人主"，在春秋战乱时期，讲帝王术，不谈用兵，不谈兵法，是不可想象的。

1.《老子》谈兵法，但不是兵书。

自古至今，也有不少人认为《老子》是一部兵书。在唐朝宪宗时期，有一位将领叫王真，他最早把《老子》看做一部兵书，撰有四卷本的《道德真经论兵要义述》一书，认为《老子》"未尝有一章不属意于兵也"，[19]并从兵法的视角作了系统的解读。既然"未尝有一章不属意于兵"，那么《老子》无疑就是兵书了。此后，宋代苏辙说，老子之言，"几于用智也，与管仲、孙武何异？"[20]明清之际王夫之说，《老子》，"言兵者师之"、"持机械变诈以缴幸之祖也。"[21]他认为此书为谈兵者、用兵者师法之。清代魏源说："《老子》，其言兵之书乎！"[22]近代章太炎说："老聃为柱下史，多识故事，约《金版》《六韬》之旨，著五千言，以为后世阴谋者法。"[23]《金版》《六韬》皆为古代兵书名，后世用来称兵法韬略，他认为《老子》精简概括了古代兵书、兵法的要旨。现代以来，明确讲《老子》是一部兵书的，首推郭沫若。他在《中国史稿》中说："《道德经》是一部政治哲学著作，又是一部兵书。"[24]马王堆汉墓出土帛书《老子》甲、乙本后，据说1974年毛泽东曾说"《老子》是一部兵书。"[25]毛泽东对老子的一些军事思想有过研究，在他自己一生丰富的军事斗争实践中有所体验，在《中国革命战争的战略问题》等著作中也有过阐发。1974年，翟青在上海《学习与批判》杂志上发表《〈老子〉是一部兵书》一文，后收入《马王堆汉墓帛书〈老子〉》附录，[26] 应该是传达了当时权威方面的某些意见。我认为，《老子》虽然讲用兵、谈兵法，但不能说是一部兵书。说《老子》一书中包含着有关用兵、兵法的内容，与说《老子》是一部兵书，完全是两回事。讲用兵、谈兵法，只是《老子》一书三大板块内容之一。老子著书的目的是"以道佐人主"，老子认为圣王有三大任务，即"治国""用兵""取天下"，所以，《老子》重视用兵，多谈兵法，讲"以奇用兵"之策，这是题中应有之义。如果据此便认定《老子》是一部兵书，则有失于以偏概全。

2. 老子不好战，也不反战。

老子不好战，主要表现在"取天下""得天下"方面，这与他的"以无事取天下"的天下观是一致的：一是"不以兵强天下"。老子说："以道佐人主者，不以兵强天下。"（第三十章）用道来辅助君王的人，不用兵力逞强天下。老子认为，"以兵强天下"者是不能真正称雄天下的，以"无事"才能取天下（"以无事取天下"）。原因是"佳兵不祥"。老子说："夫佳兵者，不祥之器也"（第三十一章）。"佳兵"，指赞美战争，即好战。好战是不祥的事情。老子认为，用兵之事最容易受到报复（"其事好还"），战争带来荒芜（"师之所处，荆棘生焉"），带来凶年（"大军之后，必有凶年"），带来灾难（"戎马生于郊"）。所以，他认为，"佳兵"遭到人们普遍厌恶，有道圣王不会使用。二是"胜而不美"。老子说："胜而不美，而美之者，是乐杀人。夫乐杀人者，则不可以得志于天下矣。"（第三十一章）战争中如果以战胜为美，这是好战的表现。老子认为，尽管战胜了对方，但是不应该赞美，不应该美化。如果美化战争，赞美胜利，那就是把杀人看做一种乐事了。"乐杀人"的结果与结局是，"不可以得志于天下矣"，也就是最终不能取得天下。所以，杀人多了，要用悲哀的心情来对待它；战胜了，要按照丧礼来处置它。

老子不反战，主要表现在他也讲究用兵，精通用兵之道，主张以战应战，战则必胜，战则必果。虽然不能说《老子》"未尝有一章不属意于兵"，但涉及用兵、兵法的篇幅也还不少，《老子》第三十章、三十一章、四十六章、六十七章、六十八章和第六十九章，都是老子专门论述战争、用兵的篇章。老子说"兵者，不祥之器，非君子之器，不得已而用之，恬淡为上"（第三十一章）。前半句说明老子不好战，后半句表明老子不反战。老子认为，用兵是不吉祥的事情，不是君子所需要的"神器"，但是，在迫不得已的时候，比如自卫、应战时，还是要"用之"，从而以战应战，以战止战，以杀止杀，只是在心态上要做到"恬淡为上"，战前、战时、战后都要淡然应对，"胜而不美"（第三十一章），"善有果而已，不敢以取强"（第三十章）。"不得已而用之，恬淡为上"，这是一种从容应战的战争理念。

3. 老子讲应战，以奇用兵。

"无极"思想是老子"以正治国"政策的的思想基础，"极反"（"无正"）思想则是老子"以奇用兵"兵法的思想来源。老子兵法是应战兵法，基本法则是"以奇用兵"。

何谓"奇"？第五十八章说"祸兮福之所倚，福兮祸之所伏。孰知其极？其无正。正复为奇，善复为妖"。老子问，祸福相互倚伏，相互转化，谁知道它们转折的极点？极，就是因祸得福或福尽祸来的转折点。"福"正向运行到极点，转到反向运行，"福"因"极反"而变成"祸"（"正复为奇，善复为妖"）。正向运行，在"极反"之前属于"无极"状态，是谓"正"；到极点后反（返）了，极则必反，变成反向运行，"极反"属于"无正"状态，是谓"奇"。所以，"正"就是"无极"，即正向运行不逾越极点；"无正"就是"极反"，就是"奇"。"正"与"奇""无反"与"无正""无极"与"极反"关系，被老子称为"人之迷"，而且是长久未解之谜。

何谓"以奇用兵"？"奇"即"无正""极反"，就是不从正向思考，用于兵法，就是不从正面迎战，而是反向思维，灵活应战，反正道而行之，出人意料，出奇制胜。老子"以奇用兵"兵法主要体现为用兵"三宝"：
"一曰慈，二曰俭，三曰不敢为天下先"（第六十七章）。老子"以奇用兵"
兵法主要有以下五个方面内容：

首先，不得已才用兵。老子说："兵者，不祥之器，非君子之器，不得
已而用之，恬淡为上"（第三十一章）。老子应战理论的基本原则是"不得
已而用之"，是迫不得已才起兵用兵。"不得已"也即是"不敢为天下先"。
毛泽东有句名言："人不犯我，我不犯人；人若犯我，我必犯人。"[27] 也有
这意思，"我犯人"是出于"不得已"，因为"人犯我"在先。"不得已而用
之"，用兵应战也算是出师有名了。

其次，不打第一枪。老子说："不敢为天下先。"还有老子经常提到的
"不争"（第二十二章、第六十八章），"进道若退"（第四十一章），它的基
本精神是不出头，不抢先，以退为进，后发制人。"不敢为天下先"，既是
一种处世哲学，更是一种应战策略。在老子看来，战争不得民心，带头挑
起战争，这本身在道义上就输给了对方，对自己是极其不利的。"不敢为天
下先"，不打第一枪，显示出"不得已"才用兵应战反击，有利于争取舆论
支持，争取民心向我，争取战略主动态势。

毛泽东说《老子》是一部兵书，更多的是有感而发。第二次国共合作
时，在与国民党反共摩擦进行斗争中，毛泽东制定了三条战略原则，其中
第一条就是用老子的"不敢为天下先"来表述的。1945 年，中共七大召开
期间，毛泽东在七大口头报告中提到这句话后，又在 5 月 31 日七大的书面
政治报告中，再次作了具体阐述：

> 我曾经同国民党的联络参谋讲过，我们的原则是三条：第一条不
> 打第一枪，《老子》上讲"不为天下先"，我们不先发制人，而是后发
> 制人。第二条"退避三舍"，一舍三十里，三舍九十里，这是《左传》
> 上讲晋文公在晋楚城濮之战中的事，我们也要采取这样的政策。第三
> 条"礼尚往来"，这是《礼记》上讲的，礼是讲究往来的，"来而不往

非礼也，往而不来亦非礼也"，你来到我这里，我不到你那里去，就没有礼节，所以我们也要到你们那里去。[28]

毛泽东在《目前抗日统一战线中的策略问题》中提出了有理、有利、有节，与国民党又团结又斗争的战略方针，要站在自卫立场上反击国民党的进攻。"有理"，就出自《老子》兵法中的"不敢为天下先"，也就是不打第一枪，不先发制人，而是后发制人，使共产党在道义上占据有利地位，民心所向，而国民党则民心所背。

第三，敌进我退。《老子》第六十九章说："用兵有言：吾不敢为主而为客，不敢进寸而退尺。"古今注家大多将"为主"作主动进攻，"为客"作退守防御解释，把"吾不敢为主而为客"译为"我不敢主动进攻而宁愿退守防御"。这是误解，是不得"为主""为客"真义所致。

《马王堆汉墓帛书（壹）》《老子》甲本注："按古代起兵伐人者谓之客，敌来御捍者谓之主。银雀山汉简有'为人客则先人作'，及'主人逆客于境'之语。"[29] 由此可知，"为客"有两个特点：一是起兵先作，二是侵入对方境内。"为主"也有两个特点：一是应敌防御捍卫，二是迎敌于我方境内。最根本的一点就是看在哪方境内作战，看战场在我方还是在敌方境内。在我方境内，则我为主，敌为客；在敌方境内，则我为客，敌为主。犹如请客吃饭，到我家，我为主人，来人为客；到你家，我为客，你为主。又如，两队球赛，在甲队场地比赛，则甲队为主场，乙队为客场；在乙队场地，则甲队为客场，乙队为主场。

老子所谓"不敢为主而为客"，意思是敌人侵入我境内，我不采取正面迎敌防御捍卫，而宁愿让出地盘，让敌人反客为主，而我则反主为客，采取主动撤退转移，不敢前进寸步，而是大步撤退，并且是隐蔽撤退，做到"行无行，攘无臂，扔无敌，执无兵"，无声无息，无影无踪。

二千多年来，真正得老子这一"以奇用兵"精髓的，唯毛泽东一人！毛泽东认为《老子》是一部兵书，并善用老子"以奇用兵"兵法，著名的游击兵法"十六字诀"第一句"敌进我退"与老子"不敢为主而为客"同出一理。井冈山时期红军"反围剿"打游击以及解放战争时期撤出延安转战陕北，就是"不敢为主而为客"的光辉战例。

第四，统帅不争。第六十八章说"善为士者不武，善战者不怒，善胜敌者不与，善用人者为之下。是谓不争之德，是谓用人之力，是谓配天，古之极。"老子认为，圣王统帅之道要具备"不争之德"，善于统帅而不逞勇武，善于应战而不被激怒，善于胜敌而不临阵交战。要善于用人而对人谦和卑下。圣王的不争之德，不是不争，而是说圣王自己不要上战场去争，要有善于借用他人力量的能力，让他人代替自己去争。所以，"用人之力"，也是圣王应具备的"不争之德"。

第五，不敢轻敌。第六十九章说"祸莫大于轻敌，轻敌几丧吾宝"。"吾宝"即第六十七章所谓"三宝"：一曰慈，二曰俭，三曰不敢为天下先。老子认为，用兵不能轻敌，轻敌则逞强好勇（"舍慈且勇"），轻敌则显行露迹（"舍俭且广"），轻敌则盲目冒进（"舍后且先"），这样轻敌就死定了（"死矣"），灾祸没有比轻敌更大的了，轻敌几乎葬送用兵"三宝"。两军相争，力量相当，慈悲一方不轻敌，所以能取胜。

第六，哀兵必胜。第六十九章说"抗兵相加，哀者胜矣"、第六十七章说"夫慈，以战则胜，以守则固。天将救之，以慈卫之"、第三十一章说"杀人之众，以悲哀泣之。战胜，以丧礼处之"，这些都体现了老子以哀兵取胜的用兵之奇。

第七，胜而不美。老子讲，用兵是"不祥之器"，是"凶事"，用兵要做到"慈"（第六十七章），以"慈"战之、守之、卫之，战胜要用丧礼仪式来处理。"杀人众，以哀悲泣之；战胜，以丧礼处之"（第三十一章）。战胜了，要做到"俭"（第六十七章），"善有果而已，不敢以取强。果而勿矜，果而勿伐，果而勿骄，果而不得已，果而勿强"（第三十章）。要做到"胜而不美"（第三十一章），不要耀武扬威，否则说明你嗜好杀人，"夫乐杀人者，则不可得志于天下矣"（第三十一章）。

以上七条，前两条讲战略，后五条讲战术。

四、老子天下观："以无事取天下"

《老子》书中，第二十八章、二十九章、四十八章、四十九章、六十一章、六十六章、七十八章和第八十章，此八章重在天下观；第十三章、三十七章、五十四章、五十七章、六十章和第七十七章，此六章兼论天下观。

1. 如何观天下？

"观"是老子的一个重要概念。后来道教的一些道场称作"道观"，"道观"之"观"即来源于《老子》。老子所说的"观"不同于一般的对具体事物的经验性观察，而是要"观其妙"、"观其徼"（第一章）、"吾以观复"（第十六章），即"观"那种必然性、本质性的东西。《说文解字》曰："观，谛视也"，段玉裁注："凡以我谛视物曰观，使人得以谛视我亦曰观。犹之以我见人，使人见我皆曰视。"《尔雅·释言》曰："观，示也"。可见，"观"一词实兼有"视"和"示"两义。老子所说的"观"，既有以我（道）视物之义，以"无""观其妙"，以"有""观其徼"，以道观物而知其然；又有以物示人之义，"万物并作，吾以观复"，观物悟道而知其所以然。在老子看来，"观"的过程，就是观物悟道的过程，亦即是观天下万物"常道"而悟圣王治国理政之"非常道"的过程。第五十四章说"以天下观天下"，其中前一个"天下"是得道之天下，即"修之于天下"之"天下"，后一个"天下"才是被"观"之"天下"。"以天下观天下"，既是以"修之于天下"去谛视"天下"之建德抱朴是否（有无）"普"，又是以修道建德抱朴之"天下"示人以"普"。这就是老子知天下之然而且知其所以然的"观天下"方法。

虽然老子与儒家一样也谈"修身"，以修身作为修道之基础，但儒家的"修、齐、治、平"，与老子所述，可谓其词同而理异。儒家修德讲推己及人，推而广之，"修、齐、治、平"，是连贯推衍式的，只要正心诚意修身，则可齐家治国平天下，"自天子以至于庶人，一是皆以修身为本"，能"修身"就一定可以"齐家"，能"齐家"就一定可以"治国"，能"治国"就一定可以"平天下"，所以，修身就能解决一切问题。老子修道与儒家修德不同，儒家修仁义道德，老子修自然无为之道，老子修道是并列封闭式的，"塞其兑，闭其门"（第五十二章）、"不出户，知天下；不窥牖，见天道"（第四十七章）。所以，"修之于身"只能"以身观身"，"修之于家"只能"以家观家"，"修之于乡"只能"以乡观乡"，"修之于国"只能"以国观国"，"修之于天下"只能"以天下观天下"。在老子看来，治国与取天下是不同的，治国策只能用于治国，以"正"可治国，但不能取天下；天下观只能用于观天下、取天下，以"无事"可以取天下，但不能治国。

2. 何谓"取天下"？

老子所说"取天下"既不是"夺天下"，也不是"治天下"，"取"不是争取、强取、夺取之意，也不能解释为"治理"，释"取"为"治"无依据。释德清《老子道德经解》说："旧注'取'字训为摄化之意。应如《春秋》'取国'之'取'，言得之易也。"[30]春秋时期，用"取"字是为了特别强调取之非常容易，不论出兵不出兵，一定是没有大困难、大阻力的，无须动用武力而强夺硬取，更没有激烈的战斗或重大牺牲。如果用重兵激战而取得，在当时是用"灭"字的。老子"取天下"之"取"有两义：一是"聚"义，汇聚。如第六十六章所说"江海之所以能为百谷王者，以其善下之，故能为百谷王。是以圣人处上而民不重，处前而民不害。是以天下乐推而不厌"，取天下如同百川汇聚江海，不凭借外力强取，是自然自成，顺势而聚。二是"娶"义。《易经》"咸卦"卦辞："亨，利贞，取女吉"。[31]"取"即"娶"。取天下如娶女人，结婚嫁娶，一方愿嫁，一方愿娶，不违背双方意愿，是自觉自愿，情投意合，随缘而娶。如第六十一章所说"大国不过欲畜人，小国不过欲入事人。夫两者各得其所欲"。"天下”是指天子统治下的区域。与"国"不是同一个概念，"国"是诸侯之国，是天子所封建的邦国。"天下"只一个，是天子之天下，"国"则甚多，天子之"天下"包含"国"，普天之下莫非王土。"取"所含"聚"、"娶"二义，正是体现了"取天下"得之容易之意。老子说："取天下常以无事"（第四十八章），取得天下常常要以无为处事，等到他积极有为了，反而不能取得天下。"无事"是指自然无为、自然而然。以"无事"取天下，也就是自然无为地获得天下，是没有激烈争斗和重大牺牲的顺势而为、自然自成，是贯彻无为的原则而取得的结果，是"无为而无不为"思想的体现。

3. 何以无事取天下？

老子天下观的核心思想是"以无事取天下"。老子反对"将欲取天下而为之"，他说"将欲取天下而为之，吾见其不得已。天下神器，不可为也。为者败之，执者失之"（第二十九章）；也反对以"有事"取天下，他说"取天下常以无事，及其有事，不足以取天下"（第四十八章）。

何以无事取天下？《老子》第五十七章给出了方案："以正治国，以奇用兵，以无事取天下。"对此句理解，注家歧义甚多。王弼把"以奇用兵"看作"以正治国"的结果，认为"以正治国则不足以取天下"，进而否定"以正治国"和"以奇用兵"；卢育三认为"以正治国，以奇用兵"是当时的名言，不是老子的主张，两者都属于有为，都不好，不若"以无事取天下"为好；高亨甚至改字易经，把"以无事取天下"改为"无以取天下"，原句成为"以正治国，以奇用兵，无以取天下"，进而提出"治国以正，用兵以奇矣，恐非其原意也"，从而全盘否定了"以正治国，以奇用兵，以无事取天下"。详见下篇《〈老子〉自圆其说》第五十七章［众说纷纭］。诸家解释实属误解、曲解，不符合《老子》原义。治国、用兵、取天下，是君王三件大事，是相互联系的统一体，"以正治国，以奇用兵，以无事取天下"是老子献给君王的治国策、兵法和天下观的核心内容。一个有抱负的君王，他的终极目标往往是"取天下"。如何"取天下"？老子方案是"以无事取天下"。如何"以无事取天下"？老子也给出了方案，可惜后人多有不识。试想一下，一个弱小国家，自己生存都困难，无所作为，何谈"以无事取天下"？老子作为一个"历记成败存亡祸福古今之道"的史官，不会弱智到空谈"以无事取天下"。纵观《老子》全书，可知老子"以无事取天下"方略。

首先，"无事"之前先"有事"，"无为"之前先"有为"。其一，治大国。通过"以正治国，以奇用兵"，把本国治成大国；通过"治大国若烹小鲜"，把大国治成国泰民安、长治久安。其二，分小国。通过"小国寡民"（第八十章），使别国分小，小国疆域变小、民众变少，小国由于自身力量的弱小而不会侵犯大国，不会有争霸的野心，不仅不会威胁大国统治，反而会积极向大国靠拢，寻求大国庇护。详见下篇《〈老子〉自圆其说》第八十章［高谈阔论］。在老子看来，"以正治国，以奇用兵"，就是把本国治理成大国；"小国寡民"，就是把别国搞成小国。毛泽东曾说："政治就是把我们的人搞得多多的，把敌人搞得少少的。"两者异曲同工、殊途同归。

其次，在"治大国、分小国"基础上，实施"以无事取天下"。《老子》第二十八章说："知其雄，守其雌，为天下谿。为天下谿，常德不离，复归于婴儿。知其白，守其黑，为天下式。为天下式，常德不忒，复归于无极。知其荣，守其辱，为天下谷。为天下谷，常德乃足，复归于朴。朴散则为器，圣人用之则为官长。故大制不割。""为天下谿""为天下式""为天下谷"，词异义同，意思是作为取天下的模式、范式。在此，老子阐述了"以无事取天下"三大模式：第一个模式是"知其雄，守其雌，为天下谿"；第二个模式是"知其白，守其黑，为天下式"；第三个模式是"知其荣，守其辱，为天下谷"。关于"知雄守雌""知白守黑""知荣守辱"的关系，严复曾说："今之用老者，只知有后一句，不知其命脉在前一句也。"[32]这话说得很对，前一句确实是命脉所在。"雄"（雄伟）、"白"（辉煌）、"荣"（尊荣），这些都是大国的特征、象征。"知其雄""知其白""知其荣"，意思是知道自己已经是大国了，大国要有大的样子。知道自己是大国了，才可以谈"守雌""守黑""守辱"，才可以谈"以无事取天下"。不知"雄""白""荣"，就不知命脉所在，一切所谈"守雌""守黑""守辱"，所谓"以无事取天下"，都是空谈扯淡。

关于第一模式"知其雄，守其雌，为天下豀"，《老子》第六十一章刚好可作此注脚，老子以男女性交之生活"常道"解说圣王"以无事取天下"之"非常道"。老子认为，大国与小国之间的外交如同男女性交。大国要学女人处"下位"（"大国者下流，天下之牝"），采用天下男女性交方式（"天下之交"），女在下，虚静以待（"以静为下"）。大国以谦下待小国，就可以取得小国的拥戴和归附；小国以谦下待大国，则能取得大国的庇护和包容。大国原本就想要有附庸国（"大国不过欲兼畜人"），小国原本就想要有保护伞（"小国不过欲入事人"）。双方都谦下，就能各取所需、各得所欲（"两者各得其所欲"）。"知其雄，守其雌"，意思是说圣王即使知道自己国家已是雄伟大国，但仍要学做女人。女人性事中卑下（柔弱处下）、好静（虚静以待）、无欲（不主动）、无为（不拒绝），皆属"无事"也，女人以无事而取男人，同样道理，大国"守其雌""以静为下"，也能顺势而为，以"无事"取天下。详见下篇《〈老子〉自圆其说》第六十一章〔高谈阔论〕。

关于第二模式"知其白，守其黑，为天下式"，《老子》第五十八章恰好可作此注脚，老子以祸福相互依存相互转化之生活"常道"解说圣王"以无事取天下"之"非常道"。"知其白，守其黑"，意思是说圣王即使知道自己国家已是辉煌大国，但仍要"守其黑"，觉得很黯淡。在老子看来，祸福转变，有其极点，转变之前为"正"，为"无极"，物极必反，之后是"极反"，是"无正"。"其政闷闷"与"其政察察""其民淳淳"与"其民缺缺"，如同祸福关系，也是可以相互转化的。为了解开这个"人之迷"难题，老子提出了解决原则，即"方而不割，廉而不刿，直而不肆，光而不耀"。不割、不刿、不肆、不耀，是"复归于无极"的措施，用于防止"方、廉、直、光"出现"极反"。大国圣王"知其荣，守其辱""复归于无极"，治政做到"闷闷"而不"察察"，民众就会"淳淳"而不"缺缺"，从而出现"我无为而民自化，我好静而民自正，我无事而民自富，我无欲而民自朴"的天下太平，由此可知怎样实现"以无事取天下"。

关于第三模式"知其荣，守其辱，为天下谷"，《老子》第六十六章正好可作此注脚，老子以"江海之所以能为百谷王"之自然界"常道"解说圣王"以无事取天下"之"非常道"。"知其荣，守其辱"，意思是说即使知道自己已是尊荣大国的圣王，但仍要学江海之"善下""守其辱"。老子认为，江海能为百谷王的原因在于"以其善下之"，大国圣王要学江海之"善下"。大国圣王想高高在上统治天下民众，说话必须低三下四（"圣人欲上民必以言下之"），使得圣王居高临下而民众不觉得受压迫（"处上而民不重"）；大国圣王想争先恐后统领天下民众，行事必要退避三舍（"欲先民必以身后之"），使得圣王独占鳌头而民众不觉得受伤害（"处前而民不害"）。所以，天下诸国及其民众都乐于拥戴大国圣王而不会厌弃他。大国圣王"知其荣，守其辱"，"以其不争，故天下莫能与之争"，最终可实现"以无事取天下"也。

《老子》第二十八章在阐述"取天下"模式的同时，相应提出了"保天下"的三种模式。"三知三守"，为老子"取天下"模式；"三德三复"，则为老子"保天下"模式。老子认为，用"知雄守雌"模式取天下，就能保持经常有所得而不会离失，就像回归到赤子般至精至和充满生机活力（"常德不离，复归于婴儿"）；用"知白守黑"模式取天下，就能保持经常有所得而不会失去，就像回归无极不会发生反向变化（"常德不忒，复归于无极"）；用"知荣守辱"模式取天下，就能保持经常有所得而又能知足，就像回归到纯朴般无欲自定了（"常德乃足，复归于朴"）。其中，"复归于婴儿"，是以人世间"常道"作譬喻；"复归于朴"，是以自然界"常道"作譬喻；"复归于无极"，是由自然界和人世间"常道"提炼出的君王"非常道"。

老子认为，以"三知三守"取天下，以"三德三复"保天下，这是圣王之"器"（"朴散则为器，圣人用之则为官长"），是"天下神器"（第二十九章）。圣王把这些模式用于天下就不会有危害（"大制不割"）。

注释

1、4、8 张舜徽：《张舜徽文集·周秦道论发微》，武汉：华中师范大学出版社，2005 年，第 112 页、第 31 — 32 页、第 11 页。

2、25 李泽厚：《中国古代思想史论》，北京：人民出版社，1986 年，第 88 页、第 77 页。

3 朱俊红整理：《〈道德经〉四帝注》，《明太祖〈御注道德真经〉序》，海口：海南出版社，2012 年，第 3-4 页。

5、31 《周易》，长春：时代文艺出版社，2000 年，第 243 页、第 41 页。

6、9 杨伯峻：《论语译注》，北京：中华书局，2015 年，第 226 页、第 180 页。

7 班固：《汉书》，北京：中华书局，2007 年，第 334 页。

10 张松如：《老子校读》，长春：吉林人民出版社，1981 年，第 319 页。

11 吴澄：《道德真经注》，上海：华东师范大学出版社，2010 年，第 81 页。

12、30 释德清：《老子道德经解》，武汉：崇文书局有限公司，2015 年，第 111 页、第 94 页。

13、32 陈鼓应：《老子注译及评介》，北京：中华书局，1984 年，第 264 页、第 169 页。

14 王弼：《老子注》，北京：中华书局《诸子集成》第 3 册，1954 年，第 34 页。

15 卢育三：《老子释义》，天津：天津古籍出版社，1987 年，第 231 页。

16 李零：《人往低处走——〈老子〉天下第一》，北京：生活·读书·新知三联书店，2008 年，第 179 页。

17 高亨：《老子正诂》，北京：清华大学出版社，2011 年，第 86—87 页。

18 谷金奎编：《汉字字源字典》，北京：语文出版社，2008 年，第 133 页。

19、21 转引自翟青：《〈老子〉是一部兵书》，《马王堆汉墓帛书〈老子〉》附录，北京：文物出版社，1976 年，第 96 页。

20　苏辙:《道德真经注》,上海：华东师范大学出版社,2010 年,第 44 页。

22　魏源:《孙子集注序》,《魏源全集》第十二册,长沙：岳麓书社,2004 年,第 232 页。

23　章炳麟:《訄书·儒道第三》初刻本,上海：上海文艺出版（集团）有限公司、中西书局,2012 年,第 8 页。

24　郭沫若:《中国史稿》,北京：人民出版社,1964 年,第 376 页。

26　《马王堆汉墓帛书〈老子〉》附录,北京：文物出版社,1976 年,第 95 页。

27　毛泽东:《和中央社、扫荡报、新民报三记者的谈话》,《毛泽东选集》第二卷,北京：人民出版社,1966 年,第 553 页。

28　毛泽东:《在中国共产党第七次全国代表大会上的结论》,《毛泽东文集》第三卷,北京：人民出版社,1996 年,第 326 页。

29　《马王堆汉墓帛书（壹）》,北京：文物出版社,1980 年,第 8 页。

第四章 《老子》入门："众妙之门"

一、入门之钥

《老子》首章是绪论，告诉读者《老子》入门之道和得道之门，以及打开这些门道的"钥匙"。《老子》像一座隐藏着秘密的宫殿，通达这座宫殿有两道门，需要两把钥匙，才能登堂入室，探究宫殿的深奥玄妙。

《老子》第一章说：

> 道，可道，非常道。名，可名，非常名。无，名天地之始；有，名万物之母。故常无，欲以观其妙；常有，欲以观其徼。此两者同，出而异名。同谓之玄，玄之又玄，众妙之门。

第一道门，是《老子》入门。全书首章首句首字："道"，这是《老子》入门之道。不知"道"是什么，就难入《老子》之门。

第一把钥匙，是首章首句"道，可道，非常道"。这是打开《老子》入门之"道"的钥匙。"道，可道，非常道"是一个判断句式，而且是一个共有一个主语、连用两个谓语、由两个分句组成的连谓式复杂谓语句。第一个"道"是两个分句共有的主语，"可道"是名词性词组，直接充当谓语，不用判断词，构成第一个分句"道（是）'可道'"；第一个"道"又与"非常道"组成第二个分句，"常道"是名词性词组，作句子的谓语，受到副词"非"的修饰，构成判断句"（道）非'常道'"。按照老子"正言若反"表述习惯，"（道）非'常道'"可以用"（道）（是）'非常道'"表述。由此可知，"道，可道，非常道"即是：道（是）"可道"，非"常道"，（是）"非常道"。老子认为，"道"有两层含义：一是"可道"，是唯一可通达之道，具有唯一、一直的方向性和通达性。二是"非常道"，不是"常道"，但可以用"常道"来比喻、说明"非常道"。《易经》八卦取象，"仰则观象于天，俯则观法于地，观鸟兽之文与地之宜，近取诸身，远取诸物，于是始作八卦，以通神明之德，以类万物之情"。[1]老子也习惯因近取譬，就近从自然万物、社会现象、日常生活中常常出现的常态、常规、常识中看到"常道"，以这种具体"常道"来描写阐述他那些非常、超常、甚至反常的道理，即"非常道"。"常道"，是形而下之道，自然界、社会和日常生活中平常实在的通达之道，如，谷为水流通道，牝（阴道）为生殖通道；"非常道"，是形而上之道，老子世界中深不可识的微妙玄通之道，如谷神、玄牝为道创生天下万物的通道（"天下母""天地根"）。

第二道门，是得道之门，即《老子》首章最后一个字："门"。这是《老子》的众妙之门。

第二把钥匙：是首章第二句"名，可名，非常名"，这是打开《老子》众妙之门的钥匙。"名，可名，非常名"是解读老子专用概念范畴名称的钥匙。蒋锡昌说："老子书中所用之名，其含义与世人习用者多不同。老子深恐后人各以当世所习用之名来解《老子》，则将差以千里，故于开端即作出此言以明之"。[2]老子专用范畴之名，都是可以表达的名称，但不是常用名称来表达，而是用非常用名称来表达。如，道是老子专用的名称，道也是可以表达的，但不是用常用的通道名称（如谷、牝等）来表达，而是用非同寻常的通道名称（如谷神、玄牝等）来表达。道，虽非"常道"，但"常道"能申述"非常道"之旨。在多数章节中，老子惯用表述方式常常是先描述自然界、社会以及日常生活的"常道"，接着以"常道"为实例，引入社会政治，然后阐述"以道佐人主"的治国安民"非常道"。如，第十一章前段"三十辐共一毂，当其无，有车之用。埏埴以为器，当其无，有器之用。凿户牖以为室，当其无，有室之用"，描述的即为三个日常生活实例中的"常道"，最后归结为阐明"故有之以为利，无之以为用"之"非常道"；第七十六章第一段"人之生也柔弱，其死也坚强。万物草木之生也柔脆，其死也枯槁"，即为人生、自然"常道"，目的用于阐明最后一句"强大处下，柔弱处上"之"非常道"。

掌握了这两把钥匙，方可打开《老子》入门之道，登堂入室，探玄寻道。

二、就近取譬

为了顺利找到《老子》入门，还需要看懂两块指示牌，第一块指示牌是"譬喻"。善用譬喻，是《老子》一大语言特色，数量特多，几乎通篇可见。老子常常借彼喻此，以具体而习以为常之物象事例，比方说明或形容描写抽象而异乎寻常的思想主题，文采斐然，生动形象，化抽象为具体，化繁为简，深入浅出，使人印象深刻，引人想象联想。"譬喻"一般由"本体""喻体"和"喻词"三部分组成。在《老子》五千言中，"本体"是老子所要表达的"非常道"；"喻体"是与本体既有本质不同而又有相似点的"常道"，老子用来说明、形容"非常道"；"喻词"是连接语词，《老子》书中出现最多的喻词是"若"字，出现 40 次，其它还有"如、似、犹"等。

老子善于就近取譬，如《诗经·大雅·抑》所言"取譬不远，昊天不忒"，[3] 往往以自然界、社会和日常生活中人们习以为常的常态常识所体现的"常道"为譬喻，借此喻示圣王治国安民之"非常道"。老子所取譬喻大致分为自然界类、社会类和日常生活类三大类，如第八章"上善若水"，即是借"水善利万物而不争，处众人之所恶，故几于道"之自然界"常道"，来喻示"夫唯不争，故无尤"之圣王"非常道"；第九章，借"持而盈之，不如其已；揣而锐之，不可长保。金玉满堂，莫之能守；富贵而骄，自遗其咎"之社会"常道"，来喻示"功遂身退"之圣王"非常道"；第六十章"治大国若烹小鲜"，借"烹小鲜"之日常生活"常道"，来喻示圣王"治大国"之"非常道"。第十二章，借"五色令人目盲，五音令人耳聋，五味令人口爽，驰骋畋猎令人心发狂，难得之货令人行妨"之生活"常道"，来喻示圣王"为腹不为目"之"非常道"。

老子就近取譬，最亲近、最就近的是男女性事，最常用、最擅用的是借男女性生活"常道"喻示圣王治国安民"非常道"。"喻体"分别涉及性器官、性姿势、性反应、性妊娠、性生育，几乎包括性事全要素、性生活全过程。

1. 道如阴道。《老子》第六章借阴道喻道：

谷神不死，是谓玄牝。玄牝之门，是谓天地根。绵绵若存，用之不勤。

谷，是水流的通道（河道）；牝，是雌性动物生殖的通道（阴道），两者具有"可道"（可以一达的通道）的共性，"谷""牝"都是自然界、动物界"常道"，与老子之"非常道"具有相似性，可相通。山谷中间空虚，两边是山陵，谷底又有淙淙泉水，古人便常以凹洼、幽暗、湿润的山谷比喻雌性阴道。山谷与阴道（牝），其外形既非常相似，其功能又非常相同，山谷能生成流水，使草木生根发芽，阴道（牝）能生殖新的生命。老子把道看作天地万物之母，把"玄牝"看作天地万物之母的大阴道。道生天地万物，就像女人生孩子，要从阴道出口（阴门、产门）生出，这个天地大阴道出口，就叫"玄牝之门"，这是道生天地万物的根本通道，是天地万物的"命根"，所以又叫"天地根"。老子不仅就近取譬，借"常道"喻"非常道"，而且因义取名，由"常名"到"非常名"。"谷""牝"是日常常用的"常名"，在"谷"之后、"牝"之前，分别加上"神"和"玄"，形成两个新的老子专用的"非常名"："谷神"和"玄牝"，两者皆为老子之道别名。此处"神"不是人格神，与《周易·系辞传》所说"阴阳不测之为神"[4]之"神"相同，与"玄"同义，是形容道的神妙莫测、深奥玄妙。谷口流出水，牝门生出婴儿，引申出谷神、玄牝创生天地万物，借此喻道创生。道生天地万物要从产道之门（即阴门）出，这个产门，就叫"玄牝之门"。"玄牝之门"，也即"天门"（第十章），又是"众妙之门"（第一章），三门同一门，都是天地产门（阴门）。这是天地的来源，是"天地根"。道如阴道，创生繁殖，连绵不断，"绵绵若存，用之不勤"。

2. 外交如性交。《老子》第六十一章借男女性交姿势喻大国和小国的外交之道：

> 大国者下流，天下之牝。天下之交，牝常以静胜牡，以静为下。故大国以下小国，则取小国；小国以下大国，则取大国。故或下以取，或下而取。大国不过欲兼畜人，小国不过欲入事人。夫两者各得其所欲，大者宜为下。

"天下之交"是讲性交，"牝常以静胜牡，以静为下"是讲性交姿势。古代房中书讲房中术都有专门章节描述性交体位姿势，尽管名称上稀奇古怪、五花八门，但基本体位只有三种：男上位、女上位和后入位，而最通常最常规的体位是"男上位"，可谓是"第一式"。"男上位"，是男上女下，男在上，往往是居高临下，盛气凌人，主动进攻；女在下，往往是柔弱低调，虚静以待，被动接受。老子从天下男女性交"第一式"中看到了出人意料的结果：女人往往是以下制上，以静制动，最终吞并获取了男人。老子又从这一性交"常道"中悟出了圣王取天下之"非常道"。

老子认为，大国与小国的外交如同男女性交。大国要学女人处"下位"（"大国者下流，天下之牝"），"以静为下"。大国以谦下待小国，就可以取得小国的拥戴和归附；小国以谦下待大国，则能取得大国的庇护和包容。大国原本就想要有附庸国（"大国不过欲兼畜人"），小国原本就想要有保护伞（"小国不过欲入事人"）。双方都谦下，就能各得其所欲，天下一统。不过，小国谦恭自下易，大国谦恭自下难。所以，老子特别强调"大者宜为下"。所谓"大者宜为下"，实际上是一种"以无为取天下"的圣王之道，也是一种帝王术。详见下篇《〈老子〉自圆其说》第六十一章［高谈阔论］。

3. 为道如做爱。《老子》第十五章借做爱中女性性反应体会喻为道体验：

> 古之善为道者，微妙玄通，深不可识。夫唯不可识，故强为之容：豫兮若冬涉川，犹兮若畏四邻，俨兮其若客，涣兮其若冰之将释，敦兮其若朴，旷兮其若谷，混兮其若浊，澹兮其若海，飂兮若无止。孰能浊以静之徐清？孰能安以久动之徐生？保此道者不欲盈。夫唯不盈，故能敝而新成。

老子在此描述的"善为道者"，专指女性（她）。"豫兮若冬涉川"至"孰能安以久动之徐生"，总共十一句，描述了女性在做爱不同阶段的性反应。老子描述的女性性反应特征在二十世纪六十年代被美国实证主义性学家W. 马斯特斯（William Masters）和V. 约翰逊（Virginia Johnson）夫妇证实，竟然与他们提出的性反应周期理论基本吻合。他们在《人类性反应》一书中，将人类性行为中的身体反应分为四个阶段：兴奋期、平台期、高潮期、消退期，这就是性反应周期，其中他们所描述的女性性反应周期中四个阶段的生理心理特征竟然与《老子》第十五章所描述的体验惊人相似。[5]

"豫兮若冬涉川、犹兮若畏四邻、俨兮其若客、涣兮其若冰之将释、敦兮其若朴"五句，对应了女性在兴奋期的性反应，从犹豫畏惧，到羞涩紧张，到释放性本能，是一个逐渐启动性欲的过程；"旷兮其若谷、混兮其若浊"二句，对应了女性在平台期的性反应，交媾中强烈的欣快感和亲热感使女性产生迷糊、眩晕甚至昏厥的感觉；"澹兮其若海，飂兮若无止"二句，对应了女性在高潮期的性反应，女性呼吸加快，性紧张传递的快感高潮像一股温暖的浪潮，产生波浪式的肌肉挛缩、抽搐，甚至产生瞬时眩晕的快感，以至达到犹如翻江倒海、狂风暴雨般的高潮。"孰能浊以静之徐清"，描述的是女性在消退期的性反应，女性在高潮沉醉之后慢慢平静下来，慢慢清醒起来，这标志着一个性反应周期的结束。老子接着又提出"孰能安以久动之徐生？"意思是能在她安静很久之后，再次使她激动起来，慢慢滋生开来？这实际上是启动新一轮性反应周期，追求连续性高潮。马斯特斯和约翰逊研究成果也表明，男性在消退期的初期处于不应期，这个期间既使给以刺激也不能再达到性紧张状态，而女性性高潮过后只下降到平台期，受刺激可再次达到高潮。

但是，老子认为，想保持连续高潮的人，不能每次达到高潮，正因为不达到高潮，所以才能够在旧的性体验过去之后新的性感受又形成了。为道也如此，关键在保持"不欲盈"，能守住"不欲盈"，就能长久常新，"敝而新成"了。详见下篇《〈老子〉自圆其说》第十五章［高谈阔论］。

4.得道如怀孕。《老子》第二十一章借妇女怀孕喻得道：

孔德之容，惟道是从。道之为物，惟恍惟惚。惚兮恍兮，其中有象；恍兮惚兮，其中有物。窈兮冥兮，其中有精；其精甚真，其中有信。自古及今，其名不去，以阅众甫。吾何以知众甫之状哉？以此。

在老子看来，得道者的仪容像孕妇，得道如怀孕。"道之为物"至末句"以此"，老子描述了女性受孕现象，用词虽然恍惚窈冥，内容却与现代生殖知识吻合。在古代，精子与卵子结合的受孕过程是神秘的，现代生殖生理学揭开了这一神秘面纱。

"道之为物，惟恍惟惚。惚兮恍兮，其中有象；恍兮惚兮，其中有物"，描述的是男女性交后，精子和卵子在阴道内接触、融合、混合、配对、受精的状况。阴道内充满液体，是恍惚不清的，精子游在其中，摇头摆尾，虚无惚恍，其中却有无物之象；卵子外周弥满着放射冠透明带，空无恍惚，其中却是实有之物。"窈兮冥兮，其中有精；其精甚真，其中有信"，描述的是精子和卵子融合后形成受精卵，这个受精卵是真实的新生命，其中有遗传信息（基因）。

"吾何以知众甫之状哉？"老子说，从古到今，道的名字不消失，才可以观察天地万物的本源。道生天地万物，那怎么能够从天地万物去了解这个本源的状态呢？老子说"以此"，即以道之信物为依据，按现代说法，就是依据基因的遗传信息，如通过DNA鉴定亲子关系。详见下篇《〈老子〉自圆其说》第二十一章［高谈阔论］。

5. 厚德如赤子。《老子》第五十五章借性爱结晶赤子喻得道厚德：

> 含德之厚，比于赤子。蜂虿虺蛇不螫，猛兽不据，攫鸟不搏。骨弱筋柔而握固，未知牝牡之合而朘作，精之至也；终日号而不嗄，和之至也。知和曰常，知常曰明。益生曰祥，心使气曰强。物壮则老，谓之不道，不道早已。

"赤子"是男女性爱的结晶，老子用"赤子"比喻"含德之厚"的人，作为"善摄生者"（第五十章）无死地的例证。"蜂虿虺蛇不螫，猛兽不据，攫鸟不搏"，犹第五十章所描述"陆行不遇兕虎，入军不被甲兵"，在老子看来，"赤子"即是"善摄生者"。其不被毒蛇猛兽伤害，原因有二：其一，无知无欲。"未知"即"无知"，"未知牝牡之合"亦即无"牝牡之合"的欲望，即"无欲"也；而其所以"朘作"，则因其"精之至也"，是阴阳精气充沛自然流露。其二，自然自成。"终日号而不嗄"，原因何在？"和之至也"。老子说"万物负阴而抱阳，冲气以为和"，"和"是阴阳精气激荡调和，顺其自然，无为自成，不是以心使气，不是意气用事。如"赤子"般，无知无欲、至精至和、自然自成，即为"含德之厚"。

老子借"赤子"形象说"含德之厚"妙用，重点落实于自然无为之道。"知和曰常，知常曰明"，是正说。修道于身，得道丰厚，犹如婴儿，无知无欲，至精至和，任其自然，精力充盈却不使气逞强，浑沌和顺而不追求享受，善摄生而无死地，理解了"赤子"隐喻之"常道"才算明白自然无为之"非常道"。"益生曰祥，心使气曰强"，是反说。益生不祥，使气逞强，物壮则老，这都是不合乎道的，很快就会灭亡。正说反说，皆申言老子自然无为之"非常道"。

显然，老子喜欢并擅长就近取譬，而最亲近、最接近、最习以为常的譬喻莫过于男女性事，借男女性生活"常道"来表达圣王治国安民"非常道"，借房中术喻南面术，既生动形象，又通俗易懂。对老子的性事譬喻，正如北大著名学者李零所说："历来的注家，谁都知道是什么意思，但谁都不好意思说，全在那儿绕。这样的话，搁现在，有人敢说，有人不敢说，体面人、知识分子不敢说，老百姓才不管这个，他们都是张口即来。老子讲话，很直白，很大胆，和老百姓一样，直来直去。"[6]确实如此，古今注家"全在那儿绕"，或讳莫如深，或穿凿附会，或臆改经文，不仅有失《老子》本义，也使得后人读《老子》晦涩难懂，文意不通。

我国古代思想家、政治家与西方不同，不喜欢一上来就讲概念、下定义，而是喜欢打比方，就近借喻，以小见大。食、色，性也。饮食、男女，人生离不开这两件事，都是亲历、亲为、亲见、亲闻的事，是最亲近、最正常不过的事。所以，古代思想家、政治家以烹饪和性事为治国之喻是很普遍的。以烹饪为譬喻，有名的如伊尹"以滋味说汤，致于王道"，[7]老子"治大国若亨小鲜"。以性事为譬喻，如，《易经》"咸卦"是典型的性交卦，被认为是中国最古老的描写性交的文字。详见下篇《〈老子〉自圆其说》第六十一章［高谈阔论］。《战国策·韩策》也曾记载：

> 楚国雍氏五月，韩令使者求救于秦……宣太后谓尚子曰："妾事先王也，先王以其髀加妾之身，妾困不支也，尽置其身妾之上，而妾弗重也，何也？以其少有利焉。今佐韩，兵不众，粮不多，则不足以救韩。夫救韩之危，日费千金，独不可使妾少有利焉。"[8]

秦国宣太后面对韩国使臣求救，在外国使者面前公开描述性交姿势，以不同性交姿势的感受谈国家外交对策。清朝王士禎在《池北偶谈》里说："此等淫亵语，出于妇人之口，入于使者之耳，载于国史之笔，皆大奇！"[9]其实是王老夫子自己大惊小怪了，在古代谈性并不奇怪，也不会让人脸红心跳，太多的性禁忌那是以后的事。

三、正言若反

在通向《老子》入门的道路上，还需要看懂第二块指示牌："正言若反"。《老子》第七十八章"正言若反"应句读为"正，言若反"，是指正向的、正面的意思，用反向、相反的语言表达出来。这是老子的语言表达习惯和表达方式。理解《老子》的秘诀是：说是，实际上不是；说不是，实际上是。老子语言，看起来是表里不一、言行不一，领悟后有醍醐灌顶、脑洞大开的感觉。

按《老子》之意，"正言若反"有三种表现：

其一，正言"反"说，以相反语言来表达正面意思。如第四十五章"大成若缺""大盈若冲""大直若屈""大巧若拙""大辩若讷"，其中大成、大盈、大直、大巧、大辩等都是正面意思，但是老子却以相反的语言来表达，说成如缺、冲、屈、拙、讷等。

其二，正言"否"说，以否定语言来表达肯定意思。如"道常无为而无不为"（第三十七章），老子肯定的是"无不为"，但是却用否定词"无为"来表达。实际上，老子认为，"无为"不是不为，而是"为无为"（第三章），是"处无为之事，行不言之教"（第二章），是"以辅万物之自然而不敢为"（第六十四章）；"无为"不是目的，其目的是"无不为"；"不言"，不是真的不说话，而是"行不言之教"；"不争"，不是真的不争，而是如第六十六章所说"以其不争，故天下莫能与之争"；又如第四十一章"大方无隅，大器晚成，大音希声，大象无形"，其中大方、大器、大音、大象等都是正面肯定词，但却用无隅、晚成、希声、无形等否定词来表达。

其三，正言"若"说，以反向模糊语言来表达正向意思。如第四十一章"明道若昧，进道若退，夷道若纇，上德若谷，大白若辱，广德若不足，建德若偷，质真若渝"，其中明道、进道、夷道、上德、大白、广德、建德、质真等都是正向形象，但是却要装得看起来好像昧、退、纇、谷、辱、不足、偷、渝等反向的表象，装成"好像"，模糊不清，模棱两可。

注释

1、4　《周易》，长春：时代文艺出版社，2000年，第220页、第202页。

2　蒋锡昌：《老子校诂》，北京：商务印书馆影印，1937年，第3页。

3　周明初、陈晓注释：《诗经》，杭州：浙江古籍出版社，2011年，第223页。

5　［美］W.马斯特斯、V.约翰逊：《人类性反应》，北京：知识出版社，1989年，第27—161页。

6　李零：《人往低处走——〈老子〉天下第一》，北京：生活·读书·新知三联书店，2008年，第40—41页。

7　司马迁：《史记·殷本纪》，上海：上海古籍出版社，2012年，第63页。

8　《战国策》，长春：时代文艺出版社，2000年，第522页。

9　转引自李敖：《中国性研究》，长春：吉林出版集团、时代文艺出版社，2013年，第10页。

《老子》自圆其说

凡　例

　　下篇《〈老子〉自圆其说》坚持"以老注老"，把握《老子》全书，前后互证，寻求《老子》本义，正本清源，恢复《老子》本原。

　　每章结构：

　　首先，是《老子》某一章原文的全文。每章《老子》原文以通行本为底本，以王弼本为主，参校河上公本、想尔本和傅奕本，也参考帛书本和竹简本。凡本书所引《老子》原文，只标章次。

　　其次，是注释，标［自圆其说］，对《老子》文本的字、词、句的注释，主要从《老子》上下文中举证、前后互为佐证，由《老子》自己来"自圆其说"，而不引用别的注家的解读来求证。

　　第三，是译文，标［今译今读］，用白话文翻译出来。

　　第四，是解读，标［高谈阔论］，是作者高氏解读文意，阐发己意，自成一家之言。

　　第五，是附录，标［众说纷纭］，摘录古今注家部分影响较大的歧见异义，不加辨析，附于每章之后，以供参考。

第一章

道，可道，非常道^①。

名，可名，非常名^②。

无，名天地之始；有，名万物之母^③。

故常无，欲以观其妙；常有，欲以观其徼^④。

此两者同，出而异名^⑤。

同谓之玄^⑥，玄之又玄^⑦，众妙之门^⑧。

[自圆其说]

① 第一个"道"：老子专用的名词。第二、三个"道"：均指通道。《说文解字》："道，所行道也。"《尔雅·释宫》："一达谓之道。"没有旁出，只有一条路一直通达的称为道。可道：指可以一达之通道。常：经常、平常、寻常、通常。《长沙马王堆汉墓帛书老子》作"恒"，为避汉文帝刘恒之讳，今本改"恒"为"常"。后世注家据此释"常"为"永恒不变"。甚误。"恒"是会意字，甲骨文字形为◐，由上下二横和二横中间的半月字组成，上面一横代表天，下面一横代表地，半月代表弦月，弦月悬于天地之间，是上弦月渐趋盈满的样子，表示每月一次经常出现的自然现象。《诗经·小雅·天保》"如月之恒，如日之升。"月亮每月的圆缺变化，如同太阳的每日升起落下，是经常的、常常的，很平常、很正常的。所以，即使原文为"恒"字，本义亦非"永恒不变"，而是经常、平常、常常之义。常道：指平常的通达之道，引申为常识、常理、常规、常态之总称。老子说：

"万物并作，吾以观复。夫物芸芸，各归其根。归根曰静，是谓复命。复命曰常"（第十六章）。天下万物、芸芸众生，通常都有各自的归宿，如叶落归根、水流归海，这就叫"常"。万物众生经常通达之道就叫"常道"，如"谷""牝"。但老子专用之"道"不是"常道"，不是平常的可通达之道，而是"非常道"，即非同寻常的玄通之道。老子说："古之善为道者，微妙玄通，深不可识"（第十五章）。道的微妙在"玄通"。谷为山泉的通道，牝为婴儿出生的通道（阴道）。老子常常在"牝""谷"等"常道"前后附加"玄""神"等"非常"之词来譬喻道，如"玄牝""谷神"，均为"非常道"。"道，可道，非常道"：道，是可以一达的通道，是非同寻常的玄通之道。

　　古今注家大多认为，第一和第三个"道"属名词，为老子所用的一个哲学范畴，第二个"道"是动词，表示言说，一般将"常道"解释为永恒不变之道。对"道，可道，非常道"，或解为："道，说得出的，就不是永恒的道"（张松如语），或解"可以用言词表达的道，就不是常道"（陈鼓应语），或解"道是终极的东西，无法言说，凡是可以言说的都不是道"（李零语）等等，虽然表述各异，但"常道不可说，可说之道不是常道"，几乎是古今注家对"道，可道，非常道"的共同认识。诸家此说绝非《老子》本义。老子五千言，其核心就是论道，如果道是不可言说的，那么老子还写五千言干什么？老子自己在第七十章说得很明白："吾言甚易知，甚易行。"

　　② 第一个"名"：指老子专用概念范畴的名称，如"道""无""有""玄牝"等专用名称。第二、三个"名"：指表达、称呼，即可通过指名表达其范畴内涵。可名：指可以表达的名称。常名：指平常表达的名称，即常用名称。非常名：指非同寻常表达的名称，即非常名称，不是常用的名称。"名，可名，非常名"：名，是可以表达的名称，是非同寻常的名称。

　　③ 无、有：皆为老子专用范畴的名称，即"非常名"。始：指女子初生。《说文解字》；"始，女之初也。"桂馥《说文义证》；"言初生也。"母：

指生育者。《说文解字》："母，象怀子形，一曰象乳子也"。"无，名天地之始"：无，可用来命名天地的原始初生。"有，名万物之母"：有，可用来命名万物的生育繁衍。第四十章"天下万物生于有"，即有此意。自王弼以来，大多以"无名""有名"断句，不符合《老子》本义。司马光、王安石、苏辙乃以"无""有"为逗。兹从之。第四十章"天下万物生于有，有生于无"、第二章"有无相生"、第十一章"有之以为利，无之以为用"，皆以"无""有"相对，可互参。

④常：经常、平常、寻常、常常，即上文"非常道"之"常"。欲：将、要。观：观照、观察。其：指道。妙：微妙、奥妙、玄妙。徼：读 jiào，边际、边涯。"故常无"四句：经常要用"无"来观照道的玄妙，经常要用"有"来观照道的边际。以往注家或以"无欲""有欲"逗断作解，不符合老子本义。应承上文以"无""有"为读。

⑤两者：指无与有。此两者同："无"和"有"两者同处于道中，无、有同源。第二十一章说"道之为物，惟恍惟惚。惚兮恍兮，其中有象；恍兮惚兮，其中有物。窈兮冥兮，其中有精；其精甚真，其中有信"、第十四章说"无状之状，无物之象，是谓惚恍"。道是恍恍惚惚、窈窈冥冥的无状之状，无物之象，此即"无"也；又是其中"有象""有物""有精""有信"，此即"有"也。无、有同源，两者同处道，"不可致诘，故混而为一"（第十四章），此时没有专用名称区分。出而异名：出"道"之后才有"无""有"不同名称。古今注家对"此两者同出而异名"多不作断句，吴澄、释德清以"此两者同"断句（详见本章［众说纷纭］。南怀瑾在《老子他说》曾有一记载：从前我有一位老师对我说："此两者同"，应读成一句。"出而异名"，读成一句。不可读作："此两者同出而异名。"问老师为什么要这样读？他说：这种句读才能显出有无同源的妙用与深意，而且在文气来讲，透彻而有力。南先生对老师说法认为"无可无不可"，窃以为老先生此说甚是。当从。因对"此两者同出而异名"不断句，遂使下句"同谓之玄"之旨意晦而不明，如以"此两者同"为句，则前后两句相对应，旨意

贯通，"此两者同"对应"同谓之玄"，"出而异名"对应"玄之又玄"，本义豁然得解。

　　⑥同谓之玄。同，即上文"此两者同"之"同"，指"无""有"同处于道。玄：有幽远、黑赤色、象幽而入覆之三层含义。《说文解字》："玄，幽远也。黑而有赤色者为玄。象幽而入覆之也。"从特性看，幽暗深远；从色质看，黑里透红；从状态看，"象幽而入覆之"。"幽，隐也""隐，蔽也"，入即进去，覆即反，入覆之，就是进去又出来。玄，犹言隐蔽深远、黑里透红、能进能出之状。"无""有"此两者同处于道，混而为一，形成"微妙玄通、深不可识"之道（第十五章），故"同谓之玄"。与第五十六章"塞其兑，闭其门，挫其锐，解其纷，和其光，同其尘，是谓玄同"旨意相通，可以互参。

　　⑦玄之又玄：指道生无，无生有，有生天下万物的玄妙奥秘。老子说："道之出口，淡乎其无味，视之不足见，听之不足闻，用之不足既"（第三十五章）、"视之不见名曰夷，听之不闻名曰希，搏之不得名曰微。此三者不可致诘……其上不皦，其下不昧，绳绳兮不可名，复归于无物"（第十四章）。"道生无"，即"玄之"之义。老子又说："天下万物生于有，有生于无"（第四十章）。"无"生"有"，"有"生天下万物，即"又玄"之义。第五十一章"故道生之，德畜之，长之育之，亭之毒之，养之覆之。生而不有，为而不恃，长而不宰，是谓玄德"，可作"玄之又玄"的注脚。

　　⑧门：指道之出入口。众妙之门：指通向一切奥妙的门道。"众妙之门"即第六章"玄牝之门"。

[今译今读]

　　道，是可以一达的通道，是非同寻常的通道。

　　名，是可以表达的名称，是非同寻常的名称。

　　无，是表达天地初始的名称；有，是表达万物孕育的名称。

　　所以，无，经常要用来观照道的微妙；有，经常要用来观照道的边际。

无、有两者混同于道，出道后名称各异。

混同于道体现了道的微妙玄通，出道后玄通又玄妙，这是一切奥妙出入之门道。

[高谈阔论]

本章是绪论，为读者指明《老子》入门之道和得道之门，并提供打开这些门道的"钥匙"。

《老子》像一座隐藏着秘密的宫殿，通达这座宫殿有两道门，需要两把钥匙才能登堂入室，探究宫殿的深奥玄妙。

第一道门，是《老子》入门。本章也是全书第一个字"道"，这是《老子》入门之道。"道"，经老子之手，成为一个高度抽象的哲学范畴，成为一个非同寻常的思想概念，成为老子思想的最核心概念。所以，不知"道"是什么，就难入《老子》之门。

第一把钥匙，是"道，可道，非常道"。这是《老子》入门的第一把钥匙。从语法上看，"道，可道，非常道"，是一个判断句式，而且是一个共有一个主语、连用两个谓语、由两个分句组成的连谓式复杂谓语句。第一个"道"是两个分句共有的主语，"可道"是名词性词组，直接充当谓语，不用判断词，构成第一个分句："道可道"；第一个"道"又与"非常道"组成第二个分句，"常道"是名词性词组，作句子的谓语，受到副词"非"的修饰，构成判断句："（道）非'常道'"。按照老子"正言若反"表述习惯，"（道）非'常道'"可以用"（道）（是）'非常道'"表述。由此可知，"道，可道，非常道"，可表述为：道，可道，非"常道"，（是）"非常道"。从字面理解就是：道是"可道"的，但不是一般的"常道"，而是特殊的"非常道"。从内容上看，"道"有三层含义：一是"可道"。道是唯一可通达之道，具有唯一、一直的方向性和通达性。二是"非常道"。道是非同寻常之道。三是非"常道"。道不是平常之道。老子认为，"道"虽非"常道"，但可用"常道"喻示"道"（即"非常道"）。《易经》八卦取象，"近取诸身，远取诸物"。老子也习惯就近取譬，就近从自然万物、社会现象、日常生活中常常出现的常态、常规、常识中看到"常道"，以种种具体形象、习以为常的"常道"来譬喻阐述他那些非常、超常、甚至反常的道理，即"非常道"。"常道"，是形而下之道，自然界、社会和日常生活中平常实在的通达之道，如，谷为水流的通道，牝（阴道）为生殖的通道；"非常道"，是形而上之道，老子思想中深不可识的微妙玄通之道，如谷神、玄牝为道创生天下万物的通道（"天下母""天地根"）。

　　第二道门，是得道之门，即本章最后一个字："门"。这是《老子》的众妙之门。

　　第二把钥匙："名，可名，非常名"，这是打开《老子》众妙之门的钥匙。"名，可名，非常名"，这是解读老子专用概念范畴名称的钥匙。"名"是会意字，甲骨文字形为🔥，由夕和口两部分组成，表示在黑夜里以口自名。《说文解字》："名，自命也，从口，从夕，夕者冥也，冥不相见，故以口自名。""名"的本义是古人在走夜路时，看不见，摸不着，用"口"自己呼叫自己的名字，使别人知道，防止夜里与他人相撞。由人称呼自己的名字，防止夜里与他人相撞，引申为人给万物命名，称呼万物的名字，以防止概念相撞。所以，老子命名"道""无""有""玄牝"等专用名称，也是为了防止与其它概念混淆。蒋锡昌《老子校诂》也指出："老子书中所用之名，其含义与世人习用者多不同。老子深恐后人各以当世所习用之名来解《老子》，则将差以千里，故于开端即作出此言以明之"。"名，可名，非常名"，可表述为：名，可名，非"常名"，（是）"非常名"。从字面理解就是：名，是"可名"的，但不是一般的"常名"，而是特殊的"非常名"。老子专用范畴之名，都是可以表达的名称，但不是用平常常用的一般的名称来表达，而是用平常不常用的特殊的名称来表达。如，"道"是老子专用的名称，"道"也是可以表达的，但不是用常用的通道名称（如谷、牝等）来表达，而是用非同寻常的通道名称，即用"非常名"来表达"非常道"，如用"谷神""玄牝"等来表达。道，虽非"常道"，但"常道"能申"非常道"之旨。在《老子》多数章节中，老子惯用表述方式常常是先描述自然、社会以及日常生活之"常道"，接着以"常道"为譬喻，然后引入社会政治，"以道佐人主"，阐述圣王治国安民之"非常道"。如，第十一章前段"三十辐共一毂，当其无，有车之用。埏埴以为器，当其无，有器之用。凿户牖以为室，当其无，有室之用"，描述的即为三个日常生活实例中的"常道"，最后归结为阐明"故有之以为利，无之以为用"之"非常道"；第七十六章第一段"人之生也柔弱，其死也坚强。万物草木之生也柔脆，其死也枯槁"，即为人生、自然"常道"，目的用于阐明最后一句"强大处下，柔弱处上"之"非常道"。

掌握了这两把钥匙，即可顺利找到《老子》入门之道，打开得道之门，登堂入室，探玄寻道。接着，老子介绍了"观"道的具体方法。

老子从日常生活的经验（"常道"）中提炼出"有"与"无"这对范畴，将有、无提升为本体论的最高范畴，把道本体视为有、无统一体（"非常道"）。老子说："此两者同，出而异名"。"此两者"即"有"和"无"。"无""有"两者同处于道中，"有""无"同源同道，此时没有专用名称区分。"出而异名"，出"道"之后才有"无""有"不同名称。老子认为，"无"是用来表达道创生天地的原始初生（"无，名天地之始"），"有"是用来表达道创生之后万物的生育繁衍（"有，名万物之母"），所以，经常要用"无"来观照道的玄妙（"常无，欲以观其妙"），经常要用"有"来观照道的边际（"常有，欲以观其缴"）。老子由"有""无"这对关系范畴阐述道论思想，是老子思想的鲜明特色和卓越之处，是老子对中国传统思想的一个重要贡献。

[众说纷纭]

韩非说："夫物之一存一亡、乍死乍生、初盛而后衰者，不可谓常。唯夫与天与地之剖判也俱生，至天地之消散也不死不衰者谓'常'。而常者，无攸易，无定理。无定理，非在于常所，是以不可道也。圣人观其玄虚，用其周行，强字之曰'道'，然而可论。故曰：'道之可道，非常道也。'"
(《韩非子·解老》)

王弼说："可道之道，可名之名，指事造形，非其常也。故不可道，不可名也。凡有皆始于无，故未形无名之时则为万物之始。及其有形有名之时，则长之育之、亭之毒之，为其母也。言道以无形无名始成万物，万物以始以成而不知其所以然，玄之又玄也。"(《老子注》)

林希逸说："常者，不变不易之谓也。可道可名，则有变有易；不可道不可名，则无变无易。"(《老子鬳斋口义》)

吴澄说："'此两者同'，此两者，谓道与德。同者，道即德，德即道也。'出而异名，同谓之玄'。玄者，幽昧不可测知之意。德自道中出而异其名，故不谓之道而谓之德。虽异其名，然德与道同谓之玄，则不异也。"
(《道德真经注》)

释德清说："'此两者同'已下，乃释疑显妙。老子因上说观无观有，恐学人把'有''无'二字看做两边，故释之曰'此两者同'。意谓我观无，不是单单观无，以观虚无体中，而含有造化生物之妙；我观有，不是单单观有，以观万物象上，而全是虚无妙道之理。是则有无并观，同是一体，故曰'此两者同'。恐人又疑两者既同，如何又立'有''无'之名，故释之曰'出而异名'。意谓虚无道体，既生出有形天地万物，而有不能生有，必因无以生有；无不自无，因有以显无。此乃有无相生，故二名不一，故曰'出而异名'。"(《老子道德经解》)

魏源说："道至难言也，使可拟议而指名，则有一定之义，而非无往不在之真常矣。非真常者而执以为道，则言仁而害仁，尚义而害义，袭礼而害礼，煦煦孑孑诈伪之习出，而所谓道者弊，而安可常乎？……盖可道可名者，五千言之所具也；其不可言传者，则在体道者之心得焉耳。全书大旨总括于此，所谓'言有宗，事有君'也。"(《老子本义》)

朱谦之说："实则《老子》一书，无之以为用，有之以为利，非不可言说也。曰'美言'，曰'言有君'，曰'正言若反'，曰'吾言甚易知，甚易行'，皆言也，皆可道可名也。自解《老》者偏于一面，以'常'为不变不易之谓，可道可名则有变有易，不可道不可名则无变无易（林希逸），于是可言之道，为不可言矣；可名之名，为不可名矣。不知老聃所谓道，乃变动不居，周流六虚，既无永久不变之道，亦无永久不变之名。"（《老子校释》）

南怀瑾说："有人解释《老子》第一章首句的第二个'道'字，便是一般所谓：'常言道'的意思。也就是说话的意思。其实，这是不大合理的。因为把说话或话说用'道'字来代表，那是唐宋之间的口头语。如客家话、粤语中便保留得有。至于唐宋间的著作，在语录中经常出现有：'道来！道来！''速道！速道！'等句子。明人小说上，更多'某某道'或'某人说道'等用语。如果上溯到春秋战国时代，时隔几千年，口语完全与后世不同。那个时候表示说话的用字，都用'曰'字。如'子曰'、'孟子曰'等等。"（《老子他说》）

张舜徽说："盖治人之具，因时而变，非可久长守之者也。惟人君南面之术，蕴之于己，不见于外，乃治国之常道，历久远而不可变者。此乃老子宣扬君道之言，意谓凡人世可用言语称说之道之名，皆非其至者，以此见君道之可贵。君道微妙玄通，深不可识，故不可称说也。"（《周秦道论发微·老子疏证》）

詹剑峰说："据'道通为一'，则是道有'通'的意义。"（《老子其人其书及其道论》）

陈鼓应说："'道'是老子哲学上的一个最高范畴，在《老子》书上它含有几种意义：一、构成世界的实体。二、创造宇宙的动力。三、促使万物运动的规律。四、作为人类行为的准则。本章所说的'道'是指一切存在的根源，是自然界中最初的发动者。"（《老子注译及评介》）

第二章

　　天下皆知美之为美，斯恶已；皆知善之为善，斯不善已①。

　　故有无相生，难易相成，长短相形，高下相倾，音声相和，前后相随②。

　　是以圣人处无为之事，行不言之教③。万物作焉而不辞，生而不有，为而不恃，功成而弗居④。夫唯弗居，是以不去⑤。

[自圆其说]

　　① 天下：指天下的人。斯：则、就。恶：指丑，对"美"而言。已：通"矣"。不善：指恶，对"善"而言。美与丑，善与恶，相反相成。"天下皆知美之为美"四句：天下人都知道美之所以为美，就是因为有丑；都知道善之所以为善，就是因为有恶。

　　② 有无相生：有与无相反相生。第四十章"天下万物生于有，有生于无"，第十六章"夫物芸芸，各复归其根"，第十四章"复归于无物"，无生有，有生万物，万物又归于无，周而复始，即为此意。难易相成：难与易相反相成。第六十三章"图难于其易……天下难事必作于易……多易必多难。是以圣人犹难之，故终无难矣"，第六十四章"其安易持，其未兆易谋。其脆易泮，其微易散。为之于未有，治之于未乱"，即为此意。长短相形：长与短相对显形。"形"，王弼本原作"较"，诸本多作"形"，古无"较"字，帛书本作"刑"，刑、形古通用。据改。第六十四章"千里之行，始于足下"。千里之"长"始于足下之"短"，足下之"短"也可累积

显现千里之"长"，亦即"长短相形"之意。倾：倾斜、倾倚、依靠。高下相倾：高与下相反相倚。第三十九章"故贵以贱为本，高以下为基"，第六十四章"九层之台，起于累土"，第七十七章"天之道，其犹张弓欤！高者抑之，下者举之"，亦即此意。声：指单出之声，如宫、商、角、徵、羽。音：指高低不同之声配合而成的乐章。《礼记·乐记》："声成文，谓之音。"和：和谐。音声相和：音与声相对和谐才成音乐。第四十一章"大音希声"，亦即"音声相和"之意。随：跟随、顺应。前后相随：前与后相反相随。第七章"圣人后其身而身先"，第六十六章"欲先民，必以身后之""外前而民不害。是以天下乐推而不厌。以其不争，故天下莫能与之争"，第六十七章"不敢为天下先，故能成器长""舍后且先，死矣"，皆有"前后相随"之意。

③ 是以：因此，为总结之词。圣：某个方面精通者。《说文解字》："圣，通也。"圣人：得道通达之人。《老子》一书"圣人"凡三十一见，此指圣王，即精通君道的君王，是老子理想中的君王。无为：不任意妄为，不为所欲为，顺其自然，自然自成。第三十二章"天地相合以降甘露，民莫之令而自均"、第五十一章"莫之命而常自然"、第六十四章"以辅万物之自然而不敢为"，可作"无为"注脚。不言：不妄言、不多言、不发号施令。"不言"与第十七章"悠兮贵言"之"贵言"、第二十三章"希言自然"之"希言"义同，是"无为"精神的体现。"是以圣人处无为之事"二句：因此，圣王以无为的态度来处理事情，施行不用言辞的教化。

④ 作：发生、兴起。《说文解字》："作，起也。"辞：主宰。不辞：不自以为是。不有：不据为己有。恃：自负、矜持。不恃：不恃恩图报，不恃其能。弗居：不居功自傲。"万物作焉而不辞"四句：圣王顺应万物兴起而不自以为是，顺应万物生养而不据为己有，顺应万物自为而不恃恩图报，顺应万物自然功成而不自居有功。第五十一章"生而不有，为而不恃，长而不宰，是谓玄德"，旨意与此一致。

⑤ 夫唯：《老子》书中常用的关联词，相当于"由于""唯有""正因

为"。不去：不损失、不失去。"夫唯弗居"二句：正因为不自居有功，功劳才不会磨灭。

[今译今读]

天下人都知道美之所以为美，就是因为有丑；都知道善之所以为善，就是因为有恶。

所以，有与无相反相生，难与易相反相成，长与短相反相形，高与下相反相倚，音与声相反相和，前与后相反相随。

因此，圣王以无为的态度来处理事情，施行不用言辞的教化，顺应万物兴起而不自以为是，顺应万物生养而不据为己有，顺应万物自为而不恃恩图报，顺应万物自然功成而不自居有功。正因为不自居有功，功劳才不会磨灭。

[高谈阔论]

本章说"无为"思想。

本章从天下万物之"常道"说起，主旨归结为圣王治国安民之"非常道"："处无为之事，行不言之教"。

高亨《老子正诂》认为，本章前八句为老子相对论，后八句为老子政治论，文章前后截然不相联，故分为两章。高说非是。将两段截然分开，文意不完整，不符合老子本义。本章前段八句描述自然、社会之"常道"，后段八句讲圣王治国安民之"非常道"，前八句是为后八句所作的铺垫，前后段紧密相联，文意完整明确。

首先，天下万物相反相成。本章前两段八对矛盾，美与丑、善与恶（不善）、有与无、难与易、长与短、高与下、音与声、前与后，相反相对，又相辅相成，皆为自然、社会的常态、常识，以此实例申明天下万物相反相成之"常道"，阐明"反者道之动"（第四十章）思想，为下文提供现实依据和思想基础。

其次，天下万物反向变动。老子认为，不居功与居功，是相反相成的。他又认为，"夫唯弗居，是以不去。"正因"不居功"，故可永保"居功"，"不居功"可反向转变为"居功"。不辞与辞、不有与有、不恃与恃，同样可以反向转变。正因"不辞"，故可永保"辞"；正因"不有"，故可永保"有"；正因"不恃"，故可永保"恃"。

最后，由天下万物的"常道"引申到圣王治国安民之"非常道"："圣人处无为之事，行不言之教"。老子在本章首次提出了"无为"概念，这是五千言中最重要的概念之一，先后共出现 12 次。"圣人处无为之事，行不言之教"，是老子"无为"思想的重要内容之一。在本章，"无为"就是指"处无为之事，行不言之教"，具体包括"不辞""不有""不恃""不居"等内容。"无为"当然不是什么都不做，老子最后提出"夫唯弗居，是以不去"，唯有不自居有功，功劳才永远不会磨灭。老子的目的是永远地占有"功"，永远不失去"功"，但这种占有（"不去"）是以不占有（"弗居"）为前提的，正如第三十七章和第四十八章所说"道常无为而无不为"，其中"无不为"，即无所不为，才是圣王的真正目的，圣王由"处无为之事，行不言之教"，而最终达到"无不为"，这才是圣王的终极目的。

[众说纷纭]

王弼说："美者，人心之所乐进也；恶者，人心之所恶疾也。美恶，犹喜怒也；善不善，犹是非也。喜怒同根，是非同门，故不可得偏举也。此六者皆陈自然不可偏举之明数也。"（《老子注》）

林希逸说："此章即'有而不居'之意。有美则有恶，有善则有不善。美而不知其美，善而不知其善，则无恶无不善矣……'相生''相成'以下六句，皆喻上面美恶善不善之意。故圣人以无为而为，以不言而言，何尝以空寂为事，何尝以多事为畏，但成功而不居耳。"（《老子鬳斋口义》）

吴澄说："圣人以不事而事，故其事无所为；以不教而教，故其教无所言。无为不言，则虽有美有善而人不知，是以其美其善独尊独贵而无可与对。若有为之事、有言之教，则人皆知其为美为恶，而美与恶对，善与不善对，非独尊独贵不可名之美善矣。《老子》一书之中凡诸章所言，皆不出乎此章之意。"（《道德真经注》）

高亨说："又按：右八句为一章……本章此前八句为老子之相对论，此后八句为老子之政治论。文意截然不相联。"（《老子正诂》）

任继愈说："这一章前半集中论述了辩证法思想，提出一切事物都有对立面。失去了对立的一方，另一方也就不存在……这是《老子》哲学中极具特色的可贵部分。这一章的后半，表达了运用'无为'的原则，可以用于处事，可以用于治国，任凭事物自己生长、变化，而不要干涉。万物成长了，人类不要居功。老子从理论上反对一切人为的变革。他的'无为'并不是无所作为；他的'不言'也不是任何意见都不发表。"（《老子绎读》）

陈鼓应说："本章以美与丑、善与恶说明一切事物及其称谓、概念与价值判断，都是在对待的关系中产生的。而对待的关系是经常变动着的，因此一切事物及其称谓、概念与价值判断，亦不断地在变动中……人间世上，一切概念与价值都是人为所设定的，其间充满了主观的执着与专断的判断，因此引起无休止的言辩纷争。有道的人却不恣意行事，不播弄造作，超越主观的执着与专断的判断，以'无为'处事，以'不言'行教。"（《老子注译及评介》）

第三章

　　不尚贤，使民不争^①；不贵难得之货，使民不为盗^②；不见可欲，使民心不乱^③。

　　是以圣人之治，虚其心，实其腹，弱其志，强其骨，常使民无知无欲，使夫智者不敢为也^④。

　　为无为，则无不治^⑤。

[自圆其说]

　　① 尚贤：崇尚贤能。不争：此指不争功名。"不尚贤"二句：不崇尚贤能，使民众不争功名。

　　② 贵：以为珍贵。货：财物。"不贵难得之货"二句：不珍贵难得的财物，使民众不为盗贼

　　③ 见：通"现"，显露，炫耀。欲：欲望，贪欲。《说文解字》："欲，贪欲也。""不见可欲"二句：不显露可以引发贪欲的东西，使民众的心思不被迷惑扰乱。

　　④ 虚：空虚，作动词用，使动用法，下文"实""弱""强"用法同。其：指民众。不敢为：不敢妄为。第七十四章所说"若使民常畏死，而为奇者，吾得执而杀之，孰敢？"可作"不敢为"的注脚。"是以圣人之治"七句：因此，圣王之治，更注重空虚民众的心思，填饱民众的肚子，削弱民众的意志，强健民众的筋骨，经常使民众没有争夺之心和贪占之欲，使自作聪明的人不敢妄为。

⑤ 为无为：以"无为"为为，指以"无为"的方式处事。"为无为"二句：以"无为"的方式处事，则没有治理不好的。此句即第三十七章、第三十八章、第四十八章"无为而无不为"之意。

[今译今读]

不崇尚贤能，使民众不争功名；不珍贵难得的财物，使民众不为盗贼；不显露可以引发贪欲的东西，使民众的心思不被迷惑扰乱。

因此，圣王之治，更注重空虚民众的心思，填饱民众的肚子，削弱民众的意志，强健民众的筋骨，经常使民众没有争夺之心和贪占之欲，使自作聪明的人不敢妄为。

以"无为"的方式处事，天下就没有不能治理的。

[高谈阔论]

本章续说"无为"三段论。

老子承接第二章"圣人处无为之事，行不言之教"，展开阐述具体举措。"不尚贤""不贵难得之货""不见可欲"均属"行不言之教"的具体举措；"使民不争""使民不为盗""使民心不乱"皆为"使民无知无欲"的具体体现，都是"行不言之教"的结果。"行不言之教"之"不言"是对圣王而言，圣王"不言"（即"不尚贤""不贵难得之货""不见可欲"），则民众无知无欲（即"民不争""民不为盗""民心不乱"）；民众无知无欲，即使有个别自作聪明的人也不敢妄为（"使夫智者不敢为也"）。

接着，老子阐述了圣王无为而治的步骤，即"有为——无为——无不治（无不为）"三段论。第一步，"为无为"必先"有为"。圣王治国安民之策，"虚其心，实其腹，弱其志，强其骨"，均属"处无为之事"，但"处无为之事"，究其实质仍属"处事"，仍属"有为"。"有为"，是第一阶段。第二步，由为"有为"而进入"为无为"。圣王实施"虚其心，实其腹，弱其志，强其骨"等"有为"举措，从而实现"常使民无知无欲，使夫智者不敢为"，民众无知无欲不敢为了，圣王才可以"为无为"。"为无为"，是第二阶段。第三步，在此基础上的无为之治，民众已经无知无欲不敢为了，则可实现无处不治、无所不治（"为无为，则无不治"），实现"道常无为而无不为"，圣王才算是实现"无为而治"。"无不治"或"无不为"，是第三阶段。第一阶段的"有为"（"虚其心，实其腹，弱其志，强其骨"），是第二阶段"为无为"的前提条件，是根本保障，直接目的是"常使民无知无欲，使夫智者不敢为也"，最终目的是第三阶段的"无不治"（"无不为"）。"为无为"，是圣王施放的烟幕弹。"为无为"，是为了使民众无知无欲不敢为，对民众而言，是真无为；"为无为"，对圣王来说，是假无为。圣王以让民众"无为"为"为"，做一些使民众无所作为的事，"虚其心，实其腹，弱其志，强其骨"，使民众成为四肢发达、头脑简单、空虚弱智的人，圣王能够做到这点，使民众无知无欲，个别智者又"不敢为"，如果有"为奇者，吾得执而杀之，孰敢？"（第七十四章）杀鸡儆猴，杀一儆百，软硬兼施，天下就没有不治的道理。圣王能够如此，是谓"为无为，则无不治"也。

[众说纷纭]

河上公说："贤谓世俗之贤，辩口明文，离道行权，去质为文也。不尚者，不贵之以禄，不尊之以官也。不争功名，返自然也。"（《老子道德经河上公章句》）

吴澄说："四'其'字，皆指民而言。虚其心，谓使民不知利之可贵而无盗心也。实其腹，谓民虽不贪于利，然圣人阴使之足食而充实，未尝不资夫货也。弱其志，谓使民不知名之可尚而无争心也。强其骨，谓民虽不贪于名，然圣人阴使之勉力而自强，未尝不希夫贤也……为无为，谓为争为盗者皆无为之之心，如此则天下无不治矣。此章言圣人治天下之道，而虚心、实腹、弱志、强骨，后世养生家借以为说，其说虽精，非老子本旨也。"（《道德真经注》）

鲁迅说："然老子之言亦一纯一，戒多言而时有愤辞，尚无为而仍欲治天下。其无为者，以欲'无不为'也。"（《汉文学史纲要·老庄》）

张舜徽说："四'其'字，皆指人君自己。虚其心，谓少欲也；实其腹，谓广纳也；弱其志，谓谦抑能下人也；强其骨，谓坚定有以自立也。此言人君既去好去恶，掩情匿端，则臣下无由施其智巧以欺蔽其上。虽有才智之士，亦不敢有侵主之事。群臣各守其职，君但责其成功，以收无为而无不为之治。"（《周秦道论发微·老子疏证》）

任继愈说："老子反对当时出现的尚贤主张，他主张愚民，和孔子的'民可使由之，不可使知之'的主张有一致的地方。……本章最后一段话，'弱其志，强其骨，常使民无知无欲'。法家韩非子对此很欣赏，并用作法家统治老百姓的指导思想。这里可以体现老子与法家之间有一道暗流联通。"（《老子绎读》）

詹剑峰说："老子之'不尚贤'与墨子之'尚贤'是风马牛不相及的东西，老子的'不尚贤'则'不自矜其能'也。"（《老子其人其书及其道论》）

陈鼓应说："所谓'无知'，并不是行愚民政策，乃是消解巧伪的心智。所谓'无欲'，并不是要消除自然的本能，而是消解贪欲的扩张。"（《老子注译及评介》）

李零说："尚贤，则争名；贵货，则夺利。《老子》认为，这是乱之所起。它认为，古代最聪明的帝王，都是采取愚民政策，让老百姓脑袋空空，不与人争高低，肚子吃饱，身体结实，能卖力气，而且最好一劳永逸地让他们傻下去，无知无欲，光知道什么是不敢干也不能干，就达到天下大治了。……作者认为，愚民要从根子愚，不准他们干的事，要让他们连知道都不知道，想都不敢想，这才是从根本上解决问题。"（《人往低处走》）

第四章

道冲而用之或不盈，渊兮似万物之宗^①。

挫其锐，解其纷，和其光，同其尘，湛兮似或存^②。

吾不知谁之子，象帝之先^③。

[自圆其说]

① 冲：通"盅"，虚空。《说文解字》："盅，器虚也"，指器皿内部虚空。或：语气词，起加强否定的作用。盈：与"冲"相对，指器满，引申为穷尽。道冲而用之或不盈：道是虚空而用之不尽的。第六章"绵绵若存，用之不勤"、第四十五章"大盈若冲，其用不穷"，与此意同。渊：幽深，深不可识。《广雅·释诂》："渊，深也。"《说文解字》："渊，回水也。从水，象形。""渊"的甲骨文字形为▨，像一个大水潭，本义是幽深或有漩涡的水。"渊"，与第六章"玄牝"之"玄"义同，亦即第十五章"微妙玄通，深不可识"之意。宗：祖宗、宗主。渊兮似万物之宗：道幽深旋涌着，好像万物都是从这里涌现出来的。这句承接上句，描述道创生涌现出万物的景象。"道冲而用之或不盈"二句：道虚空，而用之不尽，深不可识，就像是万物的祖宗。

② 其：指道。下文三个"其"与此同义。挫其锐：挫抑其锐利之锋，使不至于伤人。解其纷：消解其纷扰之情，使不参与纷争。光，聪明之光。和，和融、柔和。和其光：和融其炫耀之光，使不至于刺眼。同其尘：混同其尘世之俗，使不自为大。第七十八章"受国之垢，是谓社稷主"，即

为此意。"挫其锐"四句又见第五十六章。与第五十八章"方而不割，廉而不刿，直而不肆，光而不耀"，可以互参。湛：无形，隐不可见。《说文解字》："湛，没也。"《小尔雅·广诂》："没，无也。"与第五十六章"塞其兑，闭其门，挫其锐，解其纷，和其光，同其尘，是谓玄同"，也可以互参。"湛"即"玄同"之义，"玄同"亦即"湛兮似或存"之义。湛兮似或存：指道体无形，隐不可见，似亡若存。此句即第十四章"无状之状、无物之象"、第二十一章"道之为物，惟恍惟惚。惚兮恍兮，其中有象；恍兮惚兮，其中有物"之意。注家或疑"挫其锐"四句为第五十六章错简于此，"湛兮似或存"当在"渊兮"之下。按，所疑非是，并未错简。"挫其锐"四句与下句"湛兮似或存"旨意相通，前句是因，后句是果。挫锐，解纷，和光，同尘，而归于"湛兮似或存"，隐不可见，即归于"无形"。上文"道冲""渊兮"言道"空虚"，紧接着，因"挫其锐"等而得"湛兮似或存"结果，言道"无形"，总括道"冲"的"空、无"之旨。上、下文句式也相互对应。

③ 子：似，像。《广雅·释言》："子，似也。"象：指物象，天地万物之象。《周易·系辞传下》："《易》者，象也。象也者，像也"，"近取诸身，远取诸物，于是始作八卦，以通神明之德，以类万物之情"。可与此互参。此"象"与第十一章"道之为物，惟恍惟惚。惚兮恍兮，其中有象；恍兮惚兮，其中有物"之"象"同义。帝：通"蒂"，原初、原始。象帝：指原初物象。先：祖先。象帝之先：指原初物象的祖先。"吾不知谁之子"二句：我不知"道"像谁，它是天地万物的祖先。第二十五章"有物混成，先天地生"，亦即此意。

[今译今读]

道空虚而用之不尽，深不可识，就像是万物的祖宗。

挫去锋锐，消解纷忧，和含光芒，混同尘垢，道无形而隐不可见。

我不知"道"像谁，它是天地万物的祖先。

[高谈阔论]

本章说道体空无。

一者，道体空虚。道"冲"，空虚无物，而且"渊"，幽深无限，深不可识。

二者，道体无形。挫锐解纷，和光同尘，求同去异，混同无别，而归于"湛兮似或存"，无形无状，隐不可见。

正因为道体空虚无形，深不可识，隐不可见，而万物又好像都是从道的空无中旋涌创生出来的，所以，老子说，我不知"道"像谁，只知"道"是天地万物原初物象的祖先。

[众说纷纭]

河上公说："老子言：我不知道所从生。道似在天帝之前，此言道乃先天地之生也。至今在者，以能安静湛然不劳烦，欲使人修身法道。"（《老子道德经河上公章句》）

王安石说："象者，有形之始也。帝者，生物之祖也。故《系辞》曰：'见乃谓之象'，'帝出乎震'，其道乃在天地之先也。"（《王安石老子注辑佚会钞》）

林希逸说："象，似也。帝，天也。言其在于造物之始，故曰'象帝之先'。曰'象'曰'似'，皆以其可见而不可见，可知而不可知，设此语以形容其妙也。"（《老子鬳斋口义》）

高亨说："（挫其锐）此四句又见五十六章。谭献《读老子》、马叙伦《老子覈诂》均认为此处是衍文。按：在此处，文章不合，当删去。"（《老子注译》）

南怀瑾说："在这里首先要了解'冲'字与'盈'字是对等性的。冲字在老子这一章句的意思，应该作为冲和谦虚的谦冲解释。换言之：冲，便是虚而不满，同时有源远流长，绵绵不绝的涵义。如果解释'冲'便是用中而不执一端或不热一边的意思，也可以相通。"（《老子他说》）

陈鼓应说：“道体是虚状的。这虚体并不是一无所有的，它却含藏着无尽的创造因子。因而它的作用是不穷竭的。这个虚状的道体，是万物的根源。在这里，老子击破了神造之说。”（《老子注译及评介》）

孙以楷说：“在老子五千言中，从无上帝或神的地位……显然，把‘象帝之先’译为‘好像是上帝的祖先’，与老子的道旨以及本章的主旨都是矛盾的。正确的今译应当是：‘我不知道它像谁，它是先于原初具象的存在。’……象，具象。帝，通‘蒂’，花蒂，与‘祖’同义。祖，原初的意思。象帝，原初的具象。道无形无状，是一切形象的本源本体，故先于原初具象存在。”（《老子通论》）

第五章

　　天地不仁，以万物为刍狗^①；圣人不仁，以百姓为刍狗^②。

　　天地之间，其犹橐籥乎^③？虚而不屈，动而愈出^④。

　　多言数穷，不如守中^⑤。

[自圆其说]

　　① 不仁：指无私情，无偏爱。刍狗：用草扎成的狗，祭祀之用，应时之作，用后即扔。"天地不仁"二句：天地没有私心偏爱，对待万物像对待祭祀用的刍狗那么样任其自然生长。第二章"万物作焉而不辞，生而不有，为而不恃，功成而弗居"，与此旨意一致。

　　② 百姓：原指百官族姓，一般由各氏族部落首领组成。《孔传》："百姓为百官族姓"，引申为平民百姓。"圣人不仁"二句：圣王也没有私心偏爱，对待百姓也像对待祭祀用的刍狗那么样任其自由发展。

　　③ 橐：读 tuó，本意为盛物的囊袋子。籥：读 yuè，为一种管形乐器。橐籥：古人用皮子制成袋子，一端留有小孔，插入一管子，冶炼时用来鼓风吹火，类似后世的风箱。"天地之间"二句：天地之间，不正如一个大风箱！

　　④ 虚：空虚。屈：竭尽、穷尽。愈：不断地。"虚而不屈"二句：虽然空虚但空气却不会穷尽，越鼓动越涌出。

　　⑤ 多言：指各种政教法令繁多。数：通"速"，加速之意。穷：尽头、灭亡。中：通"冲"，虚空之意。不如守中：不如坚守空虚。第四章

"道冲而用之或不盈，渊兮似万物之宗"，亦即此意。"多言数穷"二句：政令繁多加速灭亡，不如坚守虚无。第十七章"悠兮其贵言"、第二十三章"希言自然"，即为此意。第二章"圣人处无为之事，行不言之教"、第四十三章"不言之教，无为之益，天下常及之"，亦即此意。

[今译今读]

天地没有私心偏爱，对待万物像对待祭祀用的刍狗那么样任其自然生长；圣王也没有私心偏爱，对待百姓也像对待祭祀用的刍狗那么样任其自由发展。

天地之间不正如一个大风箱吗！虽然空虚但空气却不会穷尽，越鼓动越涌出。

政令繁多加速灭亡，不如坚守空虚。

[高谈阔论]

本章说道亦不仁。

老子就近取譬，以三个"常道"为例进行描述，阐明道亦不仁、"不如守中"之"非常道"。

第一个是自然界"常道"："天地不仁"。自然界天地为大，天地无私情无偏爱，对待万物好像对待刍狗那样任其自生自成。

第二个是社会"常道"："圣人不仁"。圣人即遵道而行的圣王也无私情无偏爱，对待百姓也像对待刍狗那样任其自作自息。

第三个生活"常道"：风箱"虚而不屈"。风箱是日常生活用品，也是无私情无偏爱的，内部空虚但空气不会穷尽，越鼓动越涌出。

最后，老子从天地、圣人、风箱这三个物象事例中蕴含着的"常道"，引申推延出道亦不仁、"不如守中"之"非常道"。道也是自然自成、无情不偏的，干预过多会加速灭亡，不如守中，不偏不倚，任其自然。与第五十六章所说"故不可得而亲，不可得而疏；不可得而利，不可得而害；

不可得而贵，不可得而贱。故为天下贵"、第七十九章所说"天道无亲，常
与善人"旨意一致。

[众说纷纭]

河上公说："天施地化，不以仁恩，任自然也。天地生万物，人最为
贵，天地视之如刍草狗畜，不责望其报也。圣人爱养万民，不以仁恩，法
天地任自然。圣人视百姓如刍草狗畜，不责望其礼意。"（《老子道德经河上
公章句》）

王弼说："天地任自然，无为无造，万物自相治理，故不仁也。仁者，
必造立施化，有恩有为。造立施化，则物失其真；有恩有为，则物不具存；
物不具存，则不足以备载。"（《老子注》）

苏辙说："天地无私，而听万物之自然，故万物自生自死，死非吾虐
之，生非吾仁之也。譬如结刍以为狗，设之于祭祀，尽饰以奉之，夫岂
爱之，时适然也。既事而弃之，行者践之，夫岂恶之，亦适然也。圣人
之于民亦然，特无以害之，则民全其性，死生得丧，吾无与焉。"（《道
德真经注》）

吴澄说："刍狗，缚草为狗之形，祷雨所用也。既祷则弃之，无复有顾
惜之意。天地无心于爱物，而任其自生自成；圣人无心于爱民，而任其自
作自息，故以刍狗为喻。"（《道德真经注》）

高亨说："本章分两段。第一段是老子的政治论，指出天地对于万物，
圣人对于百姓，都没有私爱。第二段是老子的人生论，指出人不要多言，
要谦虚。但也含有政治意味。"（《老子注译》）

任继愈说："这是从政治上讲'无为'的品格在于不讲仁慈，不发议
论，听任事物的自生自灭。表明老子对事物的冷眼静观的态度。"（《老子
绎读》）

蒋锡昌说："'多言'为'不言'之反，亦为'无为'之反，故'多言'
即有为也。"（《老子校诂》）

　　南怀瑾说:"了解到'橐籥'与风箱的作用,那么,便可明白老子所说的'多言数穷,不如守中'的话,并不完全是教人不可开口说话。只是说所当说的,说过便休,不立涯岸。不可多说,不可不说。便是言满天下无口过,才是守中的道理,才与后文老子所说'善言无瑕谪'的意旨相符。否则,老子又何须多言自著五千文呢!譬如风箱,在当用的时候,便鼓动成风,助人成事。如不得其时,不需要的时候,便悠然止息,缄默无事。"(《老子他说》)

第六章

谷神不死，是谓玄牝^①。玄牝之门，是谓天地根^②。绵绵若存，用之不勤^③。

[自圆其说]

① 谷：指两山之间水流通道，为自然"常道"。神：神妙莫测、深奥玄妙，与《周易·系辞传上》所说"阴阳不测之为神"之"神"义同，亦即"玄"之义。谷神：老子之道别名，老子独创之"名"，为老子专用于表达"非常道"的"非常名"。山谷空虚但仍然有形，至空至虚以至于无形无状者便是"谷神"。不死：即本章"绵绵若存，用之不勤"之意。牝：指雌性生殖通道（阴道），为自然"常道"，亦为日常生活中的"常名"。《说文解字》："牝，畜母也。"雌性生殖器（阴道）谓之牝，雄性生殖器（阴茎）谓之牡。玄牝：深远幽暗的阴道，专为老子之道别名，如"谷神"，也是老子独创之"非常名"，为老子专用于表达"非常道"的"非常名"。"谷神""玄牝"，为老子专用名称，不予翻释。"谷神不死"二句：道是"谷神"，又叫"玄牝"。

② 根：根源。天地根：老子之道别名，指道是造化天地、生育万物的根源。"玄牝之门"二句：这个"玄牝"出口，就是道生天地万物的根本通道。

③ 绵绵：连续不断、长久不绝的样子。若存：若亡若存，存而不可见。勤：尽、竭。"绵绵若存"二句：道生天地万物，连绵不断，用之不穷。"绵绵若存"，与第四章"湛兮似或存"旨意一致；"用之不勤"，与第

五章"虚而不屈，动而愈出"、第四十五章"大成若缺，其用不弊；大盈若冲，其用不穷"旨意一致。

[今译今读]

道是"谷神"，又叫"玄牝"。它是微妙玄通的创生天地万物的通道。这个创生通道之门，就是孕育天地造化万物的根源，它连续不断，若亡若存，用之不竭。

[高谈阔论]

本章说道如阴道。

本章取譬奇特，文简高古，蕴含深邃，玄妙难识。后世注家注解纷呈，多不得其解。解读此章，必须带上老子在首章提供的两把钥匙，即"道，可道，非常道。名，可名，非常名。"

首先，老子就近取譬，以"常道"喻示"非常道"。"谷"，是水流的通道（河道）；"牝"，是雌性动物生殖的通道（阴道），两者具有"可道"（可以一达的通道）的共性，"谷"是自然界"常道"，"牝"是动物界"常道"，与老子之"非常道"可相通。《尔雅·释水》："水注川曰溪，注溪曰谷。"《说文解字》："谷，泉出通川为谷。从水半见，出于口。""谷"的字形上半部分是"水"的字形的一半，而出现在"口"字上面，形象地显示水由源泉的出口流出来的样子，而通达至川流的地方。山谷中间空虚，两边是山陵，谷底又有淙淙泉水，古人便常以凹洼、幽暗、湿润的山谷比喻雌性阴道。《大戴礼记·易本命》："丘陵为牡，溪谷为牝"。山陵为阳，溪谷为阴，类似牡牝。山谷与阴道（牝），其外形既非常相似，其功能又非常相同，山谷能生成流水，使草木生根发芽，阴道（牝）能生殖新的生命。老子把道看作天地万物之母，把"玄牝"看作天地万物之母的大阴道。道生天地万物，就像女人生孩子，要从阴道出口（阴门、产门）生出，这个天地大阴道出口，就叫"玄牝之门"，这是道生天地万物的根本通道，是天地万物的"命根"，所以又叫"天地根"。

其次，老子因义取名，由"常名"到"非常名"。"谷""牝"是日常常用的"常名"，在"谷"之后、"牝"之前，分别加上"神"和"玄"，形成两个新的老子专用的"非常名"："谷神"和"玄牝"，两者皆为老子之道别名。此处"神"不是人格神，与"玄"同义，是形容道的神妙莫测、深奥玄妙。谷口流出水，牝门生出婴儿，引申出谷神、玄牝创生天地万物，以此喻道创生。道生天地万物要从产道之门（即阴门）出，这个产门，就叫"玄牝之门"。"玄牝之门"，也即"天门"（第十章），又是"众妙之门"（第一章），三门同一门，都是天地产门（阴门）。这是天地的来源，是"天地根"。

最后一句，"绵绵若存，用之不勤"，归结出：道如阴道，创生繁殖，连绵不断。此句对全章具有总结意义。

[众说纷纭]

吕惠卿说："谷，有形者也，以得一，故虚而能盈；神，无形者也，以得一，故寂而能灵。人也能守中而得一，则有形之身可使虚而如谷，无形之心可使寂而如神，则有形与无形合而不死矣。古之人以体合于心，心合于气，气合于神，神合于无，其说是也。"（《老子注》）

苏辙说："谓之谷神，言其德也。谓之玄牝，言其功也。牝生万物，而谓之玄焉，言见其生之而不见其所以生也。玄牝之门，言万物自是出也。天地根，言天地自是生也。"（《道德真经注》）

林希逸说："此章乃修养一项功夫之所自出，老子之初意却不专为修养也。"（《老子鬳斋口义》）

吴澄说："门，谓所由以出。根，谓所由以生。虚无自然者，天地之所由以生，故曰'天地根'。天地根者，天地之始也。"（《道德真经注》）

任继愈说："'牝'是一切动物的雌性生殖器官。此理推广到一切事物，指应当生长之处。'玄牝'是象征着深远的、看不见的生产万物的生

殖器官……老子把物质的不断变化这一作用当作万物发生的根源。"（《老子绎读》）

　　陈鼓应说："玄牝：微妙的母性，指天地万物总生产的地方（张松如《老子校读》）。按这里用以形容'道'的不可思议的生殖力。'牝'，即是生殖，'道'（'谷神'）生殖天地万物，整个创生的过程却没有一丝形迹可寻，所以用'玄'来形容。'玄'，即幽深不测的意思。"（《老子注译及评介》）

　　李零说："《老子》论道，是以天地之道和人的身体为基础……'玄牝之门'，道是宇宙生殖器，道生天地万物，得有一个出口，就像妇女生孩子，要自产门（即阴门、阴户）出，这个出口，就叫'玄牝之门'。'天地之根'，指道生天地，为天地的本源。"（《人往低处走》）

第七章

天长地久。天地所以能长且久者，以其不自生，故能长生^①。

是以圣人后其身而身先，外其身而身存^②。非以其无私邪？故能成其私^③。

[自圆其说]

① 以：因为。自生：为自己而生存，指自私。长生：长久。"天长地久"四句：天长地久。天地所以能长久，是因为它不为自己而生存。

② 后其身：把自己置身众人之后，指退让。外其身：把自己置之度外，指避让。"是以圣人后其身而身先"二句：因此，圣王总是退让，把自己置身众人之后反而得到拥戴；总是避让，把自身置之度外反而得以保全。

③ 无私：无我、无己。成其私：成就自己。"非以其无私邪"二句：不正是由于他不自私吗？所以能成就自己。第三十九章"故贵以贱为本，高以下为基，是以王侯自谓孤、寡、不谷"、第六十六章"江海所以为百谷王者，以其善下之。是以欲上民必以言下之，欲先民必以身后之"，皆与上文"是以圣人后其身而身先，外其身而身存"之意相同，均为申述"非以其无私邪？故能成其私"之旨意。

[今译今读]

天长地久。天地所以能长久，是因为它不为自己而生存。

因此，圣王总是退让，把自己置身众人之后反而得到拥戴；总是避让，把自身置之度外反而得以保全。不正是由于他不自私吗？所以能成就自己。

[高谈阔论]

本章说圣王"非常道"之"以其无私成其私"。

老子从观察天地自然现象中得出了习以为常的自然常识"常道":"天长地久。天地所以能长且久者,以其不自生,故能长生。"天地为什么能长久生存,因为天地无私,自然而然地生存,不刻意追求自己的存在。

人不可能心底无私,都有私心、私情、私欲,都想"成其私"。但怎么去"成其私"?老子由天长地久之"常道"引发圣王为了"成其私"目的而应该遵行的"非常道":"以其无私成其私"。"后其身""外其身",皆属"无私";"身先""身存",皆为"成其私"。欲"身先"必先"后其身"、欲"身存"必先"外其身",总之,欲"成其私"必先"无私","以其无私成其私"。

老子认为,"人法地,地法天,天法道,道法自然"(第二十五章)。圣王要效法天地、效法道,任其自然,显其"无私"于人前:一要退让,先做到"后其身",由"后其身"而"身先",这将是自然结果;二要避让,先做到"外其身",由"外其身"而"身存",这也是自然而然的;最后达到"以其无私"到"成其私"的目的。"后其身而身先""外其身而身存""非以其无私邪?故能成其私",与第三十六章"将欲夺之,必固与之"同理,均为老子"反者道之动"(第四十章)原则的实践运用。

[众说纷纭]

河上公说:"先人而后己也,天下敬之,先以为官长。"(《老子道德经河上公章句》)

苏辙说:"天地生物而不自生,立于万物之外,故能长生。圣人后其身而先人,外其身而利人,处于众人之表,故能先且存。如使天地与物竞生,而圣人与人争得,则天地亦一物耳,圣人亦一人耳,何以大过之哉。虽然,彼其无私,非以求成私也,而私以之成,道则固然耳。"(《道德真经注》)

林希逸说:"此一'私'字,是就身上说来,非公私之私也。"(《老子

斋口义》）

　　吴澄说："无私，谓后其身外其身。成其私，谓身先身存。圣人非欲成其私也，而自有身先身存之效。"（《道德真经注》）

　　陈鼓应说："老子用天地的运作不为自己来比喻圣人的行为没有贪私的心念。在其位的人，机会来得最方便，往往情不自禁的伸展一已的占有欲。老子理想中的治者却能'后其身''外其身'，不把自己的意欲摆在前头，不以自己的利害作优先考虑。这是一种了不起的谦退精神。"（《老子注译及评介》）

第八章

上善若水①。水善利万物而不争，处众人之所恶②，故几于道③。

居善地④，心善渊⑤，与善仁⑥，言善信⑦，正善治⑧，事善能⑨，动善时⑩。

夫唯不争，故无尤⑪。

[自圆其说]

① 善：善于。义同第六十五章"善为道者"之"善"。下文七"善"皆同此义。"善"非善良，《老子》中的"善"无一处有善良之意。上善：上善之人，与"圣人""善为道者""善人"同义，指善于遵道而行的圣王。上善若水：上善之人好像水一样。

② 所恶：指水流的下游。人往高处走，水往低处流，"下流"是众人所厌恶的，而水总是处于众人所厌恶的低下之处。"水善利万物而不争"二句：水善于有利万物，而不与万物相争，处在众人所厌恶的低洼地方。

③ 几：通"近"。《尔雅·释诂》："几，近也。"故几于道：所以就接近于道。

④ 善地：卑贱、低下之处。居善地：居处要善于像水那样安于处下。第三十九章"贵以贱为本，高以下为基"、第六十一章"大者宜为下"、第六十六章"江海所以能为百谷王者，以其善下之"，亦即此意。

⑤ 心善渊：心机要善于像水潭那样深不可识，要做到大智若愚。老子说"虽智大迷，是谓要妙"（第二十七章），即为此意。要妙者，玄妙也。

大智若愚者，最玄妙。

⑥ 与：施与，给予。与善仁：施与要善于像水那样利人不求报。仁，即"水善利万物而不争"的大仁。老子说"是以圣人常善救人，故无弃人；常善救物，故无弃物"（第二十七章），即为此意。

⑦ 言善信：言语要善于像水那样清澈见底。此句即第二章"行不言之教"之意，也与第二十七章所说"善言无瑕谪"旨意相通。

⑧ 正，与第五十七章"以正治国"之"正"同义，指守正无极。正善治：治政要像水那样善于守正无极。

⑨ 事善能：处事要善于像水那样展现能力。第七十八章"天下莫柔弱于水，而攻坚强者莫之能胜"，可与此互参。柔弱胜刚强，即为水之"善能"。

⑩ 动善时：行动要善于像水那样掌握时机，涸溢有时。

⑪ 尢：咎怨，罪责。"夫唯不争"二唏：正因为不争，所以没有过失。

[今译今读]

上善之人好像水一样。水善于有利万物，而不与万物相争，处在众人所厌恶的低洼地方，所以就接近于道。

居处要善于像水那样安于处下，心机要善于像水潭那样深不可识，施与要善于像水那样利人不求报，言语要善于像水那样清澈见底，治政要善于像水那样守正无极，处事要善于像水那样展现能力，行动要善于像水那样掌握时机。

正因为不争，所以没有过失。

[高谈阔论]

本章说圣王"非常道"之"以不争成其争"。

老子承上章由自然"常道"推及圣王"非常道"的思路，以水喻示道。水有三大特性：一是利万物，二是不争，三是处下。人往高处走，水往低处流，"处众人之所恶"即"处下"。所谓"上善若水"，就是主张利他、不争、处下。利他、处下的实质是不争。"七善"是"不争"的七个具体表现。做到"七善"就能达到"夫唯不争，故无尤。"末句"夫唯不争，故无尤"，在老子看来，圣王之所以能够"无尤"的根本原因不在"不争"，而在第二十二章所说的"夫唯不争，故天下莫能与之争"。因为"天下莫能与之争"，圣王"故无尤"。所以，圣王"不争"的目的仍然是"成其争"（"天下莫能与之争"）。本章"以不争成其争"与上章"以其无私成其私"，都是同一套路。

[众说纷纭]

河上公说："上善之人，如水之性。水在天为雾露，在地为泉源也。众人恶卑湿垢浊，水独静流居之也。水性几于道同。"（《老子道德经河上公章句》）

苏辙说："盖道运而为善，犹气运而生水也，故曰'上善若水'。二者皆自无而始成形，故其理同。道无所不在，无所不利，而水亦然。然而既已丽于形，则于道有间矣，故曰'几于道'矣。然而可名之善，未有若此者也，故曰'上善'。避高趋下，未尝有所逆，善地也；空虚静默，深不可测，善渊也；利泽万物，施而不求报，善仁也；圆必旋，方必折，塞必止，决必流，善信也；洗涤群秽，平准高下，善治也；遇物赋形，而不留于一，善能也；冬凝春泮，涸溢不失节，善时也。有善而不免于人非者，以其争也，水唯不争，故兼七善而无尤。"（《道德真经注》）

林希逸说："此章又以水喻无容心之意。……此七句皆言有道之士，其善如此，而不自以为能，故于天下无所争，而亦无尤怨之者。此即'汝惟不争，天下莫与汝争能'也。解者多以此为水之小善七，故其说多牵强，非老子之本旨。"（《老子鬳斋口义》）

蒋锡昌说："其实老子之所谓'动善时'者，非圣人自己有何积极之动作而能随时应变；乃圣人无为无事，自己渊默不动，而一任人民之自作自息也。"（《老子校诂》）

张舜徽说："自来注说此数句者，多不得其解。惟河上公注与苏氏说就水善立训，曲达其旨，可从也。古人称说物象之美，每好以人之德行比拟之。《老子》称水之七善，亦犹古人称玉有五德，或谓玉有六美，皆取仁、义、礼、智为言，亦比喻之辞耳。此处所举七善，实承上句'上善若水'而续申之，乃言水之德美无疑，不必别为之说也。"（《周秦道论发微·老子疏证》）

南怀瑾说："在老子这一节的文言里，要注意它'几于道'的几字，并非说若水的德性，便合于道了。他只是拿水与物不争的善性一面，来说明它几乎近于道的修为而已。"（《老子他说》）

第九章

持而盈之，不如其已^①；揣而锐之，不可长保^②。

金玉满堂，莫之能守^③；富贵而骄，自遗其咎^④。

功遂身退，天之道^⑤。

[自圆其说]

① 持：执持。盈：满。已：止。"持而盈之"二句：执持盈满，不如适可而止。第二章"不贵难得之货，使人不为盗"、第四十四章"多藏必厚亡"，均与此旨意相同，可互为注释。

② 揣：捶击、锻造。锐：尖锐。"揣而锐之"二句：锋芒毕露，不能长久保全。第七十六章"兵强则不胜，木强则兵"，即为此意。

③ "金玉满堂"二句：金玉满堂，没人能够守住。第四十四章"甚爱必大费，多藏必厚亡"，与此意同。

④ 遗：招致。咎：灾祸。"富贵而骄"二句：富贵骄淫，必然自取祸患。

⑤ 遂：成也。天之道：自然之道。"功遂身退"二句：功成后隐身而退，合乎自然之道。第二章"作焉而不辞，生而不有，为而不恃，功成而不居"，可作"功遂身退"注脚。第十七章"功成事遂，百姓皆谓我自然"，亦即此意。

[今译今读]

执持盈满，不如适可而止。锋芒毕露，不能长久保全。

金玉满堂，没人能够守住。富贵骄淫，必然自取祸患。

功成后隐身而退，合乎自然之道。

［高谈阔论］

本章说圣王"非常道"之"功遂身退"。

老子习惯就近取譬，以"常道"说"非常道"。追求持盈、揣锐、金玉、富贵，这是人之常情、社会常态。当所有人都为之相争，并以"盈之""锐之""满堂""骄之"为追求终极目的时，最终结果就会"极反"，反向转化，盈则必亏，锐则必钝，满则失守，骄则有咎。老子用这些人间"常道"阐述他的"反者道之动"这一"非常道"。

《老子》五千言指向明确，就是"以道佐人主"，所以，他最后仍不忘指点圣王功成之后如何持盈，强调"功成身退"才是"天之道"。这与第二章"功成而弗居。夫唯弗居，是以不去"、第四十四章"知足不辱，知止不殆，可以长久"、第四十六章"祸莫大于不知足，咎莫大于欲得。故知足之足，常足矣"，旨意一致。所谓"功成"者，"为无为，则无不治"（第三章）也；所谓"身退"者，"作焉而不辞，生而不有，为而不恃"（第二章）也。

"身退"有三种类型：一种是身退心也退，隐于山野，这是小隐；一种是身退心不退，隐于市，这是中隐；一种是身不退心退，隐于朝，这是大隐。老子所言"身退"应是后一种，大隐隐于朝，心退身不退，退心不退位，心中"知足""知止"，官却照当不误。

［众说纷纭］

河上公说："'功成名遂身退，天之道'，言人所为，功成事立，名迹称遂，不退身避位则遇于害，此乃天之常道也。譬如日中则移，月满则亏，物盛则衰，乐极则哀。"（《老子道德经河上公章句》）

苏辙说："知盈之必溢，而以持固之，不若不盈之安也。知锐之必折，而以揣先之，不如揣之不可必恃也。若夫圣人，有而不有，尚安有盈？循理而后行，尚安有锐？无盈则无所用持，而无锐则无所用揣矣。日中则移，月满则亏，四时之运，功成者去。天地尚然，而况于人乎？"（《道德真经注》）

吴澄说："是以功成名遂而身退，乃合于天之道，此言不可盈之也。"（《道德真经注》）

高亨说："老子在这里对奴隶主提出警告：'你们不要追求富贵，取得富贵也必失掉。你们有了自家的功业，就退出政治舞台吧。'"（《老子注译》）

陈鼓应说："本章在于写'盈'。'盈'即是满溢、过度的意思。自满自骄，都是'盈'的表现。持'盈'的结果，将不免于倾覆之患。所以老子谆谆告诫人不可'盈'，一个人在功成名就之后，如能'身退'不盈，才是长保之道。'身退'并不是引身而去，更不是隐匿形迹……'身退'即是敛藏，不发露。老子要人在完成功业之后，不把持，不据有，不露锋芒，不咄咄逼人。可见老子所说的'身退'，并不是要人做隐士，只是要人不膨胀自我。老子哲学，丝毫没有遁世思想。"（《老子注译及评介》）

黄瑞云说："功成身退，成为历史上知识分子追慕的人生理想。然老子的哲学，所谓'功成'者，清静无为，任其自然以成其功也；所谓'身退'者，'生而不有，为而不恃，功成而弗居'也，与后世所理解的'功成而身退'的内涵并不相同。"（《老子本原》）

第十章

载营魄抱一，能无离乎^①？

专气致柔，能婴儿乎^②？

涤除玄览，能无疵乎^③？

爱民治国，能无知乎^④？

天门开阖，能为雌乎^⑤？

明白四达，能无为乎^⑥？

生之畜之，生而不有，为而不恃，长而不宰，是谓玄德^⑦。

[自圆其说]

① 载：初始。《广韵·代韵》："载，始也。"营魄：魂魄。魂，指人的精神，喻"无"；魄，指人的形体，喻"有"。王逸注《楚辞·大招》："魂者阳之精也，魄者阴之形也。"抱一：指魂（无）与魄（有）混同为一。此"一"与第十四章"混而为一"之"一"义同。无离：没有分离，没有区分。"载营魄抱一"：初始的无与有混同为一，能没有分离吗？第十四章"其上不皦，其下不昧，绳绳兮不可名，复归于无物。是谓无状之状，无物之象，是谓惚恍。迎之不见其首，随之不见其后"，即为此意。

② 专气：积聚精气。致柔：达致柔和。"专气致柔"：积聚精气达致柔和，能像婴儿那样吗？第五十五章"含德之厚，比于赤子"含有"精之至""和之至"，与此意同，可以互参。

③ 涤除：洗涤清除。洗垢谓之涤，去尘谓之除。览：镜子。帛书甲

本作"蓝"，乙本作"监"，蓝是俗字，通览，而览、监均是名词，即古"鉴"字。玄览：老子所用"非常名"，此指玄妙的心镜，把人心比做一面玄妙的镜子。疵：本义是病。《说文解字》："疵，病也。"此指心境有污垢。第三章"不尚贤，使民不争；不贵难得之货，使民不为盗；不见可欲，使民心不乱"，可与此互参。疵，即"尚贤""贵难得之货""见可欲"。无疵：无知无欲，即"不尚贤""不贵难得之货""不见可欲"。"涤除玄鉴"二句：洗涤清除心镜，能毫无污垢吗？

④ 无知：不用智慧。此句文字诸本不同。王弼本、河上本作"能无知"；唐景龙本、御注本作"能无为"；傅本、范本作"能无以知"；帛书甲乙本均作"毋以知"。由于古本文字不同，导致今日注家说法不一。从文字上说，帛书本虽然俗字较多，但如果甲乙两本文字一致，就当值得重视，因它们毕竟是出土文物，没有经过流传的删改变化，现在甲乙本均作"毋以知"即"无知（智）"，说明王弼本的正确。滋从之。"爱民治国"二句：爱护民众治理国家，能不用智慧吗？第六十五章"古之善为道者，非以明民，将以愚之。民之难治，以其智多。故以智治国，国之贼；不以智治国，国之福"，可作"爱民治国，能无知乎"的注脚。

⑤ 天门：老子所用"非常名"，指道门，即玄牝之门、众妙之门。开阖：开启闭合，在此指行道通达。《周易·系辞传上》："阖户谓之坤，辟户谓之乾，一阖一辟谓之变，往来不穷谓之通。"可与此互参。为雌：指守静处下。王弼本、河上本作"无雌"。老子主张"守其雌"（第二十八章）、"守柔"（第五十二章），"无雌"与老子旨意不合。再看王弼注："言天门开阖能为雌乎？则物自宾而处自安。"则王弼也是以"为雌"来解释的，可见王弼本本该是"为雌"。"天门开阖"：遵道而行，能守静处下吗？第二十八章"知其雄，守其雌"、第六十一章"大国者下流，天下之牝。天下之交，牝常以静胜牡，以静为下"，即为此意。

⑥ 明白：与今人所用该词意义不同，此指"明而白"，明道而生出光明。"明"即第十六章"复命曰常，知常曰明"之"明"。白，光明、光亮，

即《庄子·人间世》"虚室生白，吉祥止止"之"白"。四达：周行通达，在此指"行"道通达，亦即第二十五章"寂兮寥兮，独立而不改，周行而不殆"之意。无为：顺应自然而不妄为，亦即第二十五章"道法自然"之意。"明白四达"二句：明"道"通达，能自然无为吗？

⑦ 生：创生、化生。畜；养育。之：指天下万物。有：占为已有。恃：恃以为功。宰：主宰。德：得。玄德：老子所用之"非常名"，指得道的玄妙，即玄得。"生之畜之"五句：道创生养育万物，创生万物而不占为已有，养育万物而不自恃有功，长成万物而不主宰，这就叫"玄德"。此五句在第五十一章重复出现，注家或认为此为本章错简，当删。此五句虽是重复出现，但是角度不同。如蒋昌锡说：第十章为圣人言，第五十一章就道言，文句相同，而其对象异也（《老子校诂》）。蒋说甚是，当从。

[今译今读]

初始的无与有混同为一，能没有分离吗？

积聚精气达致柔和，能像婴儿那样吗？

洗涤清除心镜，能毫无污垢吗？

爱护民众治理国家，能不用智慧吗？

遵道而行，能守静处下吗？

明道通达，能自然无为吗？

道创生养育万物，生成万物而不占为已有，养育万物而不自恃有功，长成万物而不主宰，这就叫"玄德"。

[高谈阔论]

本章说圣王修道得道的七级境界。

修道如登山，需要一个台阶一个台阶往上攀登。老子连用六个排比反诘句式及最后一段提出圣王修道得道的七级境界：

第一级："抱一"。刚开始，初级阶段，要做到魂（无）与魄（有）混同为一，没有分离。

第二级："专气"。积聚精气达致柔和像婴儿那样至精至和。

第三级："涤除"。洗涤清除心镜要做到毫无污垢。

第四级："无知"。爱民治国要做到不用智慧。

第五级："为雌"。遵道而行要做到守静处下。

第六级："无为"。明"道"通达要做到自然无为。

第七级："玄德"。这是修道的最高级境界。在"六问"之后，老子提出了"玄德"的标准，亦即修道得道之"无为而无不为"的最高境界。圣王修道得道就要做到像道那样，"生之畜之，生而不有，为而不恃，长而不宰"，这样就能感受到得道的玄妙，因为"无为"，所以"无不为"，这是修道的最大所得，也是最高境界，这就叫"玄德"。

[众说纷纭]

河上公说："营魄，魂魄也……一者，道始所生，太和之精气也，故曰一。"（《老子道德经河上公章句》）

王弼说："载，犹处也。营魄，人之常居处也。一，人之真也。言人能处常居之宅，抱一清神，能常无离乎？则万物自宾也。专，任也。致，极也。言任自然之气，致至柔之和，能若婴儿之无所欲乎？则物全而性得矣。"（《老子注》）

林希逸说："抱者，合也。其意盖曰能合而一之，使无离乎？将离而二之乎？故曰'抱一能无离乎'？此六字意亦甚隐，正要人自参自悟也。"（《老子鬳斋口义》）

奚侗说："'玄德'，犹'至德'，以其深远，故云'玄'也。此节自'生之畜之'以下，又见五十一章，而彼节文谊完足，此疑重出而又有脱简。"（《老子集解》）

张舜徽说："玄，幽远也。玄览，谓鉴察幽远也。古称'察及渊鱼者不祥'。人君不宜以察察为明，故必涤除此习，以求免于疵累。"（《周秦道论

发微·老子疏证》）

　　陈鼓应说："这一章着重在讲修身的工夫……老子所讲的这些修身工夫和瑜珈术不同。瑜珈的目的在超脱自我和外在的环境。老子重在修身，修身之后乃推其馀绪而爱民治国。"（《老子注译及评介》）

第十一章

三十辐共一毂，当其无，有车之用 ①。
埏埴以为器，当其无，有器之用 ②。
凿户牖以为室，当其无，有室之用 ③。
故有之以为利，无之以为用 ④。

[自圆其说]

① 辐：车轮连接车毂与轮圈的木条。共：通"拱"，环绕。毂：车轮中心的构件，圆形，外连辐条，内有圆孔，可以插轴。无：空虚无形。此处有两种读法，一种如王弼读为"当其无"，另一种读为"当其无有"。河上公注："'无有'谓空处故。"毕沅、马叙伦、高亨等均读为"当其无有"。此种读法一者难以成句，另者与本章总结之语"有之以为利，无之以为用"之"有""无"对待不合。故当从王弼本。"三十辐共一毂"三句：三十根辐条环绕着一个车毂，由于它中间空无能插入车轴，才会有车子的作用。

② 埏：读 shān，用水揉和。埴：读 zhí，黏土。埏埴：用水揉和黏土。器：陶器。"埏埴以为器"三句：揉和黏土做成陶器，由于它中间空无能放入物品，才会有器皿的作用。

③ 户：门扇。牖：读 yǒu，窗户。室：房间。"凿户牖以为室"三句：开凿门窗建造房屋，由于它中间空无能容人入住，才会有房屋的作用。

④ 有：指器物实有可见的部分。无：指器物空虚无形的部分。有之以为利，无之以为用：实有可获得便利，虚无可以发挥作用。

[今译今读]

三十根辐条环绕着一个车毂，由于它中间虚无能插入车轴，才会有车子的作用。

揉和黏土做成陶器，由于它中间虚无能放入物品，才会有器皿的作用。

开凿门窗建造房屋，由于它中间虚无能容人入住，才会有房屋的作用。

所以，实有可以带来便利，虚无可以发挥作用。

[高谈阔论]

本章说"无之以为用"。

老子仍用就近取譬方法，以"车""器""室"三个人们日常生活常用器物所体现的"常道"形象地阐述了"无之以为用"这个"非常道"。

"车""器""室"，是人们日常生活必需品，也是司空见惯、习以为常的常用品，很少有人从这些极其平常的生活常用品中悟出高深的道理来。老子恰恰用这几种人人熟悉、习以为常的常用品所体现的有与无、利与用之"常道"形象生动地阐述了"有之以为利，无之以为用"之"非常道"。这看起来似乎有点玄虚，非同寻常，其实说穿了，是很容易理解的常识常理。

世人常常重实有而轻虚无，老子却特别强调"无之以为用"。"无之以为用"与第四十章"弱者道之用"义通，虚弱至极即是无。

[众说纷纭]

王弼说："木、埴、壁所以成三者，而皆以无为用也。言无者，有之所以为利，皆赖无以为用也。"（《老子注》）

苏辙说："竭知尽物以为器，而器之用常在无有中。非有则无无以致其用，非无则有无以施其利，是以圣人常无以观其妙，常有以观其徼。知两者之为一而不可分，则至矣。"（《道德真经注》）

林希逸说："此三者，皆是譬喻虚者之为用，故曰'有之以为利，无之以为用'。车、器、室，皆实有之利也，而其所以为车、为室、为器，皆虚中之用。以此形容一'无'字，可谓奇笔！"（《老子鬳斋口义》）

高亨说："此章亦《老子》之相对论也。常人皆重有而轻无，取有而舍无，以为有有用于人，无无用于人，老子欲破此成见，故有斯言。"（《老子正诂》）

张舜徽说："此处举三事为例，以明物之空虚处，正其有用处，皆所以证发无为乃可有为之旨，为君道而言也。"（《周秦道论发微·老子疏证》）

陈鼓应说："一般人只注意实有的作用，而忽略空虚的作用。老子举例说明：一、'有'和'无'是相互依存，相互为用的。二、无形的东西能产生很大的作用，只是不容易为一般人所觉察。老子特别把这'无'的作用彰显出来……本章所说的'有''无'是就现象界而言的，第一章上所说的'有''无'是就超现象界、本体界而言，这是两个不同的层次。它们符号型式虽然相同，而意义内容却不一。"（《老子注译及评介》）

第十二章

　　五色令人目盲①，五音令人耳聋②，五味令人口爽③，驰骋畋猎令人心发狂④，难得之货令人行妨⑤。

　　是以圣人为腹不为目，故去彼取此⑥。

[自圆其说]

　　① 五色：指青、赤、白、黑、黄五种颜色。目盲：指眼花缭乱。五色令人目盲：五色缤纷使人眼花缭乱。

　　② 五音：指古代五声音阶中宫、商、角、徵、羽五个音级。耳聋：指难辨声音。五音令人耳聋：五音嘈杂使人不辨声音。

　　③ 五味：指酸、甜、苦、辣、咸五种味道。爽：伤害、败坏。口爽：指不知滋味。五味令人口爽：五味错乱使人不知滋味。

　　④ 驰骋：骑马奔驰。畋（tián）猎；打猎。狂：放荡、疯狂。心发狂：指恣意放荡、心神疯狂。驰骋畋猎令人心发狂：骑马奔驰打猎使人心神疯狂。

　　⑤ 难得之货：指金、银、珠、宝等珍贵物品。妨：伤害、妨碍。行妨：行为受妨碍。难得之货令人行妨：珍贵难得的货物使人行为变坏。

　　⑥ 为腹：自我满足，指向内收敛。为目：耳目奢求，指向外炫耀。彼：指"为目"。此：指"为腹"。故去彼取此：所以，去彼"为目"炫耀，取此"为腹"内敛。此用语共出现三次，除本章外，还见于第三十八章、第七十二章，这是老子口头禅。在取舍之际，老子往往会明确地指示

出孰取孰舍、孰去孰从，意思是"就如此取舍"。"是以圣人为腹不为目"二句：所以，圣王要向内收敛，不要向外炫耀，因此他就如此取舍了。第七十五章"民之饥，以其上食税之多，是以饥。民之难治，以其上之有为，是以难治。民之轻死，以其上求生之厚，是以轻死"，可作此章注脚。第三章"是以圣人之治，虚其心，实其腹，弱其志，强其骨，常使人无知无欲"，可与此互参。第三章所言是针对民众提出的，目的是使民众"无知无欲"，便于统治。帛书甲、乙两本为"是以圣人之治也，为腹不为目"，增加了"之治也"三字，语气显得委婉，也点出了这种主张是针对君王提出的，内容更为显豁。

[今译今读]

五色缤纷使人眼花缭乱，五音嘈杂使人不辨声音，五味错乱使人不知滋味，骑马奔驰打猎使人心神疯狂，珍贵难得货物使人行为变坏。

所以，圣王要向内收敛，不要向外炫耀，因此他就如此取舍了。

[高谈阔论]

本章说圣王"非常道"之"为腹不为目"。

老子往往是先举出自然、社会和日常生活中常见的例证和常识，进行形象的说明，然后在圣王治国安民之策方面作归纳，由"常道"上升为"非常道"，此处也不例外。本章承接三章"不见可欲，使民心不乱"作诠释。老子认为，"五色""五音""五味""驰骋畋猎""难得之货"都表现为可享受的物质欲望（"见可欲"），但表现物欲享受太多，会使民心带来"目盲""耳聋""口爽""心狂""行妨"的混乱。表现可欲，可以使民心大乱，这是正着说；"不见可欲，使民心不乱"，这是反着说。

所以，圣王要低调，自我享受，不要向民众炫耀享受，不要自我表现。"为腹"，就是向内收敛，追求自我享受，自己心知肚明就行了。"为目"，是指向外炫耀，炫官炫富。炫官会引来仇官，炫富会引来仇富。所以，要低调，不炫耀，很重要。第三章"常使民无知无欲"与本章"圣人为腹不为目"指向及含义不同。前者对民众而言，要使民众无知无欲，是真无欲；后者对圣王而言，圣王要对外显示无欲，在内部享受可欲，是装无欲。"圣人为腹不为目"的实质是圣王以无欲成其欲。

［众说纷纭］

王弼说："夫耳目口心，皆顺其性也。不以顺性命，反以伤自然，故曰盲、聋、爽、狂也……为腹者以物养己，为目者以物役己，故圣人不为目也。"（《老子注》）

吴澄说："凡所欲之外物，皆害身者也。圣人但为实腹而养气，不为悦目而徇物也。故悉去彼在外之诸妄，而独取此在内之一真。"（《道德真经注》）

蒋锡昌说："老子以'腹'代表一种简单清静、无知无欲之生活；以'目'代表一种巧伪多欲，其结果竟至'目盲、耳聋、口爽、发狂、行妨'之生活。明乎此，则'为腹'即为无欲之生活，'不为目'即不为多欲之生活。'去彼取此'，谓去目（多欲之生活）而取腹（无欲之生活）也。"（《老子校诂》）

张舜徽说："《老子》所言'为腹不为目'，乃就君道而发。君道无为，主于任人而不任智。使天下之人，皆为己用，即所谓以物养己也。如自贤己智，代行臣职，则以物役己矣。腹与目，特取譬而为言耳。腹以喻内，目以喻外。为腹，谓有益政理；为目，谓取悦于众也。'去彼取此'，谓去彼有为而取此无为也。"（《周秦道论发微·老子疏证》）

陈鼓应说："去彼取此：摒弃物欲的诱惑，而持守安足的生活。'彼'，指'为目'的生活；'此'，指'为腹'的生活。"（《老子注译及评介》）

第十三章

宠辱若惊，贵大患若身 ①。

何谓宠辱若惊？宠为下，得之若惊，失之若惊，是谓宠辱若惊 ②。

何谓贵大患若身？吾所以有大患者，为吾有身，及吾无身，吾有何患 ③？

故贵以身为天下，若可寄天下；爱以身为天下，若可托天下 ④。

[自圆其说]

① 宠：荣耀。辱：耻辱。若：如，像。惊：惊恐。贵：看重。患：忧患。大患：指宠辱带来惊恐，患得患失。身：自己的身体。"宠辱若惊"二句：得宠好像会惊恐，受辱好像也会惊恐，把宠辱大患看得好像自己的身体一样重要。

② 何谓：什么叫做。宠为下：宠属于下等。之：指宠。得之若惊：即受宠若惊。失之若惊：失宠招来耻辱，失宠即受辱，因此而惊。"何谓宠辱若惊"五句：什么叫"宠辱若惊"？宠是下等的，得宠好像受到惊恐，失宠招来受辱，好像也有惊恐，这就叫宠辱若惊。

③ 所以……者：指原因。及：到、等到。有身：有为于身。无身：无为于身。"无身"，与第七章"是以圣人后其身而身先，外其身而身存"之"后其身""外其身"同义。"何谓贵大患若身"五句：什么叫"贵大患若身"？我之所以有宠辱大患，是因为我有为于身，如果我无为于身，我有什么忧患呢？

④ 以身为天下：指以此身为天下，即以无为其身为天下，此"身"即上文"无身"。若：才。"故贵以身为天下"四句：因此，看重以无为其身为天下，才可以寄予天下；喜爱以无为其身为天下，才可以托付天下。此句与第七章"是以圣人后其身而身先，外其身而身存。以其无私，故能成其私"旨意相通，可互为注释。

[今译今读]

得宠、受辱，好像都会惊恐；看重宠辱大患，好像自己身体一样。

什么叫"宠辱若惊"？宠是下等的，得宠好像受到惊恐，失宠招来受辱，好像也有惊恐，这就叫宠辱若惊。

什么叫"贵大患若身"？我之所以有宠辱大患，是因为我有为于身，如果我无为于身，我有什么忧患呢？

因此，看重以无为其身为天下，才可以寄托天下；喜爱以无为其身为天下，才可以托付天下。

[高谈阔论]

本章承接第七章"圣人后其身而身先，外其身而身存"续说"无其身而身有"之"非常道"。

对本章的解释，自古以来，各家解说歧义纷纭。理解本章旨意的前提，是不能将"有身""无身"简单地看成有身体、无身体。老子说："物或损之而益，或益之而损"（第四十二章），"为学日益，为道日损，损之又损，以至于无为"（第四十八章）。一般人是"益之而损"，愈想得到而增物欲，反而招致减损；反之，克制物欲反而是"损之而益"。继续不断"损之又损"，最后以至于"无为"于身，这就是"无身"了。这与后世道家练气、辟谷、烧丹而求羽化成仙的"益生"方法，有着根本的区别。正如钱锺书在《管锥编》本章疏解中所指出的："道士于道家冒名顶替，托梁易柱。"所以，此处"有身"是指有为于身，"无身"是指无为于身。

老子用"无身"而释"贵身"。"贵大患若身"就包含有"贵身"的意思，老子通过"无身"，即因循自然、"无为于身"而达到"贵身"的目的。只有这样解释才能与下文意思贯通起来。

"宠辱若惊"，得宠和受辱都会觉得惊慌，患得患失，是因为"患大患若身"，官场上的宠辱得失，升降浮沉，都与自身有关。"吾所以有大患者，为吾有身"，这是人之常情，所以世人多有为于身。老子反其道而行，提出"及吾无身，吾有何患？"等到我无为于身，顺其自然，宠辱得失对我还有什么意义，我还怕什么？老子认为，把天下寄托给贵重、珍爱以无为之身为天下的圣王，才是最可靠的。圣王因"无为之身"而拥有天下。

[众说纷纭]

王弼说："宠必有辱，荣必有患，宠辱等，荣患同也。为下，得宠辱荣患若惊，则不足以乱天下也。"（《老子注》）

苏辙说："古之达人，惊宠如惊辱，知宠之为辱先也；贵身如贵大患，知身之为患本也。是以遗宠而辱不及，忘身而患不至……夫惟达人知性之无坏，而身之非实，忽然忘身，而天下之患尽去，然后可以涉世而无累矣。"（《道德真经注》）

林希逸说："身者，我之累也，无身则无累矣。而人反以为贵，是不知其真身之身也。知其真身之可贵，知其真身之可爱，虽得天下，不足以易之。人能如此，则可以寄托于天下之上矣。'寄托'二字，便有天下不与之意。此章两'何谓'自有两意，乃古文之妙处。"（《老子鬳斋口义》）

高亨说："贵者，意所尚也。爱者，情所属也。以身为天下者，视其身若天下人也。若犹乃也。视其身如天下人，是无身矣，是无我矣，是无私矣；如此者，方可以天下寄托之。"（《老子正诂》）

张舜徽说："《老子》所云'宠为下'，犹言'爱居下'耳。与其所云'以静为下'，'善用人者为之下'，'大者宜为下'，皆指居下言，其意正同。古之陈君道者，谓人主宜卑弱自处，故恒以居下为言。既云爱居下矣，故得之若惊，谓惊喜也；失之若惊，谓惊恐也。此处所云得失，谓人主有时而得居下之道，有时而失居下之道耳。得之则喜，失之则恐，故皆以'若惊'言之。"（《周秦道论发微·老子疏证》）

陈鼓应说："王纯甫说：'贵大患若身'，当云'贵身若大患'。倒而言之，文之奇也。古语多类如此者。（《老子臆》）这句话，前人注解多不妥，王道（字纯甫）的解释为优。"（《老子注译及评介》）

兰喜并说："客观事物的变化本无所谓祸福，人之祸福实际上是人从自身的角度来评价事物的变化，把'利'于自己的称之为福，把不'利'于自己的称之为祸。可见，祸福的形成是由于过分强调自身，即'有身'。如果能把狭小的自身融于大化流行之中，把发生的一切都视为自然的，那也就不会有祸患之虞了。陶渊明《形、影、神》诗中讲'纵浪大化中，不喜亦不惧，应尽便须尽，无复独多虑'，陶渊明可以说超越了祸福。"（《老子解读》）

黄瑞云说："有些注家把'贵以身为天下'解释为'看重自身胜过天下'，或'看重自身如看重天下'，不仅训诂失当，且与上文'吾所以有大患者，为吾有身；及吾无身，吾有何患'完全相反，也完全违背了老子的人生哲学。'看重自身胜过天下'是杨朱思想，不是老子之道。"（《老子本原》）

第十四章

　　视之不见名曰微①，听之不闻名曰希②，搏之不得名曰夷③。此三者不可致诘，故混而为一④。

　　其上不皦，其下不昧⑤，绳绳兮不可名，复归于无物⑥。是谓无状之状，无物之象，是谓惚恍⑦。迎之不见其首，随之不见其后⑧。

　　执古之道，以御今之有⑨。能知古始，是谓道纪⑩。

[自圆其说]

　　① 微：细小、隐行，无状也。《说文解字》："微，隐行也。"《小尔雅·广诂》："微，无也。"河上公本、王弼本本章首句"微"作"夷"，第三句"夷"作"微"，帛书甲、乙本首句作"微"，第三句作"夷"。高明说："帛书甲、乙本保存了《老子》之旧；今本作'视之不见名曰夷'者误……今本将属第一句之'微'字与第三句之'夷'前后颠倒，张冠李戴"（《帛书老子校注》）。据改。视之不见名曰微：眼看不见叫微。

　　② 希：清静，无声也。与第四十一章"大音希声"之"希"同义。《释文》："希，静也。"听之不闻名曰希：耳听不到叫希。

　　③ 搏：抚摸、抓握。夷：铲平，诛灭，无象也。《说文解字》："夷，平也。"与第四十一章"夷道若颣"、第五十三章"大道甚夷而民好径"之"夷"义同。搏之不得名曰夷：手摸不着叫夷。

　　④ 三者：指微、希、夷。致诘：追问、探究。"此三者不可致诘"二句：微、希、夷三者，不能探究，因为它混同为一体。

⑤ 皦：明亮。昧：昏暗。"其上不皦"二句：它上面不明亮，下面不昏暗。

⑥ 绳绳：众多纷纭、绵绵不绝。不可名：无法用名称表达。"绳绳兮不可名"二句：绵绵不绝，无法用一个名称来表达，复返回归到"无物"。

⑦ 惚恍：若有若无、混沌模糊、隐约不清的样子。"是谓无状之状"三句：这叫没有形状的形状，没有形象的形象，这也叫惚恍。第二十一章"道之为物，惟恍惟惚。惚兮恍兮，其中有象，恍兮惚兮，其中有物"，亦即此意。

⑧ 迎之：从前面看。随之：从后面看。"迎之不见其首"二句：从前面看不见它的头，从后面看不见它的尾。此就前后而言，上文"其上不皦，其下不昧"就上下而言，都是说道之"无状之状，无象之象，是谓惚恍"之意。

⑨ 执：持，握。古之道：指万物本原初始之道，即第四十章"天下万物生于有，有生于无"之道。诸本均如王弼本为"执古之道"，唯帛书甲、乙本为"执今之道"，后者与老子旨意不合，滋从王说。御：驾驭、治。"执古之道"二句：执持"有生于无"之道，用来驾驭今天实有的万物。

⑩ 始：本义是女子怀孕之初，婴儿从无到有之时。《说文解字》："始，女之初也。"首章"无，名天地之始"，即为此义。古始：万物本原初始，即"天下万物生于有，有生于无"也。纪：头绪、纲纪。道纪：道的规律。"能知古始"二句：能了解万物的本原初始，这就是道的规律。

[今译今读]

眼看不见叫微，耳听不到叫希，手摸不着叫夷。微、希、夷三者，不能究问，因为它混同为一体。

它的上面不明亮，它的下面不昏暗，绵绵不绝，无法用一个名称来表达，复返回归到"无物"，这叫没有形状的形状，没有形象的形象，这也叫惚恍。从前面看不见它的头，从后面看不见它的尾。

执持"有生于无"之道，用来驾驭今天实有的万物，能了解万物的本原初始，这就是道的规律。

[高谈阔论]

本章诠释"以无观其妙"。

本章和首章、第二十一章，是老子描述道本体的最重要的三章。诸章合读，理解才能更深刻。老子在首章提出"无，名天地之始；有，名万物之母。故常无，欲以观其妙；常有，欲以观其徼。"第二十一章着重围绕道之"有"，以"有"来"观其徼"；本章则重点突出道之"无"，以"无"来"观其妙"。所以，本章全面描述了道之"无"的奥妙玄妙。

一方面，道无状（"视之不见名曰微"）、无声（"听之不闻名曰希"）、无象（"搏之不得名曰夷"）、无分别（"此三者不可致诘"），所以，"混而为一"。

另一方面，道无色（"其上不曒，其下不昧"）、无前（"迎之不见其首"）、无后（"随之不见其后"）、无名（"绳绳兮不可名"），所以，"复归于无物"（"是谓无状之状，无物之象，是谓惚恍"）。

在展示了道的一系列"无"的特质之后，老子突出强调了"无"之妙用："执古之道，以御今之有。能知古始，是谓道纪。"老子认为，"无"是天地的初始（"无，名天地之始"（第一章）），无中生有，有生天下万物（"天下万物生于有，有生于无"（第四十章）），把持住自古就存在的"有生于无"之道（"道纪"），就能认识天下万物的本原，用来驾驭今天天地万物之实有。

[众说纷纭]

韩非说："人希见生象也，而得死象之骨，案其图以想其生也，故诸人之所以意想者皆谓之'象'也。今道虽不可得闻见，圣人执其见功以处见其形。故曰：'无状之状，无物之象。'"（《韩非子·解老》）

河上公说："无色曰夷。言一无采色，不可得视而见之。无声曰希。言一无音声，不可得听而闻之。无形曰微。言一无形体，不可抟持而得之……圣人执守古道，生一以御物，知今当有一也。人能知上古本始有一，是谓知道纲纪也。"（《老子道德经河上公章句》）

王弼说："无形无名者，万物之宗也。虽今古不同，时移俗易，故莫不由乎此，以成其治者也。故可执古之道，以御今之有。上古虽远，其道存焉，故虽在今可以知古始也。"（《老子注》）

吴澄说："古始者，道也，谓古先天地之所始也。道纪者，德也，谓道散为德，如理丝之缕有条而不紊也。能知此道，则知此德，为道之纪也。"（《道德真经注》）

陈鼓应说："道是个超验的存在体，老子用了一种特殊的方法去描述它。他将经验世界的许多概念用上，然后一一否定它们的适当性，并将经验世界的种种界限都加以突破，由此反显出道的深微诡秘之存在。"（《老子注译及评介》）

第十五章

古之善为道者，微妙玄通，深不可识①。

夫唯不可识，故强为之容②：

豫兮若冬涉川③，犹兮若畏四邻④，俨兮其若客⑤，涣兮其若冰之将释⑥，敦兮其若朴⑦，旷兮其若谷⑧，混兮其若浊⑨，澹兮其若海，飂兮若无止⑩。

孰能浊以静之徐清⑪？孰能安以久动之徐生⑫？保此道者不欲盈⑬。

夫唯不盈，故能敝而新成⑭。

[自圆其说]

① 善为道者：善于遵从道而行的人。第二十一章"孔德之容，唯道是从"，亦即此意。王弼本等通行诸本多为"善为士者"，唯傅奕本、帛书乙本作"善为道者"（甲本缺）。根据本章文意及与末句"保此道者"呼应，当从帛书乙本改"士"为"道"。微妙玄通：精微奥妙，幽远通达。深不可识：深邃得不可认识。"古之善为道者"三句：古代善于遵从道而行的人，精微奥妙，幽远通达，深邃得不可认识。

② 强：勉强。之：即上文"善为道者"，此指女性（她）。老子主阴贵柔，常借用女性的生殖器及生殖过程来描述道及道生万物。容：形容，描述。"夫唯不可识"二句：正因为不可认识，所以才勉强地对她为道得道过程加以描述。

③ 豫：本指大象，此指犹豫，迟疑谨慎的样子。《说文解字》："豫，大象。"若冬涉川：像冬天走过冰河，小心翼翼，不敢妄进。这就如《诗经·小雅·小旻》所说"战战兢兢，如临深渊，如履薄冰"。豫兮若冬涉川：她迟疑谨慎啊，好像冬天走过冰河。

④ 犹：一种猿类动物，此指警觉戒惧的样子。四邻：四周邻里。犹兮若畏四邻：她警觉戒惧啊，好像害怕四周邻里侵害。

⑤ 俨：恭敬，庄严。《尔雅·释诂》："俨，敬也。"客：宾客。王弼本作"容"字，据河上公本、帛书本、竹简本改为"客"。俨兮其若客：她恭敬拘谨啊，好像来自远方的宾客。

⑥ 涣：涣散，放松。释：融解，分解。《说文解字》："释，解也。"涣兮其若冰之将释：她放松舒缓啊，好像冰凌将要融解。

⑦ 敦：敦厚，纯朴。朴：素朴，此指本性，原指还没有加工成器的原始木材。《说文解字》："朴，木素也。"老子说"见素抱朴"（第十九章），又说"朴散则为器"（第二十八章），与此旨意一致。敦兮其若朴：她本性敦朴啊，好像未经加工的原木。

⑧ 旷：空旷，开阔。谷：两山之间水流经过的狭长而有出口的通道。可参见第六章〔自圆其说〕注释。旷兮其若谷：她空旷开阔啊，好像泉出通川的山谷。

⑨ 混：迷糊、眩晕。浊：浊水。混兮其若浊：她迷糊眩晕啊，好像一池混沌不清的浊水。

⑩ 澹：读 dàn，深沉、恬静，此指沉醉、陶醉。《广雅·释诂》："澹，静也。"飂：读 liù，大风飞扬，此指激动飞扬的样子。《说文解字》："飂，高风也。""澹兮其若海"二句：她陶醉沉醉啊，好像深湛大海；她激动飞扬啊，好像狂风不停。"澹兮其若海，飂兮若无止"，原是第二十章的文字，严灵峰认为按照上下文义和句例，应为此章文字。今从之。

⑪ 孰能：谁能够。静之：使之静，指使她平静下来。徐清：慢慢清醒起来。孰能浊以静之徐清：谁能在她沉醉的时候，使她平静下来，慢慢清

醒起来。

⑫　动之：使之动，指使她激动起来。徐生：慢慢滋生开来。孰能安以久动之徐生：谁能在她安静很久之后，使她激动起来，慢慢滋生开来。

⑬　此道：指上两句所言"静之徐清""动之徐生"之道。盈：盈满，此指高潮。不欲盈：不想达到高潮。保此道者不欲盈：保持这个"道"的人，不想达到高潮。

⑭　敝：陈旧。一作"蔽"。敝而新成：旧的过去，新的形成。此句与第二十二章"敝则新"同义。河上公本、帛书乙本、王弼本、苏辙本、林希逸本、吴澄本皆作"蔽不新成"。清代易顺鼎在《读老札记》中指出"疑当作'故能敝而新成'。'蔽'者，'敝'之借字；'不'者，'而'之误。'敝'与'新'对。'能敝而新成'者，即二十二章所云'敝则新'。"今从易说。"夫唯不盈"二句：正因为她不想达到高潮，所以她能够在旧的体验过去之后新的感受又形成了。

[今译今读]

古代善于遵从道而行的人，精微奥妙，幽远通达，深邃得不可认识。正因为不可认识，所以才勉强地对她为道得道过程加以描述。

她迟疑谨慎啊，好像冬天走过冰河；

她警觉戒惧啊，好像害怕四周邻里侵害；

她恭敬庄严啊，好像来自远方的宾客；

她放松舒缓啊，好像冰凌将要融解；

她敦厚纯朴啊，好像未经加工的原木；

她空旷开阔啊，好像泉出通川的山谷；

她含蓄迷糊啊，好像一池混沌不清的浊水；

她陶醉沉醉啊，好像深湛大海；

她激动飞扬啊，好像狂风不停。

谁能在她沉醉的时候，使她平静下来，慢慢清醒起来？

谁能在她安静很久之后，使她激动起来，慢慢滋生开来？

保持这个"道"的人，不想达到高潮。正因为她不想达到高潮，所以她能够在旧的体验过去之后新的感受又形成了。

[高谈阔论]

本章说为道如做爱。

古今注家对本章大多只作字面含义解释，支离破碎，皆不得老子之旨。

本章与第六章、第二十一章、第六十一章旨意一致，皆以房中术喻帝王术，以男女性生活"常道"喻示圣王治国安民之"非常道"。第六章以雌性阴道（牝）喻老子之道（玄牝），阐明道如阴道；第二十一章以"有精"怀孕喻得道，阐明得道如怀孕；第六十一章以男女性交喻国家外交，阐明外交如性交；本章以男女做爱喻君王"为道"，阐明为道如做爱。在老子看来，做爱者的"接阴之道"（按：古代房中术专用名称，又称为"阴道"，《汉书·方技略》记载有《容成阴道》《尧舜阴道》《天一阴道》等古代房中书目录。一直到近代，"阴道"才被专指雌性生殖器）与"善为道者"的"唯道是从"是微妙玄通的。

老子主阴贵柔，常借用女性的生殖器及生殖过程来描述道及道生万物。老子在本章描述的"善为道者"，专指女性（她）。"豫兮若冬涉川"至"孰能安以久动之徐生"，总共十一句，描述了女性在做爱不同阶段的性反应。老子描述的女性性反应特征在二十世纪六十年代被美国实证主义性学家 W. 马斯特斯（William Masters）和 V. 约翰逊（Virginia Johnson）夫妇证实，竟然与他们提出的性反应周期理论基本吻合。马斯特斯和约翰逊自 1954 年开始，历经 10 年，对人类性行为、性反应进行解剖学和生理学调查。调查的 694 人当中，276 人是未婚者，男子从 21 岁到 89 岁，女子从 18 岁到 78 岁。他们借助能够观察到阴道内部的微型器械等最新科学技术，详细地观察和记录了人类性行为中所引起的各种身体变化。1966 年出版了他们观察测定的成果报告《人类性反应》一书，他们将人类性行为中的身体反应分为四个阶段：兴奋期、平台期、高潮期、消退期，这就是性反应周期。他们所描述的女性性反应周期中四个阶段的生理心理特征竟然与本章所描述的女性做爱体验惊人相似。

"豫兮若冬涉川、犹兮若畏四邻、俨兮其若客、涣兮其若冰之将释、敦兮其若朴"五句，对应了女性在第一阶段"兴奋期"的性反应，从犹豫畏惧，到羞涩紧张，到释放性本能，是一个逐渐启动性欲的过程；"旷兮其若谷、混兮其若浊"二句，对应了女性在第二阶段"平台期"的性反应，交媾中强烈的欣快感和亲热感使女性产生迷糊、眩晕甚至昏厥的感觉；"澹兮其若海，飂兮若无止"二句，对应了女性在第三阶段"高潮期"的性反应，女性呼吸加快，性紧张传递的快感高潮像一股温暖的浪潮，产生波浪式的肌肉挛缩、抽搐，甚至产生瞬时眩晕的快感，以至达到犹如翻江倒海、狂风暴雨般的高潮。"孰能浊以静之徐清"，描述的是女性在第四阶段"消退期"的性反应，女性在高潮沉醉之后慢慢平静下来，慢慢清醒起来，这标志着一个性反应周期的结束。老子接着又提出"孰能安以久动之徐生？"意思是：谁能在她安静很久之后，再次使她激动起来，慢慢滋生开来？这实际上是启动新一轮性反应周期，追求连续性高潮。马斯特斯和约翰逊研究成果也表明，男性在消退期的初期处于不应期，这个期间既使给以刺激也不能再达到性紧张状态，而女性性高潮过后只下降到平台期，受刺激可再次达到高潮。

老子认为，想保持连续高潮的人，不能每次达到高潮，正因为不达到高潮，所以才能够在旧的性体验过去之后新的性感受又形成了。为道也如此，关键在保持"不欲盈"，能守住"不欲盈"，"能敝"，就能"新成"，长久常新。"敝而新成"，是善为道者的"微妙玄通"。

古代房中书《合阴阳》《天下至道谈》等也有对女性性反应的描述，有"五征""五欲""五音""五气""九气"之说，与本章老子描述的女性性反应特征基本相似。房中术是道教养生修炼术，是《老子》流传中的异化，老子在本章讲男女性生活"常道"旨在喻示圣王治国安民之"非常道"。张爱玲在《色，戒》中说："到女人心里的路通过阴道。"男女做爱，越做越爱。圣王治国安民如男女做爱，男人善做爱则得女人心，圣王善治国则得百姓心。房中术与帝王术是相通的。

[众说纷纭]

王弼说"夫晦以理物则得明，浊以静物则得清，安以动物则得生，此自然之道也。"（《老子注》）

文子说："豫兮其若冬涉大川者，不敢行也；犹兮其若畏四邻者，恐自伤也；俨兮其若客者，谦恭敬也；涣兮其若冰之液者，不敢积藏也；敦兮其若朴者，不敢廉成也；混兮其若浊者，不敢清明也；广兮其若谷者，不敢盛盈也。进不敢行者，退不敢先也；恐自伤者，守柔弱不敢矜也；谦恭敬者，自卑下尊敬人也；不敢积藏者，自损弊不敢坚也；不敢廉成者，自亏缺不敢全也；不敢清明者，处污辱而不敢新鲜也；不敢盛盈者，见不足而不敢自贤也。夫道退故能先，守柔弱故能矜，自卑下故能高人，自损弊故实坚，自亏缺故盛全，处浊辱故新鲜，见不足故能贤，道无为而无不为也。"（《文子·上仁》）

林希逸说："不欲盈者，虚也。敝，故也。保此道者，其中常虚，则但见故而不新，此便是首章所谓'常道'。处敝而不新，则千载如一日矣。能如此而后为道之大成。'是以能敝不新'是一句，'成'是一句。"（《老子鬳斋口义》）

吴澄说："'浊'者动之时也，动继以静，则徐徐而清矣……'安'者静之时也，静继以动，则徐徐而生矣。安谓定静，生谓活动。盖惟浊故清，惟静故动。"（《道德真经注》）

高亨说："这一章是老子的人生论。老子提出七个论点：小心谨慎，心怀畏惧，对人恭敬，顺着潮流而动，保持天真，内心谦虚，不为苛察。并指出不苛察才能明察，谦虚才能充实，不自满才能转败而为功。老子是东周王朝一个小官吏，备受奴隶主贵族的压迫，曾经被逐至鲁，晚年又失去

职业。他抱着这样的人生哲学，是客观环境形成的，是毫不足怪的。"（《老子注译》）

傅佩荣说："以上连续七个比喻表明此人是善于行'道'者，而从七个方面一起看的话，就会发现这就是最高的智慧：小心谨慎，提高警觉，才能够让自己安全；拘谨严肃，自在随意是适应环境的需要；淳厚实在，空旷开阔是自己本身；混同一切，是本身的修养。如此一来，就不会遇到任何挑剔或特别的压力。"（《傅佩荣细说老子》）

陈鼓应说："本章是对体道之士的描写……从'豫兮，若冬涉川'；到'混兮其若浊'这七句，写出了体道者的容态和心境：慎重、戒惕、威仪、融和、敦厚、空豁、浑朴、恬静、飘逸等人格修养的精神面貌。"（《老子注译及评介》）

易中天说："很清楚，低姿态，在下面，学女人，对内就能长治久安，对外就能游刃有余，在世界上就能真当老大。看来，从房中术到帝王术，从'阴道'到'霸道'，也只有一步之遥。"（《中国智慧·老子的方法》）

第十六章

致虚极，守静笃，万物并作，吾以观复^①。

夫物芸芸，各归其根^②。归根曰静，是谓复命^③。复命曰常，知常曰明^④。不知常，妄作凶^⑤。知常容，容乃公，公乃王，王乃天，天乃道，道乃久^⑥，没身不殆^⑦。

[自圆其说]

① 致：推致，达到。虚：虚空、虚无。极：极致、极点，转折点。静：寂静。笃：与"极"同义。并：全、一起。作：生长、变化。以：用、凭。复：往返。《尔雅·释诂》："复，返也。"《说文解字》："复，往来也。""致虚极"四句：虚空到极致，守静到极点，万物一起变化，我从中观察它们的循环往复。

② 芸芸：繁盛众多之貌，与"芸芸众生"的"芸芸"同义。归：返回。根：根源、根本。"夫物芸芸"二句：万物繁盛众多，都各自返归自身的本原。

③ 复命：归复本性。命：即性。《礼记·中庸》："天命之谓性。""归根曰静"二句：返归本原就是寂静，也就是复归本性。

④ 常：万物生长的常态、常规，即自然"常道"。明：指明道，即明圣王治国安民"非常道"。知常曰明：知自然"常道"而明圣王"非常道"。"复命曰常"二句：复归本性乃是"常道"，了解"常道"就能明"非常道"。第五十五章"知和曰常，知常曰明"，可与此互参。

⑤ 妄作：轻举妄动。凶：灾祸。"不知常"二句：不了解常道，轻举妄动就会招致灾祸。

⑥ 容：包容、宽容。公：公正、公平。王：周全、周遍。王弼本作"王"，而注曰："无所不周普。"劳健《老子古本考》谓"王"字乃"全"字之讹。通行诸本均作"王"，帛书甲乙本亦作"王"，作"全"、作"周"皆属推衍臆说，不足为证。天：自然。久：长久。"知常容"六句：了解了常道才能包容，包容了才能公正，公正了才能周全，周全了才能合于自然，合于自然了才能合于道，合于道了才能长久。

⑦ 没：通"殁"。没身：终身至死。殆：危险。没身不殆：终身不会有危险。

[今译今读]

虚空到极致，守静到极点。万物一起变化，我从中观察它们的循环往复。

万物繁盛众多，都各自返归自身的本原。返归本原就是寂静，也就是复归本性。复归本性乃是常道，了解常道就能明非常道。不了解常道，轻举妄动就会招致灾祸。了解了常道才能包容，包容了才能公正，公正了才能周全，周全了才能合于自然，合于自然了才能合于道，合于道了才能长久。这样就能终身不会有危险。

[高谈阔论]

本章说"观复明道"。

本章前后两段，前一段阐述由观万物"复归"而知万物生长之"常道"。老子构划了一张万物生长演变的路线图：首观"虚""静"，这是万物的初始状态；再观"万物并作"，致虚、守静达到极点，物极必反，由"虚极"而实，由"静笃"而动，故万物一起生长变化，繁荣茂盛；三观"归根""复命"。万物从荣到枯，最后终归寂灭，复归到万物的初始本根，复归本根就是回到"虚静"状态。从"虚静"到"虚极静笃"，到"并作"，到"芸芸"，到"归根"，最终回归到"虚静"，这整个往返过程就叫"复命"。

后一段阐明"观复"的目的在于"明道"。"归根""复命"，是自然界存在的常态，是万物生长变化的常规，也就是"常道"。所谓"知常曰明"者，即知"常道"而明"非常道"也，就是要通过认识了解万物生长之"常道"来明白懂得圣王治国安民之"非常道"。认识了解这种"非常道"，才算聪明，不了解不懂得这种"非常道"，并且轻举妄动，就会有凶险。懂得这种"非常道"，就要用它。用它才能做公侯，才能做圣王，才能合于自然，才能合于道，才能长久，一辈子都没有危险。

[众说纷纭]

河上公说："得道之人，捐情去欲，五内清静，至于虚极。"（《老子道德经河上公章句》）

苏辙说："万物皆作于性，皆复于性。譬如华叶之生于根而归于根，涛澜之生于水而归于水耳。苟未能自复于性，虽止动息念以求静，非静也。故惟归根，然后为静。命者，性之妙也。性犹可言，至于命则不可言矣。易曰：'穷理尽性，以至于命'。圣人之学道，必始于穷理，中于尽性，终于复命。"（《道德真经注》）

张舜徽说："'复命，常也；知常，明也。'各本均作'复命曰常，知常曰明'，今据帛书甲、乙本写正。此言安静可以复还性命，乃物理之常；知此常理而能守之，然后谓之明也。"（《周秦道论发微·老子疏证》）

陈鼓应说："本章还说到'归根''复命'。'归根'就是要回归到一切存在的根源。根源之处，便是呈虚静的状态。而一切存在的本性，即是虚静的状况，还回到虚静的本性，就是'复命'的思想……老子复归的思想，乃就人的内在之主体性、实践性这一方向作回省工作。他以为人心原本清明透澈的，只因为智巧嗜欲的活动而受骚乱与蒙蔽。故应舍弃智巧嗜欲的

活动而复归于原本的清净透明的境地。"(《老子注译及评介》)

黄瑞云说:"本章所论,谓虚静乃能观万物变化,万物变化皆复归其本根。老子显然从有生必有死这一普遍现象得到他的哲学观念,认为万物芸芸,最终都要归返本根,即归于无。因此他主张致虚守静,以静观变化。这是老子'无为'主义的哲学基础。"(《老子本原》)

第十七章

　　太上，下知有之①；其次，亲而誉之②；其次，畏之③；其次，侮之④。

　　信不足焉，有不信焉⑤。悠兮其贵言⑥。

　　功成事遂，百姓皆谓我自然⑦。

[自圆其说]

　　① 太上：最上、至上，指最好的人主、君王。下：指居下位的民众。诸本中多作"不"，即"不知有之"。但王弼本、河上公本、傅奕本等作"下"，帛书甲乙本亦作"下"。诸本将"下知有之"改为"不知有之"，不仅无据，于义理亦嫌过于绝对，不合老子旨意。"太上"二句：最好的君王，民众只知道有他存在。

　　② 亲而誉之：亲近而赞誉之。"其次"二句：次等的君王，民众都亲近而赞誉他。

　　③ 畏：畏惧，害怕。"其次"二句：再次等的君王，民众都害怕他。

　　④ 侮：轻慢、蔑侮。"其次"二句：更次等的君王，民众都轻侮他。

　　⑤ 信：诚信。不信：不依赖。"信不足焉"二句：君王的诚信不足，就会有民众不信赖他。

　　⑥ 悠：通"犹"，谨慎。贵：珍贵、贵重。贵言：珍惜言说，与第二十三章"希言"同义。悠兮其贵言：最好的君王，总是谨慎，珍惜言说，从不轻易言说。

⑦ 遂：成功、完成。百姓：百官族姓，在此泛指民众。自然：即自然自成，自己完成。《广雅·释诂》："然，成也。"我自然：我自己完成。"功成事遂"二句：大功告成，事业完成，民众都说："我自己完成。"第五十七章所说"我无为而民自化，我好静而民自正，我无事而民自富，我无欲而民自朴"，其中"自化""自正""自富""自朴"，正是"自然"之义；"无为""好静""无事""无欲"之"我"，正是本章老子赞美的"太上"之君王。

[今译今读]

最好的君王，民众只知道有他存在；次等的君王，民众都亲近而赞誉他；再次等的君王，民众都害怕他；更次等的君王，民众都轻侮他。

君王的诚信不足，就会有民众不信赖他。最好的君王，总是谨慎，珍惜言说，从不轻易言说。

大功告成，事业完成，民众都说："我自己完成。"

[高谈阔论]

本章说君王四个等级。

本章应与第三十八章合读，第三十八章讲君王与道关系，本章讲君王与民众关系，角度不同，主旨一致。老子根据民众对君王的态度，把君王分为四等：

最上等君王，以道治国，拥有"上德"，"上德无为"，所以，君王有功于民众，而民众不知他有功，只知道他存在。

二等君王，"失道而后德""下德为之"，君王以德治国，所以，民众亲近并赞美君王；

三等君王，"失德而后仁，失仁而后义"，君王以"仁义"治国，所以，民众对君王感到畏惧；

四等君王，"失义而后礼"，君王以礼治国，反而造成失信和混乱

（"夫礼者，忠信之薄而乱之首"），君王"信不足"，民众"有不信"，所以，民众对君王加以轻蔑和侮辱。

最上等的君王，就是老子推崇的圣王。最后，老子认为，圣王要做二件事：一是行不言之教，二是处无为之事。圣王行不言之教，所以，他慎言少说（"悠兮其贵言"）；圣王处无为之事，所以，大功告成，事情办好了，百姓都说是我自己完成的（"功成事遂，百姓皆谓我自然"）。在此，老子进一步申说第二章"圣人处无为之事，行不言之教"旨意。

"自然"一词，在中国文化典籍中首见于《老子》。《老子》中五用"自然"，首见于本章。除了本章外，还有四处：

（1）"希言自然。"（第二十三章）

（2）"道法自然。"（第二十五章）

（3）"夫莫之命而常自然。"（第五十一章）

（4）"以辅万物之自然而不敢为。"（第六十四章）

老子所用"自然"一词，既不同于今日所谓山川草木自然界之"自然"，也有别于现代汉语做形容词或副词之"自然"一词，它有其特定内容，是主谓结构合成词。"自然"即自成之意，其本意为不借他力，自然而然、自己如此、自我完成也。

[众说纷纭]

河上公说："太上谓太古无名之君也。下知有之者，下知上有君，而不臣事，质朴也。"（《老子道德经河上公章句》）

吴澄说："太上，犹言最上，最上谓大道之世，相忘于无为，民不知有其上也。"（《道德真经注》）

奚侗说："悠，远也。悠兮，静默之象。'贵言'谓矜贵其言。二章所谓圣人'行不言之教'也。"（《老子集解》）

张舜徽说："太上，犹云最高也。乃就分别人君等次而言，不必以太古解之也。此谓人主之最高者，通于无为之道，为之下者，但知有其君而已，未见自贤其才智也。其好自用之君，为所亲近而誉美之者，则其次焉者也。又次，乃为下所畏恶矣；最下，则为下所攻杀矣。此言君道以无为为最高也。"（《周秦道论发微·老子疏证》）

黄瑞云说："本章论为政贵自然，主张不困扰百姓，对人民以诚信相待。这种见解，是老子政治论中最可贵的部分。如果真正'功成事遂'，而百姓皆谓'我自然'，他们没有沉重的负担，不遭受迫害打击，不需要歌功颂德，不需要匍匐在地'敬祝万寿无疆'；民忘于治，若鱼忘于水，实在是一种美好的理想。"（《老子本原》）

第十八章

大道废，有仁义①；智慧出，有大伪②；六亲不和，有孝慈③；国家昏乱，有忠臣④。

[自圆其说]

① 大道：老子之道别名。第二十五章所说"吾不知其名，字之曰道，强为之名，曰大"，即为此意。废：废除、废弃。"大道废"二句：大道被废除，则出现了所谓的仁义。第三十八章"故失道而后德，失德而后仁，失仁而后义"，亦即此意。

② 智：通"知"。《释名·释言语》："智，知也，无所不知也。"慧：聪敏、聪明。《说文解字》："慧，儇也。"儇，即敏的意思。伪：伪诈。"智慧出"二句：智巧出现了，才会有伪诈。

③ 六亲：父子、兄弟、夫妇，泛指近亲。孝慈：孝敬慈爱。下敬上谓孝，上施爱于下谓慈。"六亲不和"二句：六亲不和了，才会有孝慈。

④ "国家昏乱"二句：国家昏乱了，才会有忠臣。

[今译今读]

大道离弃了，才会有仁义；智巧出现了，才会有伪作；六亲不和了，才会有孝慈；国家昏乱了，才会有忠臣。

[高谈阔论]

本章说大道废后的"四有"社会现象。

本章承接上章文义贯通而下，"大道"一降再降，便出现了上章描述的君王从太上到次而又次的四个等级；然而再三下降，而至于大道废除，则又出现了四种社会现象。老子观察社会现象，概括了四对相反相对的社会问题。老子认为，由于大道废弃，社会上有了不仁不义，才有人提倡"仁义"；由于社会上出现了智巧，才有了大量的伪诈；由于社会上存在"六亲不和"问题，才有人倡导"孝敬慈爱"；由于国家昏乱，才有人赞赏"忠臣"。本章为下章阐述圣王治国安民"非常道"："三绝三弃"提供了立论前提。

[众说纷纭]

河上公说："政令不行，上下相怨，邪僻争权，乃有忠臣匡正其君也。此言天下太平不知仁，人尽无欲不知廉，各自洁己不知贞。大道之世，仁义没，孝慈灭，犹日中盛明，众星失光。"（《老子道德经河上公章句》）

苏辙说："大道之隆也，仁义行于其中，而民不知。道既废，而后仁义见矣。世不知道之足以澹足万物也，而以智慧加之，于是民始以伪报之矣。"（《道德真经注》）

吴澄说："上文'不知有之'者，大道也。'亲誉之'者，仁义也。'畏侮之'者，智慧也。自大道一降再降，已是三等，智慧又变为大伪，则共有四等也。然大道废而后有仁义，则其变犹稍缓，智慧出而遽有大伪，则其变为甚亟。四者之分，与邵子所言'皇帝王伯，圣贤才术'之等略相似。"（《道德真经注》）

任继愈说："所谓仁义、智慧、孝慈、忠臣，老子认为这是病态社会才会出现的反常现象，在合理的社会中不会产生这些所谓道德。"（《老子绎读》）

陈鼓应说："鱼在水中，不觉得水的重要；人在空气中，不觉得空气的重要；大道兴隆，仁义行于其中，自然不觉得有倡导仁义的必要。等到崇尚仁义的时代，社会已经是不纯厚了。"（《老子注译及评介》）

第十九章

　　绝圣弃智，民利百倍①；绝仁弃义，民复孝慈②；绝巧弃利，盗贼无有③。

　　此三者，以为文不足，故令有所属④：见素抱朴，少私寡欲⑤。

[自圆其说]

　　① 绝：断绝。《说文解字》："绝，断丝也。"圣：指某一方面精通者。《说文解字》："圣，通也。"段玉裁注："凡一事精通，亦得谓之圣。"老子积极肯定的"圣人"一词在书中出现 32 次，专指"惟道是从"（第二十一章）的圣王。仅在本章出现的单个"圣"字，指学识精通者，与"智""仁""义""巧""利"并举，是老子所否定的。智：智慧。"绝圣弃智"二句：绝弃圣智，民众会获利百倍。第六十五章"以智治国，国之贼；不以智治国，国之福"，可与此互参。

　　② "绝仁弃义"二句：绝弃仁义，民众会敬老爱幼。

　　③ 巧：技巧，与"投机取巧"之"巧"同义。利：私利、利己。"绝巧弃利"二句：绝弃巧利，盗贼会从此绝迹。第五十七章"民多利器，盗贼多有"，亦即此意。

　　④ 此三者：指绝圣弃智、绝仁弃义、绝巧弃利。文：文饰，与下文的"素""朴"相对。以为：用来，作为。属：归依、适从。令有所属：要使民众有所归依。"所属"者，即指下文"见素抱朴，少思寡欲"也，与前三者"绝圣弃智、绝仁弃义、绝巧弃利"相对应。"此三者"三句：这三条是

用来文饰不足的，所以要使民众有所归依。

⑤ 见：通"现"，显现。素：丝不染为素。见素：指现其本真，本色天性自然流露。抱：抱持、坚守。朴：木未雕为朴。抱朴：指守其淳朴，本质纯真原始朴实。少私：此指减少私心，当知足。寡欲：此指减少私欲，当知止。"见素抱朴"二句：现其本真守其纯朴，减少私心降低私欲。

[今译今读]

绝弃圣智，民众会获利百倍；绝弃仁义，民众会敬老爱幼；绝弃巧利，盗贼会从此绝迹。

这三条是用来文饰不足的，所以要使民众有所归属：这就是现其本真守其纯朴，减少私心降低私欲。

[高谈阔论]

本章承接上章续说圣王治国安民"非常道"："三绝三弃"。

上章看病，找出问题；本章开药方，解决问题。老子认为，圣智、仁义、巧利这三样东西是人们赞赏、称道和追求的，只能作为政治的装饰，根本不能用来治理国家，应该另找办法。老子反"常道"而行之，提出了"非常道"："绝圣弃智""绝仁弃义""绝巧弃利"。圣王实行"三绝三弃"，民众有百利而无一害，社会恢复孝慈本性，盗贼彻底消失，民众现其本真守其纯朴，减少私心降低私欲，圣王就可以没有忧患了。

最后，老子指出，"三绝三弃"这三种东西，用来作为文治制度，是不足以达到国家的大治的，所以还应当有所选择与归属。既然种种问题都是由于"大道废"造成的，解决这些问题，那就要回归到自然无为的大道，回归到民心、民性、民情的素朴与寡欲，即"见素抱朴，少私寡欲"。

[众说纷纭]

河上公说："绝圣制作，反初守元。五帝画象，苍颉作书，不如三皇结

绳无文。弃智慧，反无为。"(《老子道德经河上公章句》)

林希逸说："此意盖谓文治愈胜，世道愈薄，不若还淳反朴，如上古之时也。此亦一时愤世之言。"(《老子鬳斋口义》)

王力说："老子之弃智、绝学，实由崇俭而生。人欲求生活欲之满足，则必学以致其用；制为利器，创为良规，以适应之。老子既力求俭啬，由文返朴由博返约，则学问智慧，何所用之？故知其弃智、绝学，根于崇俭也……老子之去欲，根于弃智。无智，自然无欲；无所禁制于其间，与儒家制欲主义不同。"(《老子研究》)

高亨说："《老子》书称圣人者凡三十许处，皆视为至高之人而无诋訾之语，此乃云绝圣者，非自相矛盾也……本章圣与智、仁、义、巧、利并举。其例正同。综而观之，此圣字仅是博通深察；可云大智曰圣，与圣人之圣异义。《庄子·天下篇》：'以天为宗，以德为本，以道为门，兆于变化，谓之圣人。'此圣人之义也。"(《老子正诂》)

张舜徽说："见素抱朴，谓不尚文饰也，承上文'绝仁弃义'言；少私寡欲，谓不贪异货也，承上文'绝巧弃利'言；绝学无忧，谓不矜才能也，承上文'绝圣弃智'言。三者相应，前后不乱，乃总结上文之辞。各本多以'绝学无忧'一语，误连下文'唯之与阿'以下文句别为一章，失之。"(《周秦道论发微·老子疏证》)

陈鼓应说："老子在本章中所流露的愤世之言，乃是针对虚饰的文明所造成的严重灾害而发的。"(《老子注译及评介》)

第二十章

绝学无忧①。

唯之与阿，相去若何②？美之与恶，相去若何③？人之所畏，不可不畏。荒兮其未央哉④！

众人熙熙，如享太牢，如春登台⑤。我独泊兮其未兆，如婴儿之未孩，傫傫兮若无所归⑥！

众人皆有余，而我独若遗⑦。

我愚人之心也哉，沌沌兮⑧！俗人昭昭，我独昏昏⑨；俗人察察，我独闷闷⑩。

众人皆有以，而我独顽似鄙⑪。

我独异于人，而贵食母⑫。

[自圆其说]

① 学：学识，义同第四十八章"为学日益"之"学"。忧：心忧、思虑。绝学无忧：绝弃学识，无忧无虑。

② 唯：敬诺之声，美声。《说文解字》："唯，诺也。"阿：通"诃"或"呵"，怒应之声，恶声。《说文解字》："诃，大言而怒也。""唯之与阿"二句：敬诺与怒应，相差有多少？

③ "美之与恶"二句：美好与丑恶，相差在哪里？此句"美"字，王弼本以及其他通行本作"善"，傅奕本、帛书甲本作"美"。第二章"天下皆知美之为美，斯恶已"，也是美恶相对，故应作"美"。

④ 人：指众人。畏：畏惧、敬畏。荒：乱，此指内心慌乱。央：尽、止。荒兮其未央哉：内心慌乱无止境啊！"人之所畏"三句：众人所畏惧的，我也不可不畏惧，内心慌乱无止境啊！

⑤ 熙熙：高兴喧闹的样子。《释文》："熙熙，纵情欲也。"享：通"飨"，宴享筵席之谓。本意乃祭祀而神来享用祭品，后衍生为享宴之享。太牢：指牛、羊、猪三牲具备。将牛、羊、猪圈养着，备作祭祀时使用，称为"太牢"。享太牢：指享用丰盛的筵席。如春登台：好像春天登上高台远眺赏玩。"众人熙熙"三句：众人喜气洋洋兴高采烈，好像享用丰盛的筵席，又像春天登上高台远眺赏玩。

⑥ 泊：淡泊、恬静。兆：征兆、迹象。未兆：不显现，没有迹象，指无情无欲。孩：通"咳"，婴儿笑貌。《说文解字》："咳，小儿笑也。"如婴儿之未孩：好像初生婴儿，尚不能笑，此指无喜怒哀乐之情。儽儽：读 lěi，疲累、倦怠。《广雅·释训》："儽儽，疲也。"此处不是身体状况的疲倦，而是指心灵上对外物的疏离。若无所归：指心灵不执着于任何外物。"我独泊兮其未兆"三句：我独自一人淡泊宁静，一点也不动心，好像初生的婴儿浑然无知；对身外之物倦怠啊，不执着于任何外物。

⑦ 遗：通"匮"，不足。"众人皆有余"二句：众人好像什么都有余，唯独我好像什么都不足。

⑧ 愚人：老子自嘲。沌沌：无知之貌，浑然无知、愚昧无知。"我愚人之心也哉"二句：我真是愚昧心智啊，一副浑然无知的样子。可与首句"绝学无忧"对看，因"绝学"而对机巧之事全然不懂，对于人和事，只是混沌一片。

⑨ 昭昭：明白之貌，明白、精明。昏昏：混沌之貌，糊涂、蒙昧。"俗人昭昭"二句：世人都那么精明，唯独我这么糊涂。

⑩ 察察：明辨之貌，清楚、明辨。《尔雅·释诂》："察，清也。"闷闷：昏昧之貌，懵懂、愚钝。"俗人察察"二句：世人都那么明辨，唯独我这么懵懂。

⑪ 有以：有用、有为。顽：愚钝。似：且。鄙：浅陋。"众人皆有以"二句：众人都能有所作为，唯独我愚顽浅陋。

⑫ 母：道也，与第五十二章"天下有始，以为天下母"之"母"同义。食母：即以母（乳）为食，此指以道修身，即第五十四章"修之于身"之意。贵食母：意动用法，以"食母"为贵，即看重以道修身。"我独异于人"二句：唯独我不同于众人，我只看重以道修身。

[今译今读]

绝弃学识，无忧无虑。

敬诺与怒应，相差有多少？美好与丑恶，相差在哪里？众人所畏惧的，我也不可不畏惧，内心慌乱无止境啊！

众人喜气洋洋兴高采烈，好像享用丰盛的筵席，又像春天登上高台远眺赏玩。我独自一人淡泊宁静，一点也不动心，好像初生的婴儿浑然无知；闲散疲惫啊，又好像无家可归。

众人好像什么都有余，唯独我好像什么都不足。我真是愚昧心智啊，一副浑然无知的样子。

世人都那么精明，唯独我这么糊涂。世人都那么明辨，唯独我这么懵懂。众人都能有所作为，唯独我愚顽鄙陋。

唯独我不同于众人，我只看重以道修身。

[高谈阔论]

本章说"绝学无忧"。

"绝学无忧"，王弼本属第二十章首句，有的注本认为此句应为第十九章末句，理由是与该章"三绝三弃"句式相同，文义相通。高亨持此说，并提出三个证据（详见本章［众说纷纭·高亨说］）。帛书本出土后，此句甲本残缺，乙本将其置于第十九章与第二十章之间，乙本未分章节，归属问题没能得到解决。竹简本的出土，解决了这一问题。竹简本乙组中此句的位置是上面接着相当于今本的第四十八章之末，下面是相当于今本第二十章文句之首，因此可明此句应从王弼本，应当在第二十章之首，不当在第十九章之末。竹简本还启示我们，此章又连着相当于今本第四十八章的文字，这说明"绝学无忧"与第四十八章的意义有着联系，即第二十章所说"绝学无忧"之"学"与第四十八章所说"为学日益，为道日损"之"学"，是意义相合的。另外，今本第二十章又与第十九章相接，又显示了意义上的联系。所以，第十九章、第二十章、第四十八章，诸章合读，旨意贯通，理解更为深刻。

在老子看来，第十九章所说"三绝三弃"，绝弃得还不够绝，只有归结到"绝学"才够绝，才能"无忧"。本章之"我"的种种表现，实际上便都是"无忧"的注脚。

敬诺与怒应，美与恶，相差多少，很难分辨，但社会总有一个大家敬畏、不敢突破的价值标准，大家敬畏的，我也不可不敬畏。这些价值标准，需要通过学习才能知道，不学不知道，一学吓一跳。所以，学则有忧，绝学则无忧。

凡可"学"的对象，无非是世俗技艺，如礼、乐、射、御、书、数等六艺之类，或道德礼仪，如仁、义、礼、智、信之类，而所有这些东西，都是"大道废"之后才出现的，是用来文饰不足的（"以为文不足"），所以"为学"无益于"为道"。老子认为，"为学日益，为道日损"。为学做加法，为道做减法。"道"不是"学"的对象，"学"反而是"为道"的累赘，所以应当"绝"去。

众人以"有余、有以、熙熙、昭昭、察察"为喜，"我独异于人"，我不以"若遗、顽鄙、沌沌、儡儡、昏昏、闷闷"为忧，反而觉得"无忧"。

最后一句正面表明本意：我独异于众人，是因为我重视以道修身，并与首句"绝学无忧"相呼应，修道过程即是"绝学"过程，经过一番绝弃、减损，最后以至于无知无欲，"绝学"而洞然明达于道体，则"无忧"矣。

［众说纷纭］

王弼说："众人迷于美进，惑于荣利，欲进心竞，故熙熙如享太牢，如春登台也。"（《老子注》）

苏辙说："为学日益，为道日损，不知性命之正，而以学求益增其所未闻，积之不已，而无以一之，则以圆害方，以直害曲，其中纷然，不胜其忧矣。患夫学者之至此也，故曰'绝学无忧'。若夫圣人，未尝不学，而以道为主，不学而不少，多学而不乱，廓然无忧，而安用绝学耶？"（《道德真经注》）

高亨说："此句（按：指"绝学无忧"）应属本章（按：指十九章），请列三证。'绝学无忧'与'见素抱朴，少私寡欲'句法相同，若置在下章，为一孤立无依之句，其证一也。足、属、朴、欲、忧为韵。若置在下章，于韵不谐，其证二也。见素抱朴，少私寡欲，绝学无忧，文意一贯。若置在下章，则其文意远不相关，其证三也。《老子》分章，多有戾踬，决非原书之旧。"（《老子正诂》）

张舜徽说："'人之所畏，亦不可以不畏人。'各本作'人之所畏，不可不畏'。语意不明，显有缺夺，今据帛书乙本补正。此言人君为众人之所畏，人君亦不可不畏众人也。"（《周秦道论发微·老子疏证》）

陈鼓应说："'愚'是一种淳朴、真质的状态。老子自己以'愚人'为最高修养的生活境界。"（《老子注译及评介》）

李零说："这番话，是一篇《独立宣言》，独立于谁？独立于群众……这段话有两个重点，一是难得糊涂，劝人要糊涂一点；二是远离群众，别和俗人一般见识，群众都太明白，自己还是傻一点好。'绝学无忧'，是讲难得糊涂，越学习，越苦恼；不学习，不苦恼。"（《人往低处走》）

第二十一章

孔德之容，惟道是从①。

道之为物，惟恍惟惚②。惚兮恍兮，其中有象③；恍兮惚兮，其中有物④。窈兮冥兮，其中有精⑤；其精甚真，其中有信⑥。

自古及今，其名不去，以阅众甫⑦。吾何以知众甫之状哉？以此⑧。

[自圆其说]

① 孔：大也。德：得也。有得于道，是谓"德"。第五十一章"道生之，德畜之"，即为此意。孔德：老子所用之"非常名"，大德（得）之人，即"善为道者"（第十五章），与"玄德"（第十章、第五十一章、第六十五章）、"恒德"（第二十八章）、"广德"（第四十章）、"建德"（第四十章）同义。容：仪容、举止。孔德之容：大德者仪容，即得道者的仪容。从：遵从。"孔德之容"：得道者的仪容，是遵从道而行。

② 物：有无混同之物，义同第二十五章"有物混成，先天地生"之"物"，是有无"混而为一"（第十四章）之物。惟恍惟惚：若有若无，无形无象。第十四章"无状之状，无物之象，是谓惚恍"，即为此意。"道之为物"二句："道"这个东西，若有若无。

③ 其：指道。象：无物之象，指"无"。"惚兮恍兮"二句：虚无惚恍，其中却有无物之象。

④ 物：实有之物，指"有"。"恍兮惚兮"二句：空无恍惚，其中却是实有之物。

⑤ 窈：通"幽"，幽深、深远。冥：昏暗、不明。精：此指生化万物的极微小之物。《周易·系辞传下》："男女构精，万物化生。"可与此互参。"窈兮冥兮"二句：幽深昏暗，其中却有微小之物。

⑥ 真：真实。信：信物，即遗传信息（基因）。"其精甚真"二句：它既真实，又有信物。

⑦ 阅：观察。众：指万物。甫：通"父"，始。众甫：万物之父，万物之源。"自古及今"三句：自古及今，它的名字不会消失，它可以认识万物本原。高亨说："王弼本作'自古及今'，误。傅奕本、帛书甲乙本均作'自今及古'，今据改。这是说：道的名，是用今天的名，称古时道。是自今及古，不是自古及今。且古、去、甫押韵。"（《老子注译》）河上公本、王弼本作"自古及今"，为老子本义。第十四章"执古之道，以御今之有，以知古始，是谓道纪"，即含有"自古及今"之意，可以相互印证。各本作"自今及古"，甚误。

⑧ 此：指道之信物。"吾何以知众甫之状哉？"二句：我怎么能知道万物本原的情形呢？就是根据道的信物。第五十四章"吾何以知天下然哉？以此"、第五十七章"吾何以知其然哉？以此"，与此句法相同。

［今译今读］

得道者的仪容，是遵从道而行。

"道"这个东西，若有若无，难以分辨。虚无惚恍，其中却有无物之象；空无恍惚，其中却是实有之物。幽深昏暗，其中却有微小之物，它既真实，又有信物。

自古及今，它的名字不会消失，它可以认识万物本原。我怎么能知道万物本原的情形呢？就是根据这个信物。

［高谈阔论］

本章说得道如怀孕。

老子擅长就近取譬，用身边日常生活中大家耳熟能详而又熟视无睹的"常道"，阐释他的"非常道"。本章与第六章、第十五章、第六十一章，是老子以女性性事喻示"非常道"最突出的篇章。第六章说道如阴道，第十五章说为道如做爱，本章说得道如怀孕，第六十一章说外交如性交。

在老子看来，得道者的仪容像孕妇，得道如怀孕。"道之为物"至末句"以此"，老子描述了女性受孕现象，用词虽然恍惚窈冥，内容却与现代生殖知识吻合。在古代，精子与卵子结合的受孕过程是神秘的，现代生殖生理学揭开了这一神秘面纱。

男女性交后，男子的精液射入女子的阴道，精液中含有几亿个精子，这支庞大的队伍就在女性阴道内争先恐后地逆流而上。精子靠它的尾巴摆动，以每分钟 2-3 毫米的速度游动，经过漫长的旅程，通过阴道、宫颈、宫腔后，到达输卵管，在这里精子和卵子会合。在整个过程中，精子在数量、形态结构、生化反应等方面都发生了很大的变化，最后仅有几十个至 200 个精子能够到达终点。

卵子外周的放射冠细胞在输卵管粘膜和精液内的酶作用下分散，若干个精子借尾部运动穿越放射冠。精子顶体释放透明酸酶和神经胶酶，消化卵子外周的透明带，并穿入透明带。精子穿入透明带后，精子头部与卵细胞表面接触，接触点间的精、卵细胞膜破裂，精子的头部和体部进入卵细胞内，精子细胞膜融合于卵细胞膜上，此卵称为受精卵。尽管可有数百个精子穿入透明带，但通常只有一个精子能进入卵细胞内部与之结合成受精卵。

精子进入卵细胞后，尾部消失，头部变圆膨大，形成雄原核；卵细胞完成第二次有丝分裂后，其细胞形成雌原核。雄原核与雌原核接触，各自的核股消失、融合，二性染色体在其后分裂中混合、配对，受孕宣告结束，一个新生命宣告开始。

染色体是细胞核中载有遗传信息（基因）的物质，在显微镜下呈丝状或棒状，由核酸和蛋白质组成，在细胞发生有丝分裂时期容易被碱性染料着色，因此而得名。在无性繁殖物种中，生物体内所有细胞的染色体数目都一样。而在有性繁殖物种中，生物体的体细胞染色体成对分布，称为二倍体。性细胞如精子、卵子等是单倍体，染色体数目只是体细胞的一半。人体共有 22 对常染色体和一对性染色体。男女的性染色体不同，男性由一个 X 性染色体和一个 Y 性染色体组成，而女性则有两个 X 性染色体。研究结果表明，每一个染色体含有一个脱氧核糖核酸（DNA）分子，每个 DNA 分子含有很多个基因，一个基因是 DNA 分子的一部分。现代遗传学认为，基因是 DNA 分子上具有遗传效应的特定核苷酸序列的总称，是具有遗传效应的 DNA 分子片段。基因位于染色体上，并在染色体上呈线性排列。基因可以通过复制把遗传信息传递给下一代。在繁殖过程中，父代把它们自己 DNA 的一半复制传递到子代中，从而完成性状的传播。

"道之为物，惟恍惟惚。惚兮恍兮，其中有象；恍兮惚兮，其中有物"，描述的是男女性交后，精子和卵子在阴道内接触、融合、混合、配对、受精的状况。阴道内充满液体，是恍惚不清的，精子游在其中，摇头摆尾，虚无惚恍，其中却有无物之象；卵子外周弥满着放射冠透明带，空无恍惚，其中却是实有之物。"窈兮冥兮，其中有精；其精甚真，其中有信"，描述的是精子和卵子融合后形成受精卵，这个受精卵是真实的新生命，其中有遗传信息（基因）。

最后，老子说，从古到今，道的名字不消失，才可以观察天地万物的本源。道生天地万物，那怎么能够从天地万物去了解这个本源的状态呢？老子说"以此"，即以道之信物为依据，按现代说法，就是依据基因的遗传信息，如通过 DNA 鉴定亲子关系。

[众说纷纭]

河上公说："孔，大也。有大德之人，无所不容，能受垢浊，处谦卑也。唯，独也。大德之人，不随世俗所行，独从于道也。"（《老子道德经河上公章句》）

王弼说："众甫，物之始也。以无名阅万物始也。"（《老子注》）

苏辙说："道无形也，及其运而为德，则有容矣，故德者道之见也。自是推之，则众有之容，皆道之见于物者也。"（《道德真经注》）

吴澄说："孔德，犹言盛德。容，谓有而可见者。从，由也。万有皆本乎德，凡形气之可见者，德之容也。然德之所以有此容者，由道中出。"（《道德真经注》）

王力说："老子之道，得自阅甫。阅甫者，观察万物而类推之也。老子以为自然界之因果律，万物一致，甲物与乙物，同其因，则必同其果；甲事与乙事，同其因，亦必同其果。故知一物一事之因果如此，即可以推知万事万物之因果皆如此。"（《老子研究》）

张舜徽说："末句'众甫'，甲、乙本亦作'众父'，尤可证原文如此。《老子》所云'众父'，以喻道也。言其为万事万物之本，故曰众父。以父喻道，犹以母喻道耳。"（《周秦道论发微·老子疏证》）

南怀瑾说："老子讲'物'，千万不能当'唯物'的物解。老子所说的物，用现代名称来说，便是这个东西的意义。东西就是东西，是勉强指陈某一种事物，再进一步讲不出一个所以然的代名词。"（《老子他说》）

第二十二章

曲则全，枉则直，洼则盈，敝则新，少则得，多则惑^①。

是以圣人抱一，为天下式^②。

不自见故明，不自是故彰，不自伐故有功，不自矜故能长^③。

夫唯不争，故天下莫能与之争^④。

古之所谓曲则全者，岂虚言哉，诚全而归之^⑤。

[自圆其说]

① 曲：委屈、曲折。全：求全、保全。枉：弯曲。洼：低洼。盈：满盈。敝：破旧、破烂。"敝则新"与第十五章"敝而新成"义同。"曲则全"六句：委屈则能求全，弯曲则能伸直，低洼则能充盈，破旧则能更新，少则有得，多则困惑。

② 抱一：守道。一：指"无"，亦即"无为"。老子凡是强调道的作用，即"无之以为用"时，常称"一"。关于《老子》中"一"与道之关系，详见第四十二章 [自圆其说]。式：范式、法度。"是以圣人抱一"二句：因此，圣王抱守住"无为"就能作为天下的法式。第三章"为无为，则无不治"、第三十七章"道常无为而无不为。侯王若能守之，万物将自化"，即为此意。

③ 见：通"现"。自见：自炫，自我表现。明：彰明、高明。是：正确。自是：自以为是。彰：彰显，显著。伐：夸。自伐：自我夸耀。矜：傲慢。自矜：自尊自大。长：长进、长久。"不自见故明"四句：不自我表

现，反而能显明；不自以为是，反而能彰显；不自我夸耀，反而能见功；不自尊自大，反而能长久。第二十四章"自见者不明，自是者不彰，自伐者无功，自矜者不长"，与此旨意一致。前者正着说，后者反着说。

④"夫唯不争"二句：正因为他不与人争，所以天下没有谁能够与他争。第六十六章"以其不争，故天下莫能与之争"，与此旨意一致。

⑤ 虚言：空言。诚：确实。归：归从。归之：指因为"不争，天下莫能与之争"，从而归从他。"古之所谓曲则全者"三句：古人所说"委曲求全"的话，怎么会是空话呢！确实能够求全而且使天下归从。

[今译今读]

委屈则能求全，弯曲则能伸直，低洼则能充盈，破旧则能更新，少则有得，多则困惑。

因此，圣王抱守住"无为"，就能作为天下的法式。

不自我表现，反而能显明；不自以为是，反而能彰显；不自我夸耀，反而能见功；不自尊自大，反而能长久。

正因为他不与人争，所以天下没有人能够与他争。

古人所说"委曲求全"的话，怎么会是空话呢！确实能够求全而且使天下归从。

[高谈阔论]

本章说"不争之争"。

老子认为，"不争"不是目的，"不争"只是非同寻常之"争"的方法和途径，"不争"也是争，是"不争之争"，"不争"的目标是"天下莫能与之争"。老子从三个方面作出阐明：

其一，从古人流传下来的六个自然界现象中的"常道"进行说明。"曲""枉""洼""敝""少"都具有"不争"的内涵，"不争"却有"曲则全"的结果。

其二，从人类社会生活"常道"进行说明。"不自见""不自是""不自伐""不自矜"也都具有"不争"的含义，"不争"却有"明""新""有功""长"的结果。此四句与第二十四章"自见者不明，自是者不彰，自伐者无功，自矜者不长"可互相参证。前者说"不争"之功，后者说"争"之害。

其三，老子从习以为常的自然、社会"常道"中，提炼、概括出圣王治国安民之"非常道"："夫唯不争，故天下莫能与之争"，亦即第六十六章所说"以其不争，故天下莫能与之争"。

[众说纷纭]

河上公说："圣人不以其目视千里之外也，乃因天下之目以视，故能明达也。圣人不自以为是而非人，故能彰显于世。伐，取也。圣人德化流行，不自取其美，故有功于天下。矜，大也。圣人不自贵大，故能长久不危。"（《老子道德经河上公章句》）

吕惠卿说："能知众甫之然，则能抱一致柔。能抱一致柔，则能曲能枉能洼能敝矣。曲者，曲之自然者也。枉者，曲之使然者也。天下之物，唯水为几于道，一西一东，而物莫之能伤，是曲则全也；避碍万折而必东，是枉则直也；善下而百谷归之，是洼则盈也；受天下之垢而莫清焉，是敝则新也。唯得一者为足以与此，故曰少则得。众人所以不能然者，以其不一故也，故曰多则惑。"（《老子注》）

吴澄说："'是以圣人抱一为天下式。'此一句为一章宗旨，通贯上文下文之意。一者，冲虚之德也。式以在车为喻，高则凭较，卑则凭式。"（《道德真经注》）

张舜徽说："此言人君去健羡，绌聪明，清虚自守，卑弱自持，而自处于不争之地，是以天下之人，皆莫能与之争也。'曲则全'一语，乃古之遗言，而《老子》述之以为此段理论之纲。故于一段之末，又重申人君自处能曲，则必如其实以全归之，无或爽也。"（《周秦道论发微·老子疏证》）

　　陈鼓应说："所谓正面与负面，并不是两种截然不同的东西，它们经常是一种依存的关系，甚至于经常是浮面与根底的关系……所以老子认为：在'曲'里面存在着'全'的道理，在'枉'里面存在着'直'的道理，在'洼'里面存在着'盈'的道理，在'敝'里面存在着'新'的道理……常人总喜欢追逐事物的显相，芸芸众生莫不亟亟于求'全'求'盈'，或急急于彰扬显溢，因而引起无数纷争。求全之道，莫过于'不争'。'不争'之道，在于'不自见（现）'、'不自是''不自伐''不自矜'。而本章开头所说的'曲''枉''洼''敝'，也都具有'不争'的内涵。"（《老子注译及评介》）

第二十三章

　　希言自然①。

　　故飘风不终朝，骤雨不终日②。孰为此者？天地③。天地尚不能久，而况于人乎④？

　　故从事于道者同于道，德者同于德，失者同于失⑤。同于道者，道亦乐得之；同于德者，德亦乐得之；同于失者，失亦乐得之⑥。

　　信不足焉，有不信焉⑦。

[自圆其说]

　　①希：通"稀"，少也。希言：少说话，即不随意地发号施令。自然：自然而然。希言自然：少言寡语，顺其自然。第二章"圣人处无为之事，行不言之教"、第五章"多言数穷，不如守中"、第十七章"悠兮其贵言"、第四十三章"不言之教，无为之益，天下希及之"，皆与此旨意一致。

　　②故：发端词，与"夫"相同。飘风：狂风。朝：早晨。终朝：从天亮到早餐这一时段，指极短的时段。骤雨：暴雨。"故飘风不终朝"二句：狂风刮不了一个早晨，暴雨下不了一整天。

　　③孰：谁。"孰为此者"二句：是谁造成了这一切呢？是天地。

　　④"天地尚不能久"二句：天地的狂暴行为尚且不能长久，更何况是人呢？

　　⑤从事于道者：指为道者。同于道：遵道而行、与道同行，即第

二十一章"惟道是从"之意。德：通"得"。《释名·释言语》："德，得也。得事宜也。"德者：得道者。失者：失道者。"故从事于道者同于道"三句：因此，为道者与道同行，行为得道者则得道，行为失道者则失道。

⑥"同于道者"六句：遵道而行者，道也乐意得到他；与得道者同行，道也乐意得到他；与失道者同行，道也乐意失掉他。

⑦"信不足焉"二句：诚信有不足的，就会有不信任他的人。

[今译今读]

少言寡语，顺其自然。

狂风刮不了一个早晨，暴雨下不了一整天。是谁造成了这一切呢？是天地。天地的狂暴行为尚且不能长久，更何况是人呢？

因此，为道者与道同行，行为得道者则得道，行为失道者则失道。遵道而行者，道也乐意得到他；与得道者同行，道也乐意得到他；与失道者同行，道也乐意失掉他。

诚信有不足的，就会有不信任他的人。

[高谈阔论]

本章说"希言"和"自然"。

首句"希言自然"是本章主题，申言"圣人处无为之事，行不言之教"（第二章）旨意，"希言"即"行不言之教"，"自然"即"处无为之事"。

首先，有为则不长久。老子认为，"人法地，地法天，天法道，道法自然"（第二十五章），天地最终也要效法"自然"。"飘风""骤雨"是天地所为。天地有为，不效法"自然"，也不能长久，更何况人呢？老子说："天地所以长且久者，以其不自生，故能长生"（第七章）。"不自生"即自然无为，做到自然无为就能长生。

其次，为道者效法自然。老子说："道法自然"（第二十五章）。"从事于道者同于道"，就是为道者要效法自然，遵从自然之道而行之。德，通

"得"，指得道。老子分析了得道者（德者）和失道者（失者）两种表现：得道者遵道而行，他得到道，道也高兴得到他；失道者背道而驰，他失去道，道也乐意失去他。

最后，以"信不足焉，有不信焉"说"希言"，说"行不言之教"。老子认为，"美言不信"（第八十一章），"信不足"是因"美言"而来，所以要"希言"，慎言少说。"多言数穷，不如守中"（第五章）、"悠兮其贵言"（第十七章），与此意义相同。

[众说纷纭]

河上公说："希言者，谓爱言也。爱言者，自然之道。"（《老子道德经河上公章句》）

苏辙说："古之圣人，言出于希，行出于夷，皆因其自然，故久而不穷。世或厌之，以为不若诡辩之悦耳、怪行之惊世，不知其不能久也。"（《道德真经注》）

吴澄说："听之不闻曰希。希言，无言也。得道者忘言，因其自然而已。"（《道德真经注》）

张舜徽说："此言君道主于柔缓，而力戒暴疾。既举飘风暴雨为例，又重申天道且不能以暴疾持久，人道更可知矣。"（《周秦道论发微·老子疏证》）

任继愈说："'德'与'得'古通用。这里的'德者同于德，失者同于失'有双关的意义。老子是说求'德'的人就可以得到'德'。"（《老子绎读》）

陈鼓应说："本章和十七章是相对应的……在本章中，老子再标示出'希言'的政治理想，'希言'就是'少声教法令之治'，即是行'清静无为'之政；以不扰民为原则，百姓安然畅适，这才合乎自然。若以法戒禁令捆缚人民，苛捐杂税榨取百姓，这就如同狂风急雨般的暴政了。老子警戒着：暴政是不会持久的。"（《老子注译及评介》）

第二十四章

　　企者不立，跨者不行①。自见者不明，自是者不彰，自伐者无功，自矜者不长②。

　　其在道也，曰余食赘形③。物或恶之，故有道者不处④。

[自圆其说]

　　① 企：踮着脚尖，提起脚跟。《说文解字》："企，举踵也。"跨：跨步，迈开大步跨越。《说文解字》："跨，渡也。"段玉裁注："谓大其两股间，以有所越也。""企者不立"二句：踮起脚跟立不稳，跨着大步行不远。上章"飘风不终朝，骤雨不终日"，与此旨意相通。

　　② "自见者不明"四句：自我表现，反而不能表明；自以为是，反而不能彰显；自我夸功，反而变得无功；自我矜持，反而不能长久。第二十二章"不自见故明，不自是故彰，不自伐故有功，不自矜故能长"，与此旨意相同，两章相应。第二十二章从肯定方面立论，本章从否定方面着笔，言自以为是者必然失败。

　　③ 其在道也：这些行为从道的角度看。其：指"企者""跨者""自见者""自是者""自伐者""自矜者"及其行为。余食：残剩之食。赘形：累赘之瘤。形：别本或作"行"。"其在道也"二句：这些行为就道而言，称为残食赘瘤。

　　④ 物：指别人、外人。或：常也，义同第四章"或不盈"之"或"。恶：厌恶。有道者：得道之人。不处：指不处于自见、自是、自伐、自矜

之境。"物或恶之"二句：别人总是厌恶它们，所以得道者不这样做。

[今译今读]

踮起脚跟立不稳，跨着大步行不远。自我表现，反而不能表明；自以为是，反而不能彰显；自我夸功，反而变得无功；自我矜持，反而不能长久。

这些行为就道而言，称为残食赘瘤，别人总是厌恶它们，所以得道者不这样做。

[高谈阔论]

本章承接上章续说"失者同于失"。

"企者不立，跨者不行"。此两句文异而意同。在老子看来，人之踮起脚跟，是为争高；跨开大步，是为争先。此皆有违人之常态，是不自然行为，不会成功，这是人们熟知的日常生活"常道"。上章"飘风不终朝，骤雨不终日"，与此章旨意一致，不过上章所说是自然界"常道"。

"自见者不明"四句是阐明"失者同于失"的道理。自见、自是、自伐、自矜，"四自"都是违反自然的失道者行为，行为结果必然是失败：不明、不彰、无功、不长。与第二十二章"不自见故明"四句，字面意义基本相同，所不同的是第二十二章正着说，由反而正，讲"得者同于得"；本章反着说，由正而反，讲"失者同于失"。不自见、不自是、不自伐、不自矜，"四不"都是得道者行为，行为结果必然是"得"：明、彰、有功、长，即"得者同于得"也；自见、自是、自伐、自矜，"四自"都是失道者行为，行为结果必然是"失"：不明、不彰、无功、不长，即"失者同于失"也。

最后，老子归结于"同于失者，失亦乐得之"。失道者的行为就道而言，都是残食赘瘤，所以，人们总是厌恶他，不与他相处。

[众说纷纭]

河上公说："跂，进也。谓贪权慕名，进取功荣，则不可久立身行道也。自以为贵而跨于人，众共蔽之，使不得行。"（《老子道德经河上公章句》）

吕惠卿说："跂之为立，非立之常也；跨之为行，非行之常也，则不可久，故虽立不立，虽行不行也。道固无我，无我则不争，则夫自见自是自矜者，亦非其常也，故其于道也，为馀食赘行而已。"（《老子注》）

苏辙说："人未有不能立且行者也，苟以立为未足而加之以跂，以行为未足而加之以跨，未有不丧失其行立者。彼其自见、自是、自伐、自矜者，亦若是矣。譬如饮食，适饱则已，有馀则病，譬如四体，适完则已，有赘则累。"（《道德真经注》）

范应元说："有功而自称者丧其功，有所长而自恃者失其长，此跂、跨、自见、自是、自伐、自矜六者之于道，曰馀食赘行。馀食则是人之所弃，赘行则非本体之正，是以物或恶之，故有道之士不为此等馀赘之事也。"（《老子道德经古本集注》）

吴澄说："自见、自是、自伐、自矜之人，若律之于自然之道，譬若食之已馀者不当食，行之如赘者不当行也。如多于常分而不可用，幽显之间，有物亦当恶之，而有道之人，不肯以此自处也。"（《道德真经注》）

陈鼓应说："'企者不立，跨者不行。'就是自见、自伐、自矜的譬喻。这些轻躁的举动都是反自然的行径，短暂而不能持久。本章不仅说明躁进自炫的行为不可恃，亦喻示着雷厉风行的政举为人所共弃。"（《老子注译及评介》）

第二十五章

　　有物混成，先天地生①。寂兮寥兮，独立而不改，周行而不殆，可以为天地母②。吾不知其名，字之曰道，强为之名曰大③。大曰逝，逝曰远，远曰反④。

　　故道大，天大，地大，王亦大⑤。域中有四大，而王居其一焉⑥。

　　王法地，地法天，天法道，道法自然⑦。

[自圆其说]

　　① 物：指天地万物未形成之前的道，即第二十一章"道之为物"之"物"。混成：混然而成，即第十四章"混而为一"之义。先天地生：先于天地生成。第四章"吾不知谁之子，象帝之先"，与此意同。"有物混成"二句：有一种混沌浑然的东西，在天地形成以前就生成。

　　② 寂：寂静无声。寥：空虚无形。寂兮寥兮：无声无形。第十四章"视之不见名曰微，听之不闻名曰希，搏之不得名曰夷"，即为此意。独立：独自生成，无所依傍。不改：不会改变。周行：周遍运行无所不至，周而复始循环运行。不殆：不停息。殆：通"怠"。周行而不殆：循环往复永不停息。第三十四章"大道泛兮，其可左右"，亦即此意。为天地母：指天地为道所生。"寂兮寥兮"四句：它寂静无声又空虚无形，独自存在永不改变，循环往复永不停息，可以说是天地的母亲。

　　③ 字：本义有生育的意思。"字"是会意兼形声字，上部一个宝盖头代表房子，下面一个子字表示婴儿，会意为女子生育，引申为养育、滋生、

孳乳等义。《说文解字》："字，乳也。从子在宀下，子亦声。"段玉裁注："人及鸟生子曰乳。"大：形容道广大无垠，无所不包，无所不至，无所不在。名：命名。强：勉强。"强为之名"，与第十五章"强为之容"句式相同，表示对"道"命名、形容不易。"吾不知其名"三句：我不知道它的名字，根据它的生育之义称它为"道"，再勉强给它取个名叫"大"。

④ 大：指道，承上句"字之曰道，强为之名曰大"而来。三个"曰"字，犹乃也，则、就之义。句法与第十六章"容乃公，公乃王，王乃天，天乃道，道乃久"类同。逝：往，运行不息。《说文解字》："逝，往也。""逝"有一定的方向性，离"此"而"去"叫"逝"。远：至远，极点也，是"逝"所可能达到的穷极之境，也是由"逝"而"反"的转折点。王弼注："远，极也。周无所不穷极，不偏于一逝，故曰远也。"《说文解字》："极，栋也。"段玉裁注："极者，谓屋之至高之处。引申之义，凡至高至远者皆谓之极。"反：通"返"，是"回归"之意，同样具有方向性，指由"逝"而"远"，到达遥远穷极之处，则由远极反向运行，返回本原。《老子》书中，"反"字用法尤其灵活，值得玩味。钱锺书在《管锥编·老子王弼注》中说："反有两义：一者，正反之反，违反也；二者，往反（返）之反，回反（返）也。"并指出："老子用'反'字，乃背出分训之同时合训。""背出分训"，指老子用"反"总是具有正反之"反"与往返之"返"两意，此所谓"背出"；而"同时合训"，则指两意融合，既相"反"相成，又往"返"循环。"大曰逝"三句：道广大无垠则运行不止，运行不止则辽阔至远，至远穷极则会返回本原。

⑤ 天大：指天无所不覆盖、无所不庇护。地大：指地无所不负载、无所不生养。王大：指君王无所不制，管辖范围很大、能量很大、作用很大。"故道大"四句：所以说，道大，天大，地大，王也大。

⑥ 域中：寰宇之中、普天之下。域：疆域、区域。"域中有四大"二句：寰宇之中普天之下有四种大的东西，而君王就是其中之一。

⑦ 法：前三个"法"指效法、取法，最后一个"法"指法则。"王法

地"，王弼本原文作"人法地"。此紧承上文而来，此处应作"王"为是。上文言"道大，天大，地大，王亦大"，但域中四大并非处于相同层次，从高到低依次排序是道，天，地，王；低层的效法高层的，故言"王法地，地法天，天法道，道法自然。"自然：老子专用名称，指自然自成，自己如此。"王法地"四句：君王效法地，地效法天，天效法道，道的法则是"自然"。

[今译今读]

有一种混沌浑然的东西，在天地形成以前就生成。它寂静无声又空虚无形，独自存在永不改变，循环往复永不疲倦，可以说是天地的母亲。我不知道它的名字，根据它的生育之义称它为"道"，再勉强给它取个名叫"大"。道广大无垠则运行不止，运行不止则辽阔至远，至远至极则会返回本原。

所以说，道大，天大，地大，君王也大。寰宇之中普天之下有四种大的东西，而君王就是其中之一。

君王效法地，地效法天，天效法道，道的法则是"自然"。

[高谈阔论]

本章正式为"道"取名，对道加以描述。

本章描述了道的五个特征：

其一，道之本体是"有""无"混成。"有物混成"之"物"即第二十一章"道之为物"之"物"，指道之有。"寂兮寥兮"，无声无形，指道之无。"混成"，指有、无"混而为一"（第十四章），不可区分，同在道中，正如老子在第一章所说"（有、无）此两者同，出而异名"。道是有、无的统一体。

其二，道之创生是"为天地母"。它生于天地之先（"先天地生"），并且生育了天地万物（"可以为天地母"）。

其三，道之存在是"独立而不改"。道是独立存在的，"先天地生"，不依赖于天地万物而存在；道是不会改变的，"道法自然"，不为任何其他原因而改变。

其四，道之运行是"周行而不殆"。与"大曰逝，逝曰远，远曰反"相应，亦蕴含"反者道之动"（第四十章）之意。道由初始原点为起点，由此而去，是为"逝"，既"逝"而至于遥"远"穷极之境，"远"是一个极点、转折点，由"远"而"返"，返回于初始的本原。以"远"为转折点，"大曰逝，逝曰远"是"无极"运行，至远，"远曰反"是"极反"运行。这一由"始"而"逝"，由"逝"而"远"，又由"远"而"返"，从"无极"到"极反"的周而复始的循环过程，即是道之"周行"的运动状态。

其五，道之法则是"道法自然"。老子说："王法地，地法天，天法道，道法自然"。其中前三个"法"为效法，王、地、天，逐级效法，最终归结为效法道。"道法自然"，其中"法"是内在法则，道的内在法则是"自然"，这是道的总法则，并不是说道还要效法道之上外在的"自然"。"道法自然"，意谓道自身法则是自然如此。正因为"道法自然"，所以，道不为任何其他原因而生成，不为任何其他原因而改变，自然而然，自然自成，自己如此，"独立而不改"；所以，道能顺其自然，无所滞碍，无所不至，由逝而远，由远而反，"周行而不殆"；所以，道能"先天地生""为天下母""道之尊，德之贵，夫莫之命而常自然"也（第五十一章）。

[众说纷纭]

河上公说："人当法地安静和柔，种之得五谷，掘之得甘泉，劳而不怨，有功而不置也。天淡泊不动，施而不求报，生长万物，无所收取。道清静不言，阴行精气，万物自成也。道性自然，无所法也。"（《老子道德经河上公章句》）

王弼说："逝者，行也。不守一大体而已，周行无所不至，故曰逝也。远，极也。周无所不穷极，不偏于一逝，故曰远也。不随于所适，其体独立，故曰反也。"（《老子注》）

范应元说："'人'字，傅奕同古本，河上公本作'王'。观河上公之意，以为王者，人中之尊，固有尊君之义。然按后文'人法地'，则古本文义相贯，况人为万物之最灵，与天地并立而为三才，身任斯道，则人实亦大矣。"（《老子道德经古本集注》）

张舜徽说："古之陈君道者，主于法自然而尊无为，与天地合德，故以王为四大之一。或谓此两'王'字，均宜作'人'，非也。帛书甲、乙本并作'王'，不误……《老子》所谓人法地者，法其宁静而生长万物也；地法天者，法其辽阔而施不求报也。《老子》以道为'先天地生''可以为天地母'，故推尊之曰'天法道'，道主无为，故又云'道法自然'。"（《周秦道论发微·老子疏证》）

南怀瑾说："'人法地，地法天，天法道，道法自然。'这是老子千古不易的密语，为老子思想的精华所在，懂得了这番话的道理，也就差不多掌握了修道、行道的关键了……'自然'二字，从中国文字学的组合来解释，便要分开来讲，'自'便是自在的本身，'然'是当然如此。老子所说的'自然'，是指道的本身就是绝对性的，道是'自然'如此，'自然'便是道，它根本不需要效法谁，道是本来如是，原来如此，所以谓之'自然'。"（《老子他说》）

陈鼓应说："独立不改：形容道的绝对性和永存性……周行而不殆：'周行'，有两种解释：一、全面运行。'周'作周遍、周普讲。王弼注：'周行，无所不至'。二、循环运行。'周'作环绕讲……所谓'道法自然'，就是说：道以自然为归；道的本性就是自然。'自然'这一观念是老子哲学的基本精神。"（《老子注译及评介》）

第二十六章

重为轻根，静为躁君①。

是以圣人终日行，不离辎重②。虽有荣观，燕处超然③。

奈何万乘之主，而以身轻天下④？轻则失本，躁则失君⑤。

[自圆其说]

①重：慎重、稳重。轻：轻浮、轻率。根：根本。静：沉静、安静。躁：急躁、浮躁。君：主宰。"重为轻根"二句：稳重是抑制轻率的根本，沉静是抑制躁动的主宰。

②辎重：外出或行军时有帷盖的载运粮食、衣物等后勤物资的车子。《说文解字》："辎，前后蔽也。蔽前后以载物，谓之辎车。载物必重，谓之重车。"辎车前后有帷盖遮蔽，所以车内是安稳的。辎重：此喻稳重。不离辎重：指不离开稳重。"是以圣人终日行"二句：所以，圣王整天行道，不离稳重。与首句"重为轻根"呼应。

③荣：荣华。观：指楼台亭榭宫阙的总称。荣观：指荣华宫室等热闹之境。燕：通"宴"，安逸、安闲。燕处：安然居处。超然：超脱泰然，不为所动。"虽有荣观"二句：虽然有荣华宫苑，却能安静居处，超脱泰然。与首句"静为躁君"相应。

④奈何：为何，怎么。乘：古时以一辆车四匹马为一乘。万乘：指拥有这样的兵车万辆。周代制度，天子地方千里，能有兵车万乘，因此称天子为万乘，至战国时，大国诸侯亦称万乘。万乘之主：指大国的君王。轻：

轻率、轻举妄动。以身轻天下：以自身的轻举妄动来治天下。"奈何万乘之主"二句：为何大国的君王要以自身的轻率浮躁来治天下呢？

⑤ 本：此指天下。君：此指君位。"轻则失本"二句：轻率就会失掉天下，浮躁就会失掉主宰。

[今译今读]

稳重是抑制轻率的根本，沉静是抑制躁动的主宰。

所以，圣王整天行道，不离稳重。虽有荣华宫苑，却能安静居处，超脱泰然。

为何大国的君王要以自身的轻率浮躁来治天下呢？轻率就会失掉天下，浮躁就会失掉主宰。

[高谈阔论]

本章说持重守静。

"重为轻根，静为躁君"，这是自然界"常道"。如，花叶轻于树枝，花叶依附树枝；树枝轻于树干，树枝依附树干；树干轻于树根，树干依附树根。如此，层层轻者依附重者的关系，均指向一个自然界"常道"，即重者是轻者的根本，是谓"重为轻根"。微风吹来，花叶躁动，而树枝静而不动；风再大，花叶、树枝均躁动，甚至花凋叶落枝断，而树干犹能静而不动；风越来越大，树干也躁动起来，甚至折断，但树根犹然静而不动。如此，层层动与静的依附关系，均指向一个自然界"常道"，即静者是躁者的主宰，是谓"静为躁君"。

老子以自然界"常道"阐述圣王治国安民"非常道"。"圣人终日行，不离辎重"与"重为轻根"相应，指圣王要牢牢掌控权力。"辎重"是权力地位的象征，"不离辎重"指圣王不能脱离权位，这圣王的根本，是命根子。没有了权位，圣王就会丢失根本，就会丧失性命。

"虽有荣观，燕处超然"与"静为躁君"相应。"荣观"喻权力中心，圣王处于权力中心要清静无为，轻举妄动就会失掉天下，失掉主宰。

[众说纷纭]

韩非说："制在己曰'重'，不离位曰'静'。重，则能使轻；静，则能使躁。故曰：'重为轻根，静为躁君。'故曰：'君子终日行，不离辎重也。'邦者，人君之辎重也。主父生传其邦，此离其辎重者也，故虽有代、云中之乐，超然已无赵矣。主父，'万乘之主，而以身轻于天下'。无势之谓'轻'，离位之谓'躁'，是以生幽而死。故曰：'轻则失臣，躁则失君。'主父之谓也。"（《韩非子·喻老》）

河上公说："王者至尊，而以其身行轻躁乎？疾时王奢恣轻淫也。"（《老子道德经河上公章句》）

王弼说："凡物轻不能载重，小不能镇大。不行者使行，不动者制动，是以重必为轻根，静必为躁君也。"（《老子注》）

苏辙说："人主以身任天下而轻其身，则不足以任天下矣。"（《道德真经注》）

吴澄说："此章以辎车喻重，燕处喻静，姑指一端而言尔。国势之居重驭轻，兵法之以静制动，与夫人之治心治身，皆当本之以重，主之以静也。"（《道德真经注》）

蒋锡昌说："'轻则失根，躁则失君'，言人君纵欲自轻，则失治身之根；急功好事，则失为君之道也。"（《老子校诂》）

陈鼓应说："老子有感于当时的统治者奢恣轻淫，纵欲自残，所以感叹地说：'奈何万乘之主，而以身轻天下？'这是很沉痛的话。一国的统治者，当能静重，而不轻浮躁动。"（《老子注译及评介》）

黄瑞云说："按老子的概念，'静'不是不动，'躁'也不等于动。'静'和'躁'是'动'的两种形式：'静'是潜移渐进的变化，'躁'指剧烈急进的运动。四十五章曰'静胜躁'，本章曰'静为躁君'，盖老子主张潜移渐进的变化，而反对剧烈急进的运动；主张稳当持重，反对轻率急暴。"（《老子本原》）

第二十七章

　　善行无辙迹①，善言无瑕谪②，善数不用筹策③，善闭无关楗而不可开④，善结无绳约而不可解⑤。

　　是以圣人常善救人，故无弃人；常善救物，故无弃物⑥。是谓袭明⑦。

　　故善人者，不善人之师；不善人者，善人之资⑧。不贵其师，不爱其资⑨，虽智大迷，是谓要妙⑩。

[自圆其说]

　　① 辙：车辙。迹：人行、马行之足迹。无辙迹：不留痕迹。善行无辙迹：善于行走的，不留痕迹。

　　② 瑕：玉中的疵斑。谪：罪过、谴责。无瑕谪：不留话柄。善言无瑕谪：善于言谈的，不留话柄。

　　③ 数：计算。筹策：古代计数的竹制器具，也称筹码。善数不用筹策：善于计算的，不用筹码。

　　④ 闭：关闭门户。关楗：关闭门户的门闩，横的叫"关"，竖的叫"楗"。善闭无关楗而不可开：善于关闭的，不用门闩也打不开。

　　⑤ 绳约：绳索。善结无绳约而不可解：善于捆缚的，不用绳索也解不开。

　　⑥ 救人：使用人，搜罗人材。弃人：指无用之人。救物：利用物。弃物：指无用之物。"是以圣人常善救人"四句：因此，圣王平常善于使用

人，所以没有无用之人；平常善于利用物，所以没有无用之物。

⑦ 袭：掩蔽、掩藏，本指给死者穿的、衣襟在左边的内衣，被外衣掩蔽。《说文解字》："袭，左衽袍。"明：明智、明白，义同第十六章、第五十五章"知常曰明"之"明"。袭明：老子的专门用语，指掩藏聪明，不显露明智，义同下文"虽智大迷"，亦与第三十六章"微明"同义。

⑧ 善人：善为之人，即有本事之人，此指"善行""善言""善数""善闭""善结""善救人""善救物"之人。不善人：不善为之人，此指不能做到以上"七善"之人。师：老师。资：资源、借鉴，这里指学生。"故善人者"四句：所以，善为者是不善为者的老师，不善为者是善为者的学生。"师资"一词即出于此。

⑨ 贵：贵重。爱：爱惜。"不贵其师"二句：不贵重自己当老师，不爱惜自己有学生，这里指不好为人师。

⑩ 虽智大迷：指大智若愚，即"袭明""微明"之义。要妙：精要玄妙。"虽智大迷"二句：大智若愚，这堪称精要玄妙！

[今译今读]

善于行走的，不留痕迹；善于言谈的，不留话柄；善于计算的，不用筹码；善于关闭的，不用门闩也打不开；善于捆缚的，不用绳索也解不开。

因此，圣王平常善于使用人，所以没有无用之人；平常善于利用物，所以没有无用之物。这种不显露的明智称为"袭明"。

所以，善为者是不善为者的老师，不善为者是善为者的学生。不贵重自己当老师，不爱惜自己有学生，不好为人师，大智若愚，这堪称精要玄妙！

[高谈阔论]

本章说"大智若愚"。

开头"善行无辙迹"五句，"善行""善言""善数""善闭""善结"，都是有本事之人（"善人者"）所能达到的、非常人所能、非常人可想的独特境界。圣王是得道的"善人者"，也必有善为之道。所以，接着用"是以"二字来承接语气，由前"五善"而转向圣王"非常道"，圣王善于遵道而行，自然无为，不留痕迹。他在待人接物上，能顺应人性，使人尽其能，所以不会有"弃人"；能顺应物性，使物尽其用，所以不会有"弃物"。这是一种掩藏起来的聪明。

在老子看来，有本事的人是没本事人的老师，没本事的人可为有本事人提供借鉴，但是，不要珍贵这样的老师，不要爱惜这样的借鉴。虽有智慧，但看起来却好像是大迷糊。圣王能做到如此大智若愚（"虽智大迷"），才称得上精深玄妙。

[众说纷纭]

韩非说："周有玉版，纣令胶鬲索之，文王不予；费仲来求，因予之。是胶鬲贤而费仲无道也。周恶贤者之得志也，故予费仲。文王举太公于渭滨者，贵之也；而资费仲玉版者，是爱之也。故曰：'不贵其师，不爱其资，虽知大迷，是谓要妙。'"（《韩非子·喻老》）

王弼说："此五者皆言不造不施，因物之性，不以形制物也。圣人不立形名以检于物，不造进向以殊弃不肖，辅万物之自然而不为始，故曰'无弃人'也。不尚贤能，则民不争；不贵难得之货，则民不为盗；不见可欲，则民心不乱。常使民心无欲无惑，则无弃人矣。"（《老子注》）

林希逸说："若有弃人弃物之心，则是有师而不知贵，有资而不知爱，虽自以为智，而不知乃迷之大者。知此道者，可谓要妙之道。"（《老子鬳斋口义》）

吴澄说："袭者，如以外衣掩蔽其内衣。傥救人救物之功彰而明，天下皆见其救之，不谓之善救也。必使无救之之迹，掩蔽其所可见，而众莫能知，故曰'袭明'。善救人，善救物，与善行善言善计善闭结，凡七'善'字，有道者谓之善，世俗不知其善也。盖世俗以能为其事为善，有迹可见，有名可称，而与不善为对。有道者以不为其事为善，泯然无迹，浑然无名，

而无与为对者也。"(《道德真经注》)

奚侗说:"'袭',因也。'明'即十六章及五十五章'知常曰明'之'明'。'袭明'谓因顺常道也。"(《老子集解》)

陈鼓应说:"本章是对于'自然无为'思想的引申。'善言''善行',就是指善于行不言之教,善于处无为之政。'善数''善闭''善结'各句,都是意义相同的譬喻,意谓'以自然为道,则无所容力,亦无所着迹'(引林希逸语)。且譬喻有道者治国,不用有形的作为,而贵无形的因仍。有道者能够以本明的智慧,去观照人与物,了解人各有才,物各有用。而做到人尽其才,各因其性以造就,所以说'常善救人''无弃人';且做到物尽其用,顺物之性以展现其功能,所以说'常善救物''无弃物'。这是说明有道者的待人接物。"(《老子注译及评介》)

李零说:"圣人善于搜罗人材,能够做到人尽其才,物尽其用。这叫一贯的高明。'善人'(有本事的人)是'善人'的老师,可以向他学习;'不善人'(主要指没本事的人),是'善人'可以利用的资源。不尊重老师,不爱惜资源,再聪明,也是大糊涂蛋。这话最奥妙,这话最重要。"(《人往低处走》)

第二十八章

　　知其雄，守其雌，为天下谿①。为天下谿，常德不离，复归于婴儿②。

　　知其白，守其黑，为天下式③。为天下式，常德不忒，复归于无极④。

　　知其荣，守其辱，为天下谷。为天下谷，常德乃足，复归于朴⑤。朴散则为器，圣人用之则为官长⑥。故大制不割⑦。

［自圆其说］

　　① 雄：雄伟、宏大。雌：雌柔、虚静。"雄"、"雌"相对，既是"性别"，也是"性质"，以"性别"喻"性质"。其：此指国家，下文"其"与此同义。为："为天下谿"重复出现两次，前句"为"，指称为、作为，"为天下谿"意谓作为取天下之道或作为取天下的模式；后句"为"，指有所为，即下文"圣人用之"之义。下文"为天下式""为天下谷"之"为"，均与此同义。谿：与下文"谷"同义。《尔雅·释文》："水注川曰谿。"《说文解字》："泉出通川曰谷。"谿即山谷底部的溪流水道，为山中之水最终所归。天下谿：天下归顺之道。第三十二章"譬道之在天下，犹川谷之与江海"，可以与此互参。下文"天下式""天下谷"与此同义。"知其雄"三句：即使知道国家已达雄伟，但仍要以雌柔守之，这是取天下之道。老子主张雄而不强。只知雄，不守雌，雄则变强，最终会走向反面。第三十章"物壮则老"、第四十二章："强梁者不得其死"、第七十六章"坚强者死之

徒"，均为此意。

② 德：通"得"。常德：经常得到。离：离去、离失。复归于婴儿：此处"婴儿"指第五十五章所说"含德之厚，比于赤子。蜂虿虺蛇不螫，猛兽不据，攫鸟不搏。骨弱筋柔而握固，未知牝牡之合而朘作，精之至也；终日号而不嗄，和之至也"之"赤子"。复归到赤子般至精至和，始终保持旺盛生命力。老子并非如后世道教所主张的要人返老还童。"为天下谿"三句：圣王利用这个取天下之道，就能保持经常有所得而不会离失，就像回归到赤子般至精至和充满生机活力。

③ 白：光亮，此指辉煌。黑：幽暗，此指黯淡。"知其白，守其黑"：意谓即使知道国家已达辉煌，但仍要以黯淡守之。老子主张"光而不耀"（第五十八章）。式：法式、原则。"知其白"三句：即使知道国家已达辉煌，但仍要以黯淡守之，这是取天下之道。

④ 忒：即"不二"，指不变。极：指正向变化转向反向变化的极点，转折点。无极：无极限，正向变化没有极点，"为天下式"三句：圣王利用这个取天下之道，就能保持经常有所得而不会失去，就像回归无极而不会发生"极反"。

⑤ 荣：尊荣、荣贵。辱：屈辱。"知其荣，守其辱"：即使知道国家已达尊荣，但仍要以屈辱守之。老子主张荣而不华。参见第三十八章"道之华而愚之始""处其实，不居其华"。朴：未加工成器的木材，指纯朴自然。复归于朴：回归到纯朴自然。"知其荣"六句：即使知道国家已达尊荣，但仍要以屈辱守之，这是取天下之道。圣王利用这个取天下之道，就能保持经常有所得而又能知足，回归到纯朴自然。

⑥ 散：分散。器：有形之器物，泛指天下万物，此指第二十九章"天下神器"。之：指上文"三知三守"。官长：百官之长，此指第七十八章"天下王"。"朴散则为器"二句：大道分散则成天下，圣王利用取天下之道则可成为天下王。第五十四章"以天下观天下"，与此旨意相通。

⑦ 制：制式，即"稽式"，指治国之道、治国模式。参见第六十五章

"故以智治国，国之贼；不以智治国，国之福。知此两者亦稽式，常知稽式，是谓玄德"。大制：比治国模式大的制式，此指取天下之道、取天下模式，即上文"天下谿""天下式""天下谷"。不割：不会割伤，不受伤害，亦即上文"常德不离""常德不忒""常德乃足"之意。故大制不割：所以，用取天下之道取天下，不会有伤害。第八十一章"天之道，利而不害"，即为此意。

[今译今读]

知道国家虽已雄伟，仍要守住雌弱，这是天下归顺之道。圣王利用天下归顺之道，就能保持经常有所得而不会离失，就像回归到赤子般至精至和充满生机活力。

知道国家虽已辉煌，仍要守住黯淡，这是天下归顺之道。圣王利用天下归顺之道，就能保持经常有所得而不会失去，就像回归无极不会发生反向变化。

知道国家虽已尊荣，仍要守住屈辱，这是天下归顺之道。圣王利用天下归顺之道，就能保持经常有所得而又能知足，就像回归到纯朴般无欲自定了。

大道分散则成天下，圣王利用天下归顺之道则可成为天下王。所以，用大道来取天下，不会有伤害。

[高谈阔论]

本章说取天下模式。

本章"守其黑……知其荣"二十三字，自清代易顺鼎断其为"后人窜入之语"，之后有马叙伦、高亨、张松如、陈鼓应等学者均从此说，认定这二十三字不是《老子》原文，应当从略，几成定论。详见本章[众说纷纭]。此说不妥。因有文本上的异议，便随意删改，不仅缺乏依据，而且也不合《老子》主旨。其一，窜入之说依据不足。易氏此说依据是"《庄子·天下篇》引老聃曰：'知其雄，守其雌，为天下谿。知其白，守其辱，为天下谷。'此《老子》原文也。"《庄子·天下篇》介绍各家学派，并非照抄原话，而是义引，不足为据，由此断其为衍文，甚不可取。其二，帛书《老子》甲、乙本与今本大致相同，只是语句的次序略有差别。帛书本乃属西汉初年，根据帛书，可证明至少汉代的《老子》就是今本的样子了。如果认为是汉以前的人篡改了，纯属主观臆猜，并无证据。其三，本章文字句式如出一辙，思想意义浑然一体，集中体现了老子政治思想的核心内容，绝非后人所能篡改。因此，易氏的篡改或衍文之说难以成立。在没有更有力证据出现之前，当仍从王弼本为妥。

老子的取天下之道是"以无事取天下"（第五十七章），认为"取天下常以无事，及其有事，不足以取天下"（第四十八章）。如何实现"以无事取天下"？老子在本章着重阐述了"以无事取天下"的三大模式，即"知其雄，守其雌，为天下谿"；"知其白，守其黑，为天下式"；"知其荣，守其辱，为天下谷"。关于"知雄守雌""知白守黑""知荣守辱"的关系，严复曾说："今之用老者，只知有后一句，不知其命脉在前一句也。"这话说得很对，前一句确实是命脉所在。"雄"（雄伟）、"白"（辉煌）、"荣"（尊荣），这些都是大国的特征。"知其雄""知其白""知其荣"，意思是知道自己已经是大国了，大国要有大的样子。知道自己是大国了，才可以谈"守雌""守黑""守辱"，才可以谈"以无事取天下"。不知"雄""白""荣"，就不知命脉所在，一切所谈"守雌""守黑""守辱"，所谓"以无事取天下"，都是空谈扯淡。

"知其雄，守其雌，为天下谿"，这是取天下第一种模式。第六十一章刚好可作此注脚，老子以男女性交"常道"解说圣王"以无事取天下"之"非常道"。老子认为，圣王要"知其雄，守其雌"，即使知道自己国家已是雄伟大国了，但仍要学做女人，学习女人在性事中"以静为下"，顺势而为，就可以实现以无事取天下。"知其白，守其黑，为天下式"，这是取天下第二种模式。第五十八章恰好可作此注脚，老子以祸福相互依存相互转化之"常道"解说圣王"以无事取天下"之"非常道"。老子认为，圣王要"知其白，守其黑"，即使知道自己国家已是辉煌大国，但仍要"守其黑"，觉得很黯淡，"复归于无极"，从而出现"我无为而民自化，我好静而民自正，我无事而民自富，我无欲而民自朴"的天下太平，由此可知怎样实现"以无事取天下"。"知其荣，守其辱，为天下谷"，这是取天下第三种模式。第六十六章正好可作此注脚，老子以"江海之所以能为百谷王"之"常道"解说圣王"以无事取天下"之"非常道"。老子认为，江海能为百谷王的原因在于"以其善下之"，圣王要"知其荣，守其辱"，即使知道自己已是尊荣大国的圣王，但仍要学江海之"善下"，"守其辱"，以其"不争"去实现"以无事取天下"（"以其不争，故天下莫能与之争"）。详见上篇《我读〈老子〉》第三章［老子天下观］。

　　本章有一个极其重要而又一直被忽视的概念："无极"。"无极"思想是老子非常重要的政治思想，是老子治国策和天下观的思想基础。"极"是"極"的简化字，本义是屋脊、房顶，指房屋的最高处，引申为极点、转折点。老子认为，极是对立双方相互转化的转折点。道是循环运行永不停息的，变化发展到极点，就会转向相反。第二十五章所说"大曰逝，逝曰远，远曰反。"其中"远"即为极点、转折点，达到至远穷极这个极点、转折点，道就反向运行。"无极"是指没有达到极点，或指不走极端，适可而止。

　　"三知三守"，为老子"取天下"模式；"三德三复"，则为老子"保天下"模式。老子认为，用"知雄守雌"模式取天下，就能保持经常有所得而不会离失，就像回归到赤子般至精至和充满生机活力（"常德不离，复归于婴儿"）；用"知白守黑"模式取天下，就能保持经常有所得而不会失去，就像回归无极不会发生反向变化（"常德不忒，复归于无极"）；用"知荣守辱"模式取天下，就能保持经常有所得而又能知足，就像回归到纯朴般无欲自定了（"常德乃足，复归于朴"）。其中，"复归于婴儿"，是以人间"常道"作譬喻；"复归于朴"，是以自然界"常道"作譬喻；"复归于无极"，是由自然界和人世间"常道"提炼出的君王"非常道"。

老子认为，以"三知三守"取天下，以"三德三复"保天下，这是圣王之"器"（"朴散则为器，圣人用之则为官长"），是"天下神器"（第二十九章）。圣王把这些模式用于天下就不会有危害（"大制不割"）。

[众说纷纭]

河上公说："荣以喻尊，雌以喻卑。人虽自知其尊显，当复守之以卑微，去雄之强梁，就雌之柔和。如是，则天下归之，如水流入深谿也。人能谦下如深谿，则德常在，不复离于己。常复归志于婴儿，蠢然而无所知也。"（《老子道德经河上公章句》）

王弼说："雄，先之属；雌，后之属也。知为天下之先也，必后也。是以圣人后其身而身先也。谿不求物而物自归之，婴儿不用智而合自然之智。式，模则也。忒，差也。'复归于无极'，不可穷也。"（《老子注》）

易顺鼎说："按此章有后人窜入之语，非尽老子原文。《庄子·天下篇》引老聃曰：'知其雄，守其雌，为天下谿。知其白，守其辱，为天下谷。'此《老子》原文也。盖本以'雌'对'雄'，以'辱'对'白'。'辱'有黑义。《仪礼》注：'以白造缁曰辱。'此古义之可证者。后人不知'辱'与'白'对，以为必'黑'始可对'白'，必'荣'始可对'辱'，如是加'守其黑'一句于'知其白'之下，加'知其荣'一句于'守其辱'之上，又加'为天下式。为天下式，常德不忒，复归于无极'四句，以叶'黑'韵，而窜改之迹显矣。以'辱'对'白'，此自周至汉古义，而彼竟不知，其显然者一也。'为天下谿'、'为天下式'，谿、谷同义，皆水所归。'为天下式'，则与谿、谷不伦，凑合成韵，其显然者二也。王弼已为'式'字等句作注，则窜改即在魏晋之初。幸赖《庄子》所引，可以考见原文，函当订正，以存真面。"（《读老札记》）

马叙伦说："易说是也……古书'荣''辱'字皆'宠''辱'之借。本书上文'宠辱若惊'，不作'荣辱'；此作'荣''辱'，亦妄增之证。然

《淮南·道应训》已引'知其荣，守其辱，为天下谷。'则自汉初已然矣。"
(《老子校诂》)

蒋锡昌说："易说是。四十一章'大白若辱'，'白''辱'对言，亦此文应作'知其白，守其辱'之证也。《庄子·天下篇》引老聃曰：'知其雄，守其雌，为天下谿。知其白，守其辱，为天下谷。'此虽引《老子》原文，然于'为天下谿'下，省引'为天下谿，常德不离，复归于婴儿'三句。故《老子》古本，唯无'守其黑，为天下式，为天下式，常德不忒，复归于无极。知其荣'六句耳。"(《老子校诂》)

高亨说："其'守其黑，为天下式，为天下式，常德不忒，复归于无极。知其荣'二十三字，后人所加也。请列六证以明之。《老子》本以雌对雄，以辱对白，辱即后起黣字，《玉篇》：'黣，垢黑也。'四十一章曰'大白若辱'，亦白辱相对，即其明验，则此以白对黑，决非《老子》旧文，其证一也。荣辱，《老子》作宠辱，十三章曰'宠辱若惊'，即其明验。则此以荣对辱，亦决非《老子》旧文，其证二也。'为天下谿'，'为天下谷'，谿、谷同义，皆水所归，间以'为天下式'句，则与谿谷不类，其证三也。'复归于婴儿'，'复归于朴'，意旨相同。人性未漓为婴儿，木质未散为朴，间以'复归于无极'句，则与婴儿及朴不类，其证四也。《淮南子·道应篇》引《老子》曰：'知其雄，守其雌，为天下谿。'又引《老子》曰：'知其荣，守其辱，为天下谷。'而未引'知其白，守其黑，为天下式'句，盖淮南所见本无此句也。且其所引'知其荣，守其辱'，原作'知其白，守其辱'。今作荣者，妄人依误本《老子》改之耳。其文曰：'文王砥德修政三年，而天下二垂归之。纣闻而患之，拘文王于羑里。文王归，乃为玉门，筑灵台，相女童，鼓钟鼓，以待纣之失也。纣闻之曰：'周伯昌改道易行，吾无忧矣。'乃为炮烙，剔孕妇，杀谏者。文王乃遂其谋。故《老子》曰：'知其荣，守其辱，为天下谷。'按'砥德修政'，非荣字之意，乃白字之意，白者其行洁白也。'为玉门，筑灵台，相女童，鼓钟鼓'，非辱字之意，乃黣字之意，黣者其行污黣也。文王之改道易行，正《老子》所谓'知其白，守其辱'也。若然，荣本作白，明矣。是《淮南》所见本无'守其黑'二十三字，其证五也。《庄子·天下篇》引老聃曰：'知其雄，守其雌，为天下谿。知其白，守其辱，为天下谷。'其文虽有裁省，而庄子所见本无'守其黑'二十三字，尤为确的，其证六也。此采易顺鼎、马叙伦说而补成之。"（《老子正诂》）

　　张松如说："按：易、马、高所说极是。今帛书出，可见后人窜改之迹，非但不待魏晋，且复早于汉初，盖自帛书已经有人染指了。不过帛书中尚未见'知其荣'句，而重见'知其白'句，其为战国末以至秦汉间人所增补，甚显。此乃窜改之第一步，增加了二十七字。在辗转传抄中，方增一'黑'字与'白'对，增一'荣'字与'辱'对，两段变成为三段；在知白守黑一段，臆造出'守其黑，为天下式。为天下式，恒德不忒。恒德不忒，复归于无极'等语句，此为窜改之第二步。到两汉，尤其是东汉时，更将新增补之二十七字提前，如此，则'复归于朴'句，与'朴散则为器'句相衔接，更顺当些，此为窜改之第三步。于是遂为魏晋以来之今本奠定了基础。惟每段二十七字裁省为二十三字，这是与帛书不同的。"（《老子校读》）

　　陈鼓应说："'守其黑，为天下式。为天下式，常德不忒，复归于无极。知其荣'：这六句疑为后人所窜入。"（《老子注译及评介》）

　　古棣、周英说："易顺鼎、马叙伦、蒋锡昌、高亨等皆认为'知其白，守其黑'段为后人所加，余则认为是《老子》原文……此章三段，密合无间，浑融一体，意义连贯，层次清楚，绝非后人所能窜改。所谓'窜改之迹'云云，实是不合实际的主观臆猜。"（《老子通·老子校诂》）

　　张舜徽说：《庄子·马蹄篇》所云：'纯朴不残，孰为牺尊；白璧不毁，孰为圭璋。'即所谓'朴散则为器'也。为人君者，用斯理以施之人事，因材授职，分设百官，而以爵秩禄廪尊宠之，亦犹牺尊圭璋意耳。"（《周秦道论发微·老子疏证》）

第二十九章

　　将欲取天下而为之，吾见其不得已①。

　　天下神器，不可为也。为者败之，执者失之②。

　　故物或行或随，或歔或吹，或强或羸，或挫或隳③。是以圣人去甚，去奢，去泰④。

[自圆其说]

　　① 取：义同第四十八章"取天下常以无事"、第五十七章"以无事取天下"之"取"。详见第四十八章[自圆其说]。为：有为，指强力为之。下文"不可为""为者败之"之"为"与此同义。之：指天下。下文"败之""失之"之"之"与此同义。不得：无所得，不会成功。已：通"矣"，语气词。"将欲取天下而为之"二句：想要取天下而强力为之，我看他不会成功。

　　② 神器：神圣的器物，即上章"朴散则为器"之"器"。天下神器：指天下是神圣的器物。"天下神器"四句：天下是神圣的器物，不可以强力为之。强力有为的会失败，强力执持的会丧失。第六十四章"为者败之，执者失之。是以圣人无为故无败，无执故无失"，可以与此互参。

　　③ 物：天下万物，在此主要指人，义同第二十四章"物或恶之"之"物"。行：先行。随：随后。歔：指缓慢吐气能使物体温和。吹：指急促吐气能使物体寒凉。或歔或吹：指有的缓慢，有的急躁。强：强壮。羸：读 léi，羸弱。挫：借为"侳"，指安坐车上，引申为安定。《说文解字》：

"侳，安也。"隳：读 huī，通"堕"，指堕落车下，引申为危险。"故物或行或随"四句：所以，万物众生，有的先行，有的随后；有的缓慢，有的急躁；有的强盛，有的虚弱；有的安定，有的危险。

　　④ 甚：过激。《广雅·释言》："甚，剧也。"奢：过度。《说文解字》："奢，张也。从大，者声。"泰：通"太"，过分。"是以圣人去甚"三句：因此，圣王要除去过激、过度、过分的行为。

[今译今读]

　　想要取天下而采用强力有为的做法，我看他不会成功。

　　天下是神圣的器物，不可以有为强治的，强力有为的会失败，强力执持的会丧失。

　　所以，万物众生，有的先行，有的随后；有的缓慢，有的急躁；有的强盛，有的虚弱；有的安定，有的危险。因此，圣王要除去过激、过度、过分的行为。

[高谈阔论]

　　本章承接上章续说"无极"思想：去甚去奢去泰。

　　老子认为，取天下不能强力而为，不能偏执执着，强力而为者必败，偏执执着者必失。

　　"故物或行或随"四句，犹言"反者道之动"；圣王"三去"（"去甚、去奢、去泰"），犹言上章"三知三守、三德三复"。甚（过激）、奢（过度）、泰（过分）三者都是偏执执着的极端过当行为。天下万物千变万化，有先有后，有慢有急，有强有弱，有安有危，取天下要像万物生长那样任其自然，不过分偏执，不强力而为。

[众说纷纭]

　　河上公说："甚谓贪淫声色，奢谓服饰饮食，泰谓宫室台榭。去此三

者，处中和，行无为，则天下自化。"(《老子道德经河上公章句》)

王弼说："万物以自然为性，故可因而不可为也，可通而不可执也。物有常性，而造为之，故必败也。物有往来，而执之，故必失矣。"(《老子注》)

林希逸说："'甚''奢''泰'三者，皆过当之名，亦前章'馀食赘行'之意。圣人去之者，无心无累，无为无求也。此章结得其文又奇，'甚''奢''泰'三字只是一意，但如此下语，非唯是其鼓舞之笔，亦申言其甚不可之意……读者不悟其意，故不见他文字奇处，又多牵强之说。"(《老子鬳斋口义》)

高亨说："前段是老子的政治论。他指出：谁也不要以有为对待政治，若以有为争取天下或掌握天下，其结果必定失败；反之才能成功。后段是老子朴素的辩证观点。老子认为：事物都是有矛盾的，例如富贵者则行、热、强、乘，贫贱者则随、寒、弱、坠。又认为矛盾总是互相转化的，富可转化为贫，贵可转化为贱。所以圣人去甚，去奢，去泰，以免失去富贵，陷入贫贱。"(《老子注译》)

张舜徽说："此言为人君者，当深藏若虚，容貌若愚。虽有过人之才智，亦必黜之抑之，不以自矜自用。广取群下之才智以为已用，而臻无为而无不为之治。去甚、去奢、去泰，即去健羡、绌聪明之谓也。"(《周秦道论发微·老子疏证》)

陈鼓应说："本章为老子对于'有为'之政所提出的警告：治理国家，若以强力作为或暴力把持，都将自取败亡。世间的物性不同，人性各别，为政者要能允许差异性与特殊性的发展，不可强行，否则就变成削足适履了！所以理想的政治应顺任自然，因势利导，要舍弃一切过度的措施，去除一切酷烈的政举；凡是奢费的行径，都不宜施张。"(《老子注译及评介》)

第三十章

　　以道佐人主者，不以兵强天下，其事好还①。师之所处，荆棘生焉。大军之后，必有凶年②。

　　善者果而已，不敢以取强③。果而勿矜，果而勿伐，果而勿骄，果而不得已，果而勿强④。

　　物壮则老，是谓不道，不道早已⑤。

[自圆其说]

　　① 佐：辅佐、辅助。人主：君王。兵：兵力，武力。强：逞强、称强。与下文"不敢以取强""果而勿强"之"强"同义。其事：指"以兵强天下"之事。好：容易。还：报应、报复、回报。《说文解字》："还，复也。"《尔雅·释诂》："还，返也。"好还：容易遭到报复。"以道佐人主者"三句：用道来辅助君王的人，不用兵力逞强于天下。用兵那事最容易遭到报复。

　　② 师：军队、大军。处：居处。凶年：灾荒之年。"师之所处"四句：军队驻扎过的地方，荆棘丛生。大军战争之后，必定有兵荒的年岁。

　　③ 善者：善于用兵者，即善于"以道佐人主者"。果：战胜、战果。《尔雅·释诂》："果，胜也。"已：止。不敢：没有胆量，没有勇气。"善者果而已"二句：善于用兵的人，战胜便罢了，不敢用兵逞强。此句与第三十一章"不得已而用之"旨意相通。

　　④ 矜：自我满足。伐：自我夸耀。骄：自我狂妄。"果而勿矜"五句：

胜利了不要自满，胜利了不要夸耀，胜利了不要骄傲，胜利了是出于不得已，胜利了不要逞强。

　　⑤ 壮：强壮。老：衰老。不道：不合乎道。早已：过早灭亡。"物壮则老"三句：事物强壮到极点就要衰老，这叫不合道，不合道就会过早灭亡。第五十五章"物壮则老，谓之不道，不道早已"，与此文字几乎相同。第十五章"保此道者不欲盈"，可以与此互参。正反两面观照，更知"道"与"不道"之异。

[今译今读]

　　用道来辅助君王的人，不用兵力逞强于天下。用兵那事最容易遭到报复。军队驻扎过的地方，荆棘丛生。大军战争之后，必定有兵荒的年岁。

　　善于用兵的人，战胜便罢了，不敢用兵逞强。胜利了不要自满，胜利了不要夸耀，胜利了不要骄傲，胜利了是出于不得已，胜利了不要逞强。

　　事物强壮到极点就要衰老，这叫不合道，不合道就会过早灭亡。

[高谈阔论]

　　本章说老子兵法之"果而勿强"。

　　有注家认为本章反映老子反战思想，实属不得老子之旨，甚误。"国之大事，在祀与戎"。从上古以来，祭祀与战争一直是君王所领导从事而关乎整个氏族、部落、邦国生死存亡的两件最为重大的活动。老子作为一名精通历史、"历记成败存亡祸福之道"的史官，写五千言的目的是"以道佐人主"，在春秋战乱时期，讲帝王术，不讲用兵，是不可想象的。

　　本章的主旨是用兵"果而勿强"，即"善者果而已，不敢以取强"，有二层含义：

　　其一，"善者果而已"。善于用兵的人只求有战果保战果而已。有了战果要做到"勿矜""勿伐""勿骄"，并要显得"不得已"，这样才可长久保有战果。第二十二章"不自见，故明；不自是，故彰；不自伐，故有功；

不自矜，故能长。"可对应参阅。

其二，"不敢以取强"。善于用兵的人"不以兵强天下"。一者，因为"其事好还"。以兵力逞强于天下，必定会受到战争的报复，这种报复就是"师之所处，荆棘生焉。大军之后，必有凶年。"二者，因为"物壮则老。"天下万物壮大强盛就会衰老毁灭，用兵也如此。

[众说纷纭]

河上公说："'以道佐人主者'，谓人主能以道自辅佐也。以道自佐之主，不以兵革，顺天任德，敌人自服。"（《老子道德经河上公章句》）

王弼说："言师凶害之物也。无有所济，必有所伤，贼害人民，残荒田亩，故曰'荆棘生焉'。果，犹济也。言善用师者，趣以济难而已矣，不以兵力取强于天下也……壮，武力暴兴，喻以兵强于天下者也。飘风不终朝，骤雨不终日，故暴兴必不道，早已也。"（《老子注》）

林希逸说："强者不能终强，矜者终不能终矜，譬如万物既壮，则老必至矣。不知此理，而欲以取强于天下，皆不道者也。既知此为不道，则当急急去之，故曰'早已'。已者，已而勿为也。"（《老子鬳斋口义》）

奚侗说："'已'，弃也。见《孟子·尽心》赵注。言不道之人，早为人所弃也。"（《老子集解》）

蒋锡昌说："此谓用兵之事，必有不良之还报；下文所谓'师之所处，荆棘生焉；大军之后，必有凶年'也。王注：'有道者务欲还反无为，故云：'其事好还'也'，非是。"（《老子校诂》）

高亨说："这一章是老子的军事论。主要论点是：反对诸侯争夺霸权的、侵略性的、非正义的战争，拥护争取国家安全的、自卫性的、正义的战争。"（《老子注译》）

张舜徽说："'物壮则老'，即盛极必衰意。已者止也，谓衰竭也。此就君道立论，意谓凡不能以和柔自处而违于无为之道者，其衰竭甚早，不能长久也。"（《周秦道论发微·老子疏证》）

第三十一章

夫佳兵者，不祥之器，物或恶之，故有道者不处^①。

君子居则贵左，用兵则贵右^②。

兵者，不祥之器，非君子之器，不得已而用之^③。恬淡为上，胜而不美。而美之者，是乐杀人^④。夫乐杀人者，则不可以得志于天下矣^⑤。

吉事尚左，凶事尚右。偏将军居左，上将军居右，言以丧礼处之^⑥。杀人之众，以哀悲泣之。战胜，以丧礼处之^⑦。

[自圆其说]

① 佳：喜好、赞美。《说文解字》："佳，善也。"又："善，与美同意。"兵：兵事、用兵，引申为战争，不指兵器。佳兵：指好战，不是指先进锐利的兵器。器：指事情，不指器物。物：指人。或：往往，总是。物或恶之：人们总是厌恶它。处：执持、执掌。不处：此指不执持"佳兵"，即不好战。有道者：指有道君王，即圣王。"夫佳兵者"四句：那好战啊，是不吉祥的事情，人们总是厌恶它，所以有道君王不好战。河上公本、王弼本、想尔本等通行本皆作"夫佳兵者"，傅奕本作"美兵"，帛书甲、乙本作"夫兵者"，现今注家多从帛书删"佳"字。甚误。

② 君子：即上句"有道者"，指有道圣王。下文"君子"与此义同。贵左、贵右：古时礼制，君王面南而坐，左为东，为阳气所生，故主生、主吉；右为西，为阴气所生，故主杀、主凶。文在左，武在右。"君子居则

贵左"二句：君王平时居住以左为尊，用兵打仗以右为尊。下文"吉事沿左，凶事尚右""偏将军居左，上将军居右"都是此类礼仪。

③ 君子之器：即第二十九章"天下神器"。老子说"天下神器，不可为也。为者败之，执者失之。"战争是强力有为，所以非君王的"天下神器"。"兵者"四句：战争，是不吉祥的事情，不是有道君王执持的"神器"，在不得已的时候才会用它。"兵者，不祥之器，非君子之器"，旨意全在申言"用兵"实在是迫于"不得已"的应战。

④ 恬淡：淡然。恬淡为上：最好是淡然处之。与第三十章"善者果而已，不敢以取强"、第六十八章"善为士者不武，善战者不怒，善胜敌者不与"内涵一致，也与下句"胜而不美"之意相衔接。美：赞美、颂扬。"恬淡为上"四句：即使用它，也要淡然处之，战胜了不要耀武扬威。如果耀武扬威，说明你嗜好杀人。

⑤ "夫乐杀人者"二句：嗜好杀人的人是不能得志于天下的。

⑥ 偏将军：副将，副职统帅。上将军：主将，正职统帅。周朝的军制，天子有三军，王为中军，偏将军为左军，上将军为右军。中军最尊，右军次之，左军又次之。凶事尚右，以右为尊，上将军主杀敌，偏将军主护军。故，偏将军居左，上将军居右。处：处置、对待。"吉事尚左"五句：按照礼制，吉事以左为尊，凶事以右为尊。但在战争时，偏将军在左边，上将军在右边，这是说出兵打仗是用丧礼来对待的。

⑦ 泣：哭泣、哀悼。"杀人之众"四句：杀人多了，要用悲哀的心情来哀悼，即使战胜了也要用丧礼来处置。

[今译今读]

那好战啊，是不吉祥的事情，人们总是厌恶它，所以有道圣王不好战。

圣王平时居住以左为尊，用兵打仗以右为尊。

战争，是不吉祥的事情，不是有道圣王执持的"神器"，只在万不得已的时候才会使用它。即使用它，也要淡然处之，战胜了不要耀武扬威。如果耀武扬威，说明你嗜好杀人。嗜好杀人的人是不能得志于天下的。

　　按照礼制吉事以左为尊，凶事以右为尊。但在作战时偏将军在左边，上将军在右边，这是说出兵打仗是用丧礼来对待的。杀人多了，要用悲哀的心情来哀悼，即使战胜了也要用丧礼来处置。

[高谈阔论]

　　本章说老子战争观。

　　王弼《老子注》于本章正文没有注释。有注家见到《道藏》中《张太守汇刻四家注》，于本章之末尾，有王弼的一个注释："'兵者不祥之器'以下至末皆非《老子》本文。"于是有注家或疑本章非《老子》之言，因此否定此章全文；或疑有古注误入正文，因此重新删削订定经文。然而《老子》王弼本与帛书本基本上相同，而且后来见到的王弼《老子注》诸本皆无此注，本章文字大体上是可信的，还是以保留原样，不擅自删削为好。后人订正古人著作，应当慎之又慎，没有确实的依据，不能轻易更改甚至任意篡改古籍中的文字。

　　本章是老子阐述战争思想的重要篇章。老子的战争观是：不好战，也不反战，在"不得已"情况下要应战。

　　其一，老子不好战。老子认为，"夫佳兵者，不祥之器"，好战是不祥的事情，人们往往"恶之"，所以有道君王不好战。

　　其二，老子不反战。"夫佳兵者，不祥之器"与"兵者，不祥之器"，这两句文词略同而文义不同。前句特指好战，老子是反对的，所以"恶之""不处"；后句泛指战争，老子认为，战争虽然是不祥的事情，不是君王执持的"神器"，但在万不得已的情况下还是要使用它。因此，老子不好战，也不反战。

　　其三，老子讲应战。老子应战理论的原则是"不得已而用之"。"不得已"主要体现在三个方面：

　　一是不打第一枪。老子强调要冷静应战（"恬淡为上"），要做到"不敢为天下先"（第六十七章），不打第一枪，要显示出迫于"不得已"，才用兵应战反击。

二是"果而勿强"。老子讲，战胜了，要做到"俭"（第六十七章），不要耀武扬威，否则说明你嗜好杀人，嗜好杀人的人是不能得志于天下的（"夫乐杀人者，则不可得志于天下矣"）。

三是"胜而不美"。老子讲用兵要做到"慈"（第六十七章），以"慈"战之、守之、卫之，战胜则"以丧礼处之"。用兵打战是"不祥之器""凶事"，所以要用丧礼仪式来处理。"杀人众，以哀悲泣之；战胜，以丧礼处之。"

[众说纷纭]

河上公说："古者战胜，将军居丧主礼之位，素服而哭之，明君子贵德而贱兵，不得已诛不祥，心不乐之，比于丧也。知后世用兵不已，故悲痛之。"（《老子道德经河上公章句》）

苏辙说："以之济难，而不以为常，是谓不处。"（《道德真经注》）

林希逸说："此章之意，盖言人处世，有心于求胜者，皆为凶而不为吉也。"（《老子鬳斋口义》）

吴澄说："恬者不欢愉，淡者不浓厚，谓非其心之所喜好也。为上，谓不好用兵，乃为可尚也。"（《道德真经注》）

奚侗说："本章文谊多复叠而不连贯，疑古注羼入正文，如王道说：自'物或恶之'至止（按至'兵者不祥之器'止），当删。"（《老子集解》）

高亨说："这一章是老子的军事论。他对于军队抱一分为二的辩证观点，一方面认为兵事是要杀人的，是凶事；一方面认为在不得已的情况下还得用它。他对于战争提出两点要求：（一）不要为了泄私愤、逞贪欲而战争，即反对非正义的战争；（二）战胜不要自美。他又举出军礼同于丧礼，来证明兵事是凶事。"（《老子注译》）

黄瑞云说："本章或以为非老子之文，或以为正文有王弼注文混入。此等猜疑，都无道理。其文章旨意，与《老子》整体一致。《长沙马王堆汉墓帛书老子》与王弼本基本相同，可见并无王弼注文羼入……其实文中除'兵者不祥之器'一句略嫌重外，全章文意通顺畅达，不宜删削。对待经典文词，倘若发现确有错简需要调整，必须有足够的根据，切不宜随意改动。如果谁都可以自我作古，张三这样删，李四那样改，古代经典将不堪设想！"（《老子本原》）

第三十二章

　　道常无名朴，虽小天下莫能臣也①。侯王若能守之，万物将自宾②。

　　天地相合，以降甘露，民莫之令而自均③。

　　始制有名，名亦既有，夫亦将知止④。知止可以不殆⑤。

　　譬道之在天下，犹川谷之于江海⑥。

[自圆其说]

　　① 常：常常，经常。朴：未经加工的原木。无名朴：即第三十七章"无名之朴"。小：隐微不可见，义同第三十四章"可名于小"之"小"。莫能臣：没有谁能使之臣服。"道常无名朴"二句：道常常表现为无名之朴，虽然微小不可见，天下却没有谁能使之臣服。

　　② 之：指道。宾：臣服，归附。《广雅·释诂》："宾，列也。"本义为列队、陈列、归附之意。自宾：自动臣服。"侯王若能守之"二句：侯王如果能遵守它，万物就自我归顺。第三十七章"道常无为而无不为。侯王若能守之，万物将自化"，与此意同。

　　③ 天地相合：天为阳，地为阴，阴阳相合，以生万物。民：民众。莫之令：即"莫令之"，指没有谁命令它。均：协调、调节。自均：自然协调、自我调节。"天地相合"三句：天地相融合，就降下甘露，民众没有命令它，却自然协调分布。

　　④ 始：初始。制：制式，指治国理政之道，即第二十八章"大制不

割"之"制"，亦即第六十五章"稽式"之义。止：停止、停息。"始制有名"三句：初始制式有了名分，名分既然有了，也就应该知道适可而止。

⑤ 殆：危险、衰败。知止可以不殆：知道适可而止可以不遇危险。

⑥ 犹川谷之于江海：为倒装句法，正常句式应为"犹江海之于川谷"。道与江海相应，天下万物与川谷对应；道涵养天下万物，江海容纳千河万溪，比喻极为形象适当。"譬道之在天下"二句：譬如道在天下，就像川谷的流水归趋于江海。第六十六章"江海之所以能为百谷王者，以其善下之，故能为百谷王"，与此可互为注释。

[今译今读]

道常常表现为无名之朴，虽然微小不可见，天下却没有谁能使之臣服。侯王如果能遵守它，万物就自我归顺。

天地相融合，就降下甘露，民众没有命令它，却自然协调分布。

初始制式有了名分，名分既然有了，也就应该知道适可而止；知道适可而止可以不遇危险。

譬如道在天下，就像川谷的流水归趋于江海。

[高谈阔论]

本章说"守朴知止"。

老子对道作了这样的描述：道常常表现为"无名之朴"，"朴"很"小"，幽微不可见，但天下却没有谁能支配它。

老子以观察自然界得来的两个"常道"作譬喻，得出圣王治国安民"非常道"。

一是以"天地相合"作譬喻，天为阳，地为阴，天地相合，阴阳交媾，普降甘露，没有谁指使它而自然均匀，这是天地"常道"。圣王若能如此，天下万民也将自然宾服。这是圣王治国安民"非常道"。

二是以川谷作譬喻，以江海譬喻天下，川谷源头水流细小，但涓涓细流，汇成江海。江海之所以能成为百谷王，在于"以其善下之"（第六十六章），圣王若能"善下""不争"，天下就莫能与之争。前者是川谷流水之"常道"，后者是君临天下之"非常道"。

总之，圣王应守朴无为，应"知止"，即知"朴"止"为"，才不会有什么危险。

[众说纷纭]

河上公说："始，道也。有名，万物也。道无名，能制于有名；无形，能制于有形也。既，尽也。有名之物，尽有情欲，叛道离德，故身毁辱也。人能法道行德，天亦将自知之。"（《老子道德经河上公章句》）

王弼说："抱朴无为，不以物累其真，不以欲害其神，则物自宾，而道自得也。……始制，谓朴散始为官长之时也。始制官长，不可不立名分以定尊卑，故始制有名也。……川谷之与江海，非江海召之，不召不求而自归者也。行道于天下者，不令而自均，不求而自得，故曰'犹川谷之与江海'也。"（《老子注》）

林希逸说："道之始，本无名焉，万物既作，而后有道之名。制，作也，是朴散而为器也。此名即有，则一生二，二生三，何所穷已。知道之士，当于此而知止，则不循名而逐末矣。循名逐末，则危殆之所由生也。知止，则不殆矣。"（《老子鬳斋口义》）

范应元说："道常无名，固不可以小、大言之，圣人因见其大无不包，故强为之名曰'大'，复以其细无不入，故曰'小'也。"（《老子道德经古本集注》）

吴澄："上文言自无而有，当止于德。此又言自有而无，当复于道。盖道之在天下，犹江海为众流之所归。德者犹谿谷之众流，德而复归于道，则犹谿谷之会同于江海。"（《道德真经注》）

陈鼓应说："老子用'朴'来形容道的原始无名的状态，侯王若能持守无名之朴的道（亦即是持守它那自然无为的特性），人民当能安然自适，各遂其生……这原始质朴的道，向下落实使万物兴作，于是各种名称就产生了：定名分，设官职，处身行事就有着适度规范了。"（《老子注译及评介》）

第三十三章

知人者智，自知者明①。

胜人者有力，自胜者强②。

知足者富，强行者有志③。

不失其所者久，死而不亡者寿④。

[自圆其说]

① 智：智慧，义同第三章"使夫智者不敢为也"、第十八章"智慧出，有大伪"、第十九章"绝圣弃智"、第六十五章"故以智治国，国之贼；不以智治国，国之福"之"智"。明：聪明、高明。"知人者智"二句：知道别人的人只是有智慧，知道自己的人才是聪明。"明智"一词即出于此，"自知之明"成语亦由此而来。

② 自胜：战胜自己，指克制自己欲望，克服自身缺点。强：强大。《老子》五千言中，"强"有两义：一贬一褒。贬是与柔弱相对，如第七十六章"坚强者死之徒，柔弱者生之徒"；褒是如第五十章之"守柔曰强"。此处当属后者。"胜人者有力"二句：战胜他人的人只是有力量，战胜自己的人才是强大。

③ 富：富有。知足者富：知道满足的人才是富有。第四十四章"知足不辱，知止不殆，可以长久"、第四十六章"故知足之足，常足矣"，亦即此意。强行：强力而行。强行者有志：强力而行的人只是有志向。"知足者富"二句：知道满足的人才是富有，强力而行的人只是有志向。

④ 所：场所，在此指自己身体。不失其所：不丧失自己身体。死：身死，指无身。亡：消亡。死而不亡：身体死了而不消亡，即虽死犹生。"不失其所者久"二句：不丧失自己身体的人只是活得长久，虽死犹生的人才是长寿。

[今译今读]

知道别人的人只是有智慧，知道自己的人才是聪明。

战胜他人的人只是有力量，战胜自己的人才是强大。

知道满足的人才是富有，强力而行的人只是有志向。

不丧失自己身体的人只是活得长久，虽死犹生的人才是长寿。

[高谈阔论]

本章解说第五十五章"知常曰明"。

世人的"常道"，总是强调"知人""胜人""强行""不失其所"；老子的"非常道"，则强调"自知""自胜""知足""死而不亡"。老子认为，知人难，自知更难，所以，"知人"不如"自知"；胜人难，自胜更难，所以，"胜人"不如"自胜"；强行难，知足更难，所以，"强行"不如"知足"；长生不老难，永垂不朽更难，所以，"不失其所"不如"死而不亡"。

知"常道"，是智慧；由知"常道"而知"非常道"，才是聪明。

[众说纷纭]

河上公说："能胜人者，不过以威力也。人能自胜已情欲，则天下无有能与已争者，故为强也。"（《老子道德经河上公章句》）

王弼说："知人者，智而已矣，未若自知者，超智之上也……以明自察，量力而行，不失其所，必获久长矣。虽死而以为生之，道不亡乃得全其寿。身没而道犹存，况身存而道不卒乎。"（《老子注》）

吕惠卿说："知人者智，自知者明，自知然后能知人，则明者固智之所

自出也。胜人者有力，自胜者强，自胜然后能胜人，则强者固力之所自出也。"（《老子注》）

范应元说："人能虚静，则可以知人，可以自知。知人以智言，非私智也，犹止水之烛物也。自知以明言，乃本明也，犹上水之湛然也。《庄子·天道篇》有曰：水静则明，烛须眉，平中准，大匠取法焉。水静犹明，而况精神。圣人之心静乎，天地之鉴也，万物之镜也。"（《老子道德经古本集注》）

高亨说："其人虽死，而他的道德功业、学说等，并未消亡，而被人念念不忘，就可以称他为长寿。"（《老子注译》）

陈鼓应说："本章讲个人修养与自我建立。一个能'自知''自胜''自足''强行'的人，要在省视自己，坚定自己，克制自己，并且矢志力行，这样才能进一步开展他的精神生命与思想生命。在老子看来，知人、胜人固然重要，但自知、自胜尤为重要。"（《老子注译及评介》）

第三十四章

　　大道泛兮，其可左右①。万物恃之而生而不辞，功成不名有②。
　　衣养万物而不为主，常无欲，可名于小③。万物归焉而不为主，
可名为大④。
　　以其终不自为大，故能成其大⑤。

[自圆其说]

　　① 泛：泛滥。《说文解字》："泛，滥也。"其：指大道。可左右：可上
下左右周遍运行，无所不在。"大道泛兮"二句：大道泛滥，它可左右周行
不止。第二十五"寂兮寥兮，独立而不改，周行而不殆"，即为此意。

　　② 恃：依赖，依恃。《说文解字》："恃，赖也。"之：指大道。辞：主
宰，义同第二章"万物作焉而不辞"之"辞"。名：名声，声称。有：占
有。功成不名有：功成而不要功名。"万物恃之而生而不辞"二句：万物
依赖大道而生长，而大道不主宰，功成而不邀名居功。第二章"万物作
焉而不辞，生而不有，为而不恃，功成而弗居"、第九章"功遂身退，天
之道"、第十章和第五十一章"生而不有，为而不恃，长而不宰，是谓玄
德"、第七十七章"是以圣人为而不恃，功成而不处"，旨意与此一致。

　　③ 衣：包裹、覆盖。衣养：即第五十一章"养之覆之"之义，指不显
露生养之功。主：主宰。无欲：指"不辞""不名有""不为主"。小：微
小。《广雅·释诂》："微，小也。"义同第十四章"视之不见名曰微"之
"微"。"衣养万物而不为主"三句：道覆盖生养万物而不为主宰，常常没有

私欲，可称为小。

④ 归：归趋，复归。可名为大：可以称为大。与第二十五章"强为之名曰大"旨意一致。"万物归焉而不为主"二句：万物归附它却不自以为是主宰，可以称为大。

⑤ 不自为大：不自以为大。其终不自为大：它始终不自以为大，即上文"衣养万物而不为主，常无欲，可名于小"。能成其大：能够成就其大，即上文"万物归焉而不为主，可名为大。""以其终不为大"二句：因为大道终究不自以为大，所以能够成就其大。

[今译今读]

大道泛滥，它可左右周行不止。万物依赖大道而生长，而它不主宰，功成而不邀名居功。

大道覆盖生养万物而不为主宰，常常没有私欲，可称为小。万物归附它却不自以为是主宰，可以称为大。

因为大道终究不自以为大，所以能够成就其大。

[高谈阔论]

本章说圣王"非常道"："不自为大而成其大"。

老子认为，圣王想"成其大"必须显示他"不自为大"，谦和卑下，勇于做"小""不为主""生而不辞""功成不名有"，恩惠于人，获得民心，则万民归顺，就可以做老大了。这就是"以其终不自为大，故能成其大"之"非常道"。

[众说纷纭]

王弼说："言道泛滥，无所不适，可左右上下周旋而用，则无所不至也。"（老子注）

林希逸说："泛兮其可左右，无所系着也。物物皆道之所生，何尝辞之？既生矣，何尝居之以为功？衣被，蒙赖也。万物皆蒙赖其利，而道何尝有主宰之心？湛然而无所欲，可谓之自小矣，故曰'可名于小'。道虽小，而万物归之以为主，道亦不自知，岂不谓之大乎？惟其能小，所以能大。圣人之所以不为大者，故能成其大也。此即'守其雌''为天下谿'之意。"（《老子鬳斋口义》）

吴澄说："此章言天地之道，结语迺言'圣人'，盖圣人与天地一也……是天地之道虽大，而不自以为大。圣人亦若此矣，是以能成大也，亦以其道大而不自以为大，故能成其大焉尔。"（《道德真经注》）

高亨说："这章是老子的宇宙论。"（《老子注译》）

陈鼓应说："这里借道来阐扬顺任自然而'不为主'的精神。反观基督教耶和华的作风则大不相同，耶和华创造万物之后，长而宰之，视若囊中之物。老子所发挥的'不辞''不有''不为主'的精神，消解领导者的占有欲与支配欲，从'衣养万物'中，我们还可以呼吸到爱与温暖的空气。"（《老子注译及评介》）

第三十五章

执大象，天下往^①；往而不害，安平太^②。

乐与饵，过客止^③。

道之出口，淡乎其无味，视之不足见，听之不足闻，用之不足既^④。

[自圆其说]

① 执：执持、秉守。大象：大道也，即第四十一章"大象无形"之"大象"。天下：指天下万物，此指人。往：归往、归顺。"执大象"二句：圣王执持大道，天下人都来归顺。

② 不害：未受到妨害。义同第六十六章"处前而民不害"之"不害"。安平太：安宁、平和、泰顺。太通泰。安、平、太，皆申言"不害"义。"往而不害"二句：万物归顺于道而不受到妨害，大家就能安宁、平和、泰顺。

③ 乐与饵：音乐与美食。过客止：过客为之而止步。

④ 道之出口：指道从嘴里说出来。淡：通"啖"，吃，品尝。《广雅》："啖，食也。"淡其无味：品而无味。足：可，可能。既：尽。"道之出口"五句：道从嘴里说出来，品而无味，视而不见，听而不闻，用之不尽。此五句可作第四十章"大象无形"注脚。

[今译今读]

圣王执持大道，天下人都来归顺。归顺而不受妨害，大家就能安宁、平和、泰顺。

音乐与美食，只能吸引过往的客人留步。

道从嘴里说出来，品而无味，视而不见，听而不闻，用之不尽。

[高谈阔论]

本章说"执大象，天下往"。

老子用诗化的语言描述了道的特性和作用，喻示天下君王：唯执守大道，才能天下往归，达于安宁、平和、泰顺。

其一，"大象"其大无形。道从嘴里说出来，虽然啖之无味，视之不见，听之不闻，但是，用之不尽。第十四章"视之不见名曰微，听之不闻名曰希，搏之不得名曰夷"的旨意与此一致。

其二，"大象"其用"往而不害"。一方面，"大象"具有吸引"天下往"的功用，执持无形大象，万民向往归顺；另方面，"大象"还有"不害"的特征，天下归顺而不受妨害，大家就能安宁、平和、泰顺。音乐与食物，能吸引一些过路客人暂时止步，但不能吸引"天下往"，更不能用之不尽。

[众说纷纭]

河上公说："饵，美也。过客，一也。人能乐美于道，则一留止也。一者去盈而处虚，忽忽如过客。道出入于口，淡淡，非如五味有酸咸苦甘辛也。"（《老子道德经河上公章句》）

苏辙说："作乐设饵，以待来者，岂不足以止过客哉？然而乐阕饵尽，彼将舍之而去。若夫执大象以待天下，天下不知好之，又况得而恶之乎？虽无臭味形色声音以悦人，而其用不可尽矣。"（《道德真经注》）

林希逸说："大象者，无象之象也。天下往者，执道而往行之天下也。"（《老子鬳斋口义》）

吴澄说："言体道之圣人为天下之人所归往，民既归往，而圣人以不利

利之。盖利之以利，则有利亦有害。利之以不利，则常利而不害，则民得以常安、常平、常泰也。"（《道德真经注》）

陈鼓应说："仁义礼法之治有如'乐与饵'，不如行守自然无为的大'道'——虽然无形无迹，但能使人民平居安泰。"（《老子注译及评介》）

第三十六章

将欲歙之，必固张之；将欲弱之，必固强之；将欲废之，必固兴之；将欲取之，必固与之①。是谓微明②。

柔弱胜刚强③。

鱼不可脱于渊，国之利器不可以示人④。

[自圆其说]

① 歙：读 xī，收敛、收缩。《说文解字》："歙，缩鼻也。"本指缩着鼻子吸气，后引申为吸收、收缩。固：通"姑"，姑且，暂且。张：扩张、张开。《释文》："张，开也；歙，敛也。"与：通"予"，给予。"将欲歙之"八句：将要收敛它，必须暂且先扩张它；将要削弱它，必须暂且先强化它；将要废弃它，必须暂且先兴盛它；将要夺取它，必须暂且先给予它。

② 微：微小不可见。第十四章"视之不见名曰微"，即为此意。微明：指隐藏聪明，即第二十七章"袭明"、第五十二章"习常"之意，亦即下文"国之利器不可以示人"之意。

③ 柔弱胜刚强：柔弱可以战胜刚强。第四十章"弱者道之用"、第五十二章"守柔曰强"、第七十六章"柔弱处上"、第七十八章"天下莫柔弱于水，而攻坚强者莫之能胜""弱之胜强，柔之胜刚"，均与此旨意一致。

④ 脱：脱出、离开。渊：水潭。利器：锋利之器。国之利器：指上文"将欲……必固……"所蕴涵的"非常道"，引申为君王治国谋略。示：炫耀。示人：向人炫耀，让人知道。"鱼不可脱于渊"二句：鱼不可以脱离深

渊，国君权谋不可以让人知道。

[今译今读]

将要收敛它，必须暂且先扩张它；将要削弱它，必须暂且先强化它；将要废弃它，必须暂且先兴盛它；将要夺取它必须暂且先给予它。这种隐藏着的聪明叫"微明"。

柔弱可以战胜刚强。

鱼不可以脱离深渊，国君权谋不可以让人知道。

[高谈阔论]

本章说圣王"非常道"之"欲取先与"。

开头八句是老子观察自然界和人类社会中四种现象的变化规律，归纳出自然社会中普遍存在的"常道"：事物若向此一方向发展，必定先有一向相反方向之运动，并由此自然社会"常道"，提炼出为圣王设计的对付政敌之"非常道"："欲取先与"。这是一种"后发制人"的思想，是"不敢为天下先"法宝的具体运用，这成为后世官场的权谋之术。其"非常"之处有五：

其一，立足"反者道之动"（第四十章）。敌我双方，立场相反相对，力量反向变化。八句中四组：歙与张，弱与强，废与兴，取与与，均为相反相对，又可反向转变的关系。

其二，遵循"弱者道之用"（第四十章）。"将欲"是预设的目的，具体是"歙之、弱之、废之、取之"。按照世人的"常道"，即常规思路，一般是朝着目标正向做减法，一点点收敛收拾对方，一步步减损压制对方，坚持不断地"歙之、弱之、废之、取之"，使刚者不刚，强者不强，最终达到"胜刚强"的目的。老子却反"常道"而行之，反向起点，"卑弱处上"（第七十六章），从柔弱开始，为对方做加法，通过"张之、强之、兴之、与之"，暂且先使对方刚者更刚，强者更强，将对方推向极致，然后根据"物壮则老"（第三十章）的自然法则，物极必反，对方达到极端之时，便是最后覆灭之时，最终达到预设的"歙之、弱之、废之、取之"目的。这种以退为进、以反求正、以反取胜之道，就是老子以柔克刚、以弱胜强的"非常道"。

其三，主张"柔弱胜刚强"。"柔弱胜刚强"，其目的还是在于"胜"，只是以柔弱的方式胜之而已。首八句四个"将欲"内容，是预设的根本目的，四个"必固"内容，均为权宜之计，是"柔弱胜刚强"这一"非常道"的具体运用。

其四，保持"国之利器不可以示人"。"国之利器"比喻圣王权力、权威，在此专指圣王"柔弱胜刚强"之谋略，指内心所"将欲"。本章"将欲"二字值得好好体会，"不可以示人"这句值得好好领会。"将欲"之心，如果"示人"，成了"司马昭之心，路人皆知"，不仅不起作用，反而容易被人所用。所以，"将欲"不示于人，则为国之利器；"将欲"示于人，则为国之凶器。

其五，做到"微明"。想要胜对方，不去削弱对方，反而做强对方，在世人看来这是不明智的，但老子认为，这是聪明的，是一种隐藏起来的聪明，这叫"微明"。实现"柔弱胜刚强"的前提是必须隐藏"将欲"目的，麻痹对方，不轻易示人，不提前暴露，以免引起对方警觉，加强防范。如鱼不可脱出水潭，鱼离开水即失去生机。这套权术后来演变成韬晦之术。

本章有一个历来争论不休的话题：老子是否主张搞阴谋诡计。郭沫若在《十批判书》中说："这一章在《道德经》中是最为人所诟病的文字，因为它完全讲的是诈术。"所以，古今许多注家为维护老子哲学的超脱性质，往往曲为维护，不惜曲解经文。实际上，老子致力于"以道佐人主"，主要目的就是为君王提供"以正治国，以奇用兵，以无事取天下"的君人南面之术，此类权谋之语，随处可见。事实如此，不必为老子讳也，否则反而有违老子本意。

［众说纷纭］

韩非说："赏罚者，邦之利器也，在君则制臣，在臣则胜君。君见赏，臣则损之以为德；君见罚，臣则益之以为威。人君见赏，而人臣用其势；人君见罚，人臣乘其威。故曰：'邦之利器，不可以示人。'"（《韩非子·喻老》）

河上公说："先开张之者，欲极其奢淫。先强大之者，欲使遇祸患。先兴之者，欲使其骄危。先与之者，欲极其贪心。此四事，其道微，其效明也。柔弱者久长，刚强者先亡也。鱼脱于渊，谓去刚得柔，不可复制也。利器者，谓权道也。治国权者不可以示执事之臣也，治身道者不可以示非其人也。"（《老子道德经河上公章句》）

范应元说："或者以此数句为权谋之术，非也。圣人见造化消息盈虚之运如此，乃知常胜之道是柔弱也，盖物至于壮则老矣……河上公以权道为利器，韩非以势为渊，以赏罚为利器，子由以柔弱为利器，王？以刚强为利器，遂使后世疑此章为权谋之术，皆不得老氏之意也。"（《老子道德经古本集注》）

吴澄说："鱼脱于渊，见其易制而为人所取。国之利器以示人，人见其为利，且将效之，或求过之，而我之利者不足以为利矣。不脱于渊，不以示人，则不可测知，所谓'微明'矣。"（《道德真经注》）

毛泽东说："'存人失地，人地皆存，存地失人，人地皆失。'这是一个辩证法，其中包含了深刻的哲理。那意思是保存革命力量是最重要的，有了人就有了一切，没有人就什么也没有了。我们不能计较一城一地之得失，要敢于'将欲取之，必先与之'，这是古人都懂得的哲学道理。"（转引自柏桦著《毛泽东口才》）

毛泽东说："我看老子比较老实，他说'将欲取之，必固予之'，要打倒你，先把你抬起来，搞阴谋，写在了书上。"（转引自陈晋主编《毛泽东读书笔记解析》）

王力说："此数语最近权数，世人之误认老子任术者以此，不可以不辨

也。'将欲歙之'云云，与'天将救之，以慈卫之'同一语法，但有正反之别而已。"（《老子研究》）

高亨说："此诸句言天道也。或据此斥老子为阴谋家，非也。老子戒人勿以张为可久，勿以强为可恃，勿以举为可喜，勿以与为可贪耳。故下文曰'柔弱胜刚强'也。"（《老子正诂》）

张舜徽说："此以鱼喻君，以渊喻道。意谓鱼离于水则死，君离于道则败。因近取譬，以言为人君者，不可须臾与道相失也。国之利器，谓人君南面之术。南面之术，绝圣弃智，而用人之圣智，以臻于无为而无不为之治。若此微明之道，深藏于已而不可出以示人也。自来证说此语者，多以赏罚为利器，赏罚，特南面术之一端耳。"（《周秦道论发微·老子疏证》）

李零说："这是讲以道治国。《老子》讲治国之术，非常阴柔。它有一套奇怪的辩证法，越想干什么，就越不干什么，处处跟'常识'拧着来，装柔示弱，掩盖目标，迷惑敌人，有如老练的兵法。作者说，这是一种'微明'，即看不见的光明。它是国家的利器。这类手段，都不可告人，就像鱼儿，一定要藏在深渊之中。"（《人往低处走》）

第三十七章

道常无为而无不为①。

侯王若能守之，万物将自化②。化而欲作，吾将镇之以无名之朴③。镇之以无名之朴，夫亦将无欲④。不欲以静，天下将自定⑤。

[自圆其说]

① 无为：没有人为，不妄为。无不为：无所不为。道常无为而无不为：道常常是无为而又无所不为。

② 之：即道，指"无为而无不为"之道。自化：自我化生。"侯王若能守之"二句：侯王如果能遵守它，万物将自然化生。第三十二章"天地相合，以降甘露，民莫之令而自均"、第五十七章"我无为而民自化，我好静而民自正，我无事而民自富，我无欲而民自朴"、第六十四章"以辅万物之自然而不敢为"，旨意与此一致。

③ 欲：贪欲、私欲。《说文解字》："欲，贪欲也。"作：产生，萌生。镇：镇抚，广泛地压制。《说文解字》："镇，博压也。"之：指贪欲。无名之朴：道之别名，义同第三十二章"道常无名朴"。第三十二章"道常无名"、第四十一章"道隐无名"、第二十八章"朴散则为器"，亦可参证。"化而欲作"二句：自然化生时会有私欲萌生，我就用无名之朴来压制私欲。第十章"涤除玄览"，即为此意。

④ 镇之以无名之朴：用来压制的无名之朴。王弼本、傅奕本均作"无

名之朴"，据帛书乙本增补"镇之以"三字。夫：彼，指"欲作"者。将：当，就。"镇之以无名之朴"二句：用来压制的无名之朴，它本身是没有私欲的。第五十七章"我无欲而民自朴"，即为此意。

⑤　以：而，则。定：正定。"不欲以静"二句：没有私欲而守静，天下就会自己恢复正定。第五十七章"我好静而民自正"、第四十五章"清静为天下正"，即为此意。

［今译今读］

道常常是无为而又无所不为。

侯王如果能遵守它，万物将自然化生。自然化生时会有私欲萌生，我就用无名之朴来压制私欲。用来压制的无名之朴，它本身是没有私欲的。没有私欲而守静，天下就会自己恢复正定。

［高谈阔论］

本章说"道常无为而无不为"。

"道常无为而无不为"，是老子的重要命题，乃本章之眼，全章亦围绕此点而展开。道是"有、无"混同一体，老子说"（有无）此两者同，出而异名"（第一章）。"无为"是道用，是方法，即"无之以为用"（第十一章）；"无不为"是道利，是实效，即"有之以为利"（第十一章）。本章描述了"无为"在君王治国安民三个阶段的作用表现：

第一阶段："侯王若能守之，万物将自化"。君王自然无为，民众自然生化。

第二阶段："镇之以无名之朴，夫亦将无欲"。如果民众因循本性自然生化而萌发欲望，便用无之别名"朴"来遏制，使民众没有欲望。

第三阶段："不欲以静，天下将自定"。如果民众没有欲望则保持镇静，天下就会自然安定。

在老子看来，"道"即"无名之朴"，"无名之朴"即"无欲"，"无欲"即"静","静"即"无为",五者词异义同。本章"无名之朴""无欲""静",是"无为而治"所起阶段性作用的不同表现,"自化""不欲""自定"是遵循"无为而治"而产生的不同阶段的成果,都归结于"道常无为而无不为"思想。

[众说纷纭]

河上公说:"道以无为为常也。言侯王若能守道,万物将自化效于己也。"(《老子道德经河上公章句》)

苏辙说:"无所不为而无为之之意耳。圣人以无为化物,万物化之,始于无为而渐至于作,譬如婴儿之长,人伪日起。故三代之衰,人情之变,日以益甚,方其欲作,而上之人与天下皆靡,故其变至有不可胜言者。苟其方作而不为之动,终以无名之朴镇之,庶几可得而止也。"(《道德真经注》)

林希逸说:"无为无不为,自然而然也。侯王若能守此无为之道,则不求化万物,而万物自化矣。天地之间,万化欲作之时,吾但以无名之朴镇之。化,万物之变也。万变俱作,相寻不已,而我但以自然处之。彼自纷纷,我自安安,故曰'镇'。下句'化'字不可拈上句'化'字说。无名之朴何也?亦无欲而已。无欲则静,静则天下自正矣。不欲,即无欲也。'不'字又有'勿'字意,用功处也。"(《老子鬳斋口义》)

吴澄说:"此章前二节言无为而民自化,后二节言好静而民自正。"(《道德真经注》)

张舜徽说:"镇之以无名之朴,谓人君清虚自守,不见可欲,使群下莫由窥测高深,不能欺蔽之也。夫犹彼也,言人君能守斯道,清静寡欲以镇天下,天下之人亦将归于无欲也。"(《周秦道论发微·老子疏证》)

傅佩荣说:"'无为而无不为'一语是对'道'的作用之标准描述。'道'是无为的,因为它不存在任何目的,无为并不是什么都没做,而是无心而为,无心就是没有任何目的。'道'也没有任何潜能要实现。有潜能要实现的话，'道'本身就不完美了。'道'又是无不为的，任何事物或状态，如果违背'道'的规律根本无法存在。任何东西只要存在，一定是从'道'而来的，所以'道'变成无不为。换言之，'无为'源自'道'的超越性，而'无不为'则源自'道'的内存性。"（《傅佩荣细说老子》）

第三十八章

　　上德不德，是以有德①；下德不失德，是以无德②。上德无为而无以为，下德为之而有以为③。上仁为之而无以为，上义为之而有以为④，上礼为之而莫之应，则攘臂而扔之⑤。

　　故失道而后德，失德而后仁，失仁而后义，失义而后礼⑥。夫礼者，忠信之薄而乱之首⑦。前识者，道之华而愚之始⑧。

　　是以大丈夫处其厚，不居其薄；处其实，不居其华⑨。故去彼取此⑩。

[自圆其说]

　　① 德：通"得"，此指得道或得道者。上德：指最好的得道者。不德：不求有得。是以：因此，所以。有德：有得。"上德不德"二句：上德者，不求有得，所以有得。第二十二章"不自见故明，不自是故彰，不自伐故有功，不自矜故长"，即为此意。此"上德"与第十章、第五十一章"玄德"义同。

　　② 下德：指最差的得道者，包括下文"上仁""上义""上礼"三者。不失德：不想丧失得。无德：没有所得。"下德不失德"二句：下德者，力求不失得，反而无所得。第二十四章"自见者不明，自是者不彰，自伐者无功，自矜者不长"，亦即此意。

　　③ 无以为：即以"无"为，指无为而为。为之：指有所为。有以为：即以"有"为，指有意为之。"上德无为而无以为"二句：上德者，自然无

为，是无为而为；下德者，有所为，是有意为之。

④ 上仁：最好的仁者。上义：最好的义者。"上仁为之而无以为"二句：上仁者，有所为，是无意为之；上义者，有所为，是有意为之。

⑤ 上礼：最好的礼者。莫之应：即莫应之，指没有人响应他。攘：卷起袖子伸出手臂。《广韵》："揎袂出臂曰攘。"扔：强力拉扯。《广韵》："扔，强牵引也。""上礼为之而莫之应"二句：上礼者，有所为，没有人响应他，就伸出胳膊强力拉扯他人顺从。

⑥ "故失道而后德"四句：所以，失去道而后讲德，失去德而后讲仁，失去仁而后讲义，失去义而后讲礼。

⑦ 薄：浅薄，不厚。乱之首：混乱的开端。"夫礼者"二句：礼是最无忠信的东西，是混乱的祸首。

⑧ 前识：先知先觉，超前意识，此指智慧。华：花，指虚华、表面。愚之始：愚昧的根源。"前识者"二句：智慧是道的虚华，是愚昧的根源。

⑨ 大丈夫：即第十五章"善为道者"，亦即上德者。薄：同于上文"忠信之薄"之"薄"，指礼。实：指道。"是以大丈夫处其厚"四句：因此，得道者处厚道，不处浮薄；处朴实，不处虚华。

⑩ 彼：指"虚""华"。此：指"厚""实"。故去彼取此：所以，要除去"薄""华"，而应取"厚""实"。

[今译今读]

上德者，不求有得，所以有得；下德者，力求不失得，反而无所得。上德者，自然无为，是无为而为；下德者，有所为，是有意为之。上仁者，有所为，是无意为之；上义者，有所为，是有意为之；上礼者，有所为，没有人响应他，就伸出胳膊强力拉扯他人顺从。

所以，失去道而后讲德，失去德而后讲仁，失去仁而后讲义，失去义而后讲礼。礼是最无忠信的东西，是混乱的祸首。智慧是道的虚华，是愚昧的根源。

因此，善为道者处厚道，不处浮薄；处朴实，不处虚华。所以，要除去"薄""华"，而应取"厚""实"。

[高谈阔论]

本章说大道流变序列和为道修道层次。

本章与第十八章、第三十七章有内在联系，第十八章提出"大道废，有仁义"，本章承接续说大道废后流变序列；第三十七章提出"道常无为而不为"，本章承上描述为道修道层次。

首先，老子论述了"大道废"后在社会上流失的序列，由道而德，由德而仁，由仁而义，由义而礼。失"道"——有"德"——失"德"——有"仁"——失"仁"——有"义"——失"义"——有"礼"。在大道流行时，是无需"德"的，大道逐步丧失，则需要"德"来校正社会，这就出现了"德"，即"失道而后德"；失去"德"，就讲究"仁"了，即"失德而后仁"；失掉"仁"，便讲究"义"了，即"失仁而后义"；失去"义"，便讲究"礼"了，即"失义而后礼"，这时仅仅剩下了远离大道的浮华而已。

其次，老子根据"道常无为而无不为"描述了为道者修道行为的四个层次：上德、上仁、上义、上礼。其中"上仁""上义""上礼"，均属"下德"。上德者"无为"，下德者包括上仁者、上义者、上礼者皆"为之"，而有等差，并与大道流失序列相对应。

最高层次："上德"。大道周行天地，"大曰逝，逝曰远，远曰反"（第二十五章），大道逐渐丧失后，需要"德"来校正社会，即"失道而后德"，也就出现了"上德"。"上德"与"玄德""孔德""广德""建德"同义，都是指修道得道的高人。"上德无为而无以为"，意谓自然无为，无为而为。为道者"惟道是从"（第二十一章），遵从大道而行，不求有得，反而有得，这是上德者，是"善为道者"，是谓"上德不德，是以有德"也。

第二层次："上仁"。"失道而后德"，根据修道是"无为"还是有为

（"为之"），"德"分"上德""下德"，"上德无为""下德为之"。"上德
无为而无以为，下德为之而有以为"。"为之"，是"下德"区别于"上德"
的本质特征，也是"上仁""上义""上礼"的共同属性。所以，"下德"包
括"上仁""上义""上礼"三者。从"上德"到"下德"，开始丧失道的本
质。下德者有所为，有意为之，为修道而修道，越不想丧失道反而无所得，
离道越远，是谓"下德不失德，是以无德"也。"失德而后仁"，意谓"上
德"失去后就讲究"上仁"了。"上仁为之而无以为"。上仁者有所为，而
无意为之，虽然无私心意思，但也已离开大道了。所以，"上仁"不如"上
德"，是谓"失德而后仁"也。

第三层次："上义"。"上义为之而有以为"。"上义"与"上仁"的共同
点是"为之"，区别是上义者"有以为"。上义者有所为，是有意为之，修
道以是否有义而为之。上仁者，"无以为"，一视同仁；上义者，"有以为"，
有所图利而为之，所以，"上义"不如"上仁"，是谓"失仁而后义"也。

第四层次："上礼"。"失义而后礼"。失去了"上义"，便开始讲究
"上礼"了。"上礼为之而莫之应，则攘臂而扔之"。上礼者修道注重形式，
已失道之实与厚，徒有虚华与浅薄的外表。

所以，老子说："夫礼者，忠信之薄而乱之首。前识者，道之华而愚之始"。

老子将"失道"后世人修道行为分为两个大的方面：上德和下德，下
德又分三个层次：上仁、上义、上礼。上德"无为"，得道之厚而失道之实
（"无不为"），下德（上仁、上义、上礼），皆"为之"，均失道之厚与道
之实，并有等差，越向下层，道之厚变得越来越浅薄，道之实变得越来越
虚华。"上礼"成为"乱之首""愚之始"，属最低层次。

最后，老子为"善为道者"描绘出了一张标准像："大丈夫"，敦厚而
不浅薄，朴实而不虚华。

[众说纷纭]

韩非说："德者，内也；得者，外也。'上德不德'，言其神不淫于外

也。神不淫于外，则身全，身全之谓德。德者，得身也。凡德者，以无为集，以无欲成，以不思安，以不用固……所谓'大丈夫'者，谓其智之大也。"（《韩非子·解老》）

河上公说："上德谓太古无名号之君，德大无上，故言上德也。不德者，言其不以德教民，因循自然，养人性命，其德不见，故言不德也。"（《老子道德经河上公章句》）

高亨说："上德之人，但求反其本性，不于性外求德，而终能全其本性，故曰'上德不德，是以有德'。下德之人，不求反其本性，而于性外求德，既得性外之德，则坚守勿失，而终失其本性，故曰'下德不失德，是以无德'。"（《老子正诂》）

张舜徽说："《老子》所称'上德'，犹言君道之上者；所称'下德'，犹言君道之下者。与'不德''有德''无德'之'德'，字同意异。随文所施，义各有当。周秦故书，大抵然矣。在乎好学深思者，能心知其意也。"（《周秦道论发微·老子疏证》）

陈鼓应说："老子从居心上来分'道''德''仁''义''礼'这几个层次。无形无迹的道显现于物或作用于物是为德（道是体，德是用，这两者的关系其实是不能分离的）。老子将德分为上下：上德是无心的流露，下德则有了居心。'仁义'是从下德产生的，属于有心的作为，已经不是自然的流露了。到了礼，就注入勉强的成分，礼失而后法（古时候'法'实内涵于'礼'），人的内在精神全然被斫伤。"（《老子注译及评介》）

李零说："《老子》超越孔子，不是跟孔子对着干，说仁、义、礼都是坏东西，而是把道、德摆在这三样之前，把它们比下去。它说，最好的德，是不求有得，所以有得；最坏的德，是唯恐有失，所以无得。最好的德和最好的仁、义、礼相比，它们的最大不同是：最好的德，彻底无为，行动无为，思想也无为；最好的仁，思想无为，行动有为；最好的义，彻底有为，思想有为，行动也有为；最好的礼，是不管人家愿意不愿意，非强迫别人做。德是根据道，最符合自然，最没强制性。"（《人往低处走》）

　　黄瑞云说："'上德无为而无不为'，任其自然，具有绝对的自由。'下德为之而有不为'，为之而有所不为，有自己可以控制的自由。'上仁为之而无以为'，以，因也，凭借也。无所因而为之，为之而不受客观限制。'上义为之而有以为'，有所因而为之，为之而且受客观控制。'上礼为之而莫之应，则攘臂而扔之'，为之而且强使他人为之。"(《老子本原》)

第三十九章

　　昔之得一者①，天得一以清，地得一以宁，神得一以灵，谷得一以盈，万物得一以生，侯王得一以为天下贞②。

　　其致之③，天无以清将恐裂，地无以宁将恐发，神无以灵将恐歇，谷无以盈将恐竭，万物无以生将恐灭，侯王无以贵高将恐蹶④。

　　故贵以贱为本，高以下为基⑤。是以侯王自谓孤、寡、不穀⑥。此非以贱为本邪？非乎⑦？

　　故致数舆无舆，不欲琭琭如玉，珞珞如石⑧。

[自圆其说]

　　① 昔：往昔，自古以来。得：得到。一：指道之"无"用，泛指无为之道。第十章"载营魄抱一"、第十四章"混而为一"、第二十三章"圣人抱一为天下式"、第四十一章"道生一"之"一"，皆与此同义。老子在强调道之"无"用功能时，往往用"一"代替"道"。得一者：指得道者。昔之得一者：往昔的得道者是这样的。

　　② 清：清明。宁：安宁。神：指祭神活动。灵：灵验。盈：盈满。生：生成。贞：正也。天下贞：指天下王。"天得一以清"六句：天得道可以清明，地得道可以安宁，祭神得道可以灵验，山谷得道可以充盈，万物得道可以生成，侯王得道可以为天下王。

　　③ 其致之：推而言之。

　　④ 天无以清：由上文"天得一以清"，推而言之，"天无以清"意谓

天失一则无以清，即天失道无以清。下文"地无以宁""神无以灵""谷无以盈""万物无以生""侯王无以贵高"皆可类推。裂：崩裂。发：通"废"，指塌陷。歇：歇息。竭：枯竭。灭：毁灭。蹶：跌倒。"天无以清将恐裂"六句：天失道不能清明恐怕要崩裂，地失道不能安宁恐怕要塌陷，祭神失道不能灵验恐怕要歇息，山谷失道不能充盈恐怕要枯竭，万物失道不能生成恐怕要毁灭，侯王失道不能处高位恐怕要跌倒。

⑤ 贵：尊贵。贱：卑微。本：根本。高：高位。下：低位。基：基础。"故贵以贱为本"二句：所以，尊贵以卑贱为根本，高位以下位为基础。

⑥ 孤：孤单，本指幼年丧父，也指丧母。《说文解字》："孤，无父也。"寡：少。《说文解字》："寡，少也。"榖：读 gǔ，通"谷"，善。《尔雅·释诂》："谷，善也。"不榖：不善。孤、寡、不榖：均为古代君王自称的谦词，乃处贱而取下之表现。

⑦ 此非以贱为本邪？非乎：这不是以卑贱为根本吗？难道不是吗？

⑧ 致：招致、追求。数：屡次、频繁。舆：通"誉"，荣誉、赞誉。琭琭："琭"读 lù，形容美玉的样子。珞珞："珞"读 luò，形容石头的样子。"故致数舆无舆"三句：所以，过分追求荣誉反而没有荣誉，不求美玉般的高贵，宁愿基石般的卑贱。

[今译今读]

往昔的得道者是这样的，天得道可以清明，地得道可以安宁，祭神得道可以灵验，山谷得道可以充盈，万物得道可以生成，侯王得道可以为天下王。

由此推而言之，天失道不能清明恐怕要崩裂，地失道不能安宁恐怕要塌陷，祭神失道不能灵验恐怕要歇息，山谷失道不能充盈恐怕要枯竭，万物失道不能生成恐怕要毁灭，侯王失道不能处高位恐怕要跌倒。

所以，尊贵以卑贱为根本，高位以下位为基础。因此，侯王自称"孤""寡""不榖"，这不是以卑贱为根本吗？难道不是吗？

所以，过分追求荣誉反而没有荣誉，不求美玉般的高贵，宁愿基石般的卑贱。

[高谈阔论]

本章承接前两章续说道常无为而"无事不为"。

第三十七章、第三十八章和本章主旨一致，皆为阐述"道常无为而无不为"思想。但阐述的重点不同，第三十七章重在"无时不为"，第三十八章重在"无处不为"，本章重在"无事不为"。

对"一"的理解是把握本章主旨的关键。古今注家大多释"一"为"道"。如果"一"是道，第四十二章说"道生一"，这不是说道生道？这说不通。老子认为，道是"有、无"混同体，道中"有""无"不分，出道后才有"有""无"之名，即首章所谓"此两者同，出而异名"也。老子又说："天下万物生于有，有生于无"（第四十章）。所以，道的创生过程是：道生无，无生有，有生万物，与"道生一，一生二，二生三，三生万物"（第四十二章）描述一致。老子凡释道之"无"用（即第十一章"无之以为用"）功能时，常用"一"来表示。

第一段连续七次使用"一"字，分别描述天、地、神、谷、万物、侯王"得一"以后的事情，第二段则反证如果不能"得一"，即"失一"之后，就会摊上大事，后果严重，以此说明"道常无为"而"无事不为"。

最后，"得一"的重要性重点落在圣王的"无为而治"上。"无为"表现为"贱""下"。圣王应该以"孤、寡、不穀"自称，"谦卑""处下"，以贱为本，以下为基。要知道，最高的赞誉就是没有赞誉。

[众说纷纭]

河上公说："昔，往也。一，无为，道之子也。"（《老子道德经河上公章句》）

王弼说："昔，始也。一，数之始而物之极也。各是一物之生，所以为

主也。"(《老子注》)

林希逸说:"一者,道也。"(《老子鬳斋口义》)

高亨说:"'其致之',致犹推也,推而言之如下文也。十四章曰:'此三者不可致诘。'致诘犹言推问也。致义与此同。"(《老子正诂》)

张松如:"'不欲琭琭若玉,(而宁)珞珞若石。'这些都是老子心目中有'道'人君的性格形象。这里所描绘的这种性格形象,自然折光反映着老子'无为而治'与'致虚''守静'的思想。"(《老子校读》)

张舜徽说:"《老子》云'得一',《庄子》则云'无为',可知古人所谓'一',即指'无为',无为即静。其意以为天地惟能静,故化育万物;人主惟能静,故治理万事。所谓'道法自然',意即在是。"(《周秦道论发微·老子疏证》)

陈鼓应说:"本章前半段讲道的作用,说明道是构成一切天地万物所不可或缺的要素。本章重点在讲侯王的得道,所以后半段提示侯王应体道的低贱之特性。即是说为政者要能处下、居后、谦卑。有道的人君应如大厦的基石,要有骆驼般的精神,要能'珞珞如石',朴质坚忍。"(《老子注译及评介》)

第四十章

反者道之动^①，弱者道之用^②。
天下万物生于有，有生于无^③。

[自圆其说]

① 反：有三种含义，一是相反相成之反。第二章"有无相生，难易相成，长短相形，高下相倾"、第五十八章"祸兮福之所倚，福兮祸之所伏"，即为此义。二是返回之返、返本复初之返。义同第二十五章"字之曰道，强为之名曰大，大曰逝，逝曰远，远曰反"、第六十五章"玄德深矣，远矣，与物反矣"之"反"，第十四章"复归于无物"、第十六章"夫物芸芸，各复归其根"，亦即此义；三是反复之反。第二十五章"周行而不殆"，即为此义。反者道之动："反"是道的运动。

② 弱：柔弱。用：运用、用途。弱者道之用：柔弱是道的运用。第三十六章"柔弱胜刚强"、第四十三章"天下之至柔，驰骋天下之至坚"、第七十八章"强大处下，柔弱处上"，旨意与此一致。

③ 有：同于首章"有，名万物之母"之"有"。无：同于首章"无，名天地之始"之"无"。"天下万物生于有"二句：天下万物都从有中生成，有从无中生成。

[今译今读]

"反"是道的运动，柔弱是道的运用。

天下万物都从有中生成，有从无中生成。

[高谈阔论]

本章说老子"三大定律"。

本章是《老子》一书之纲领，老子提出了关于道之生、道之动、道之用的三大定律，五千言文字只是这三大定律的延伸阐述，五千言思想只是这三大定律的具体运用。

第一定律："天下万物生于有，有生于无"。这是老子关于"道之生"的定律。"道之生"过程是：道生无，无生有，有生天下万物，换言之，即是："道生一，一生二，二生三，三生万物"（第四十二章）。老子认为，道是天下万物创生之源、产生之门，是"玄牝之门"（第六章），是"天地根"（第六章）、"天下母"（第五十二章），是"万物之宗"（第四章）、"万物之奥"（第六十二章）。道创生天下万物，可以说是无所不为、无所不能，此即所谓"无不为"也；道之生，又是"道法自然"（第二十五章），"生而不有，为而不恃，长而不宰"（第五十一章），"以辅万物之自然而不敢为"（第六十四章），此即所谓"无为"也。所以，"道之生"定律的实质是"道常无为而无不为"。"道之生"定律是老子最重要的定律，"道常无为而无不为"思想是老子最核心的思想，是老子为君王设计的"以无事取天下"政治方略的思想基础。

第二定律："反者道之动"。这是老子关于"道之动"的定律。老子认为，道的创生是运动、变动的，"周行而不殆"（第二十五章），而且"道之动"是有规律的，这个律动就是"反者道之动"。"反"通"返"，有相反而成、返本复初、反复循环三层含义。"道之动"的过程是"大曰逝，逝曰远，远曰反"（第二十五章）。这一由"始"而"逝"，由"逝"而"远"，又由"远"而"返"的周而复始的循环过程，即是"道之动"的"周行"状态。老子认为，"极"是对立双方相互转化的转折点。道变化发展到极点，就会转向相反。"远"即为极点、转折点，达到至远穷极这个极点、转折点，道就反向运行。"道之动"的关键是"反"动的极点。老子非常重视"无极"，强调"复归于无极"（第二十八章）。"无极"就是没有达到极点，不走极端，适可而止。道运行不越极点，这是正向运行，处于"无极"状态。越过极点，则反向运行，是"极反"，处于"无正"状态。"无正"即"奇"，"其无正，正复为奇"（第五十八章）。"正"与无正（"奇"）相对，"无极"与"极反"相对。"无极"思想是老子"以正治国"治国策的理论基础；"极反"思想是老子"以奇用兵"兵法的理论基础。详见上篇《我读〈老子〉》第三章老子治国策和老子兵法。

第三定律："弱者道之用"。这是老子关于"道之用"的定律。老子的"道之用"有二个：一是无用之用，"无之以为用"（第十一章）；二是弱者之用。"弱者道之用"与"无之以为用"意思相近，至弱即无，是"无为而无不为"思想在"道之用"上的具体体现。"道之生"定律讲的是本源，重在"道常无为而无不为"，君王用之则可实现"以无事取天下"；"道之动"定律讲的是方向，重在"复归于无极"（"无极"思想）和"大曰逝，逝曰远，远曰反""其无正，正复为奇"（"极反"思想），君王用之则可实现"以正治国，以奇用兵"；"道之用"定律讲的是用法，重在"知雄守雌"，实质是"术"。所谓"弱者"，具体如"守雌""守柔""守静""守黑""守辱""处下"，等等，都是权宜之计。如守雌，但眼光要始终盯着"雄"（"知其雄，守其雌"）；守黑，但眼光要始终盯着"白"（"知其白，守其黑"）；守辱，但眼光要始终盯着"荣"（"知其荣，守其辱"）。所以，"弱者道之用"定律，是老子韬光养晦之术的理论基础。

[众说纷纭]

河上公说："天下万物皆从天地生，天地有形位，故言生于有也。天地神明，蜎飞蠕动，皆从道生，道无形，故言生于无也。此言本胜于华，弱胜于强，谦虚胜盈满也。"（《老子道德经河上公章句》）

王弼说："天下之物，皆以有为生。有之所始，以无为本。将欲全有，

必反于无也。"（《老子注》）

林希逸说："反者，复也，静也，静者动之所由生。"（《老子鬳斋口义》）

吴澄说："道之静则无，动则必与有相反，反者无而不有也。道之体则虚，用则必以弱为事，弱者虚而不盈也。此二句一章之纲。"（《道德真经注》）

王力说："老子之道，以自然为来源；以无为体，以有为用；以反始守柔为处世之方。其言曰'反者，道之动；弱者，道之用；天下万物生于有；有生于无。'此数语乃全书纲领，洋洋五千言，莫能外也。"（《老子研究》）

张舜徽说："此所谓'道'，谓君道也。上文自'明道若昧'，至'大象无形'等十数句，遍举相反之事，以明相反相成之理。善为人主者，如能以愚自处，以柔下人，善用众智，不露己才，自能收无为而无不为之效。故《老子》于此处总结之曰：'反也者道之动也'。谓事物之貌似相反者，而实寓相辅相成之功，乃君道所资之以为动也。君道之要，在能去健羡，黜聪明，故又申之曰：'弱也者，道之用也'。"（《周秦道论发微·老子疏证》）

高亨说："反，借为返，去而复回为返，即循环。自然界日月的运行，春夏秋冬的更替，都是往来循环，老子认为这就是道的运动。第十六章：'万物并作，吾以观复。'复，返也。另一说：反与正相对，如高下、贵贱、成败、贫富等等，各向相反的一面转化。"（《老子注译》）

钱锺书说："'反'有两义。一者、正反之反，违反也；二者、往反（返）之反，回反（返）也……《老子》之'反'融贯两义，即正、反而合，观'逝曰远，远曰反'可知……黑格尔所谓'否定之否定'，理无二致也。'反者道之动'之'反'字兼'反'意与'返'亦即反之反意，一语中包赅反正之动为反与夫反反之动而合于正为返。窃谓吾国古籍中《老子》此五言约辩证之理……（黑格尔）数十百言均《老子》一句之衍义。"（《管锥编·老子王弼注》）

第四十一章

上士闻道，勤而行之^①；中士闻道，若存若亡^②；下士闻道，大笑之。不笑不足以为道^③。

故建言有之^④：明道若昧，进道若退，夷道若纇^⑤；上德若谷，大白若辱，广德若不足，建德若偷，质真若渝^⑥；大方无隅，大器晚成，大音希声，大象无形^⑦。

道隐无名^⑧。夫唯道，善贷且成^⑨。

[自圆其说]

① 士：泛指各级官吏及当时的知识分子。周代封建制中，"士"本是贵族阶级中最低一层，但至春秋战国之际，士之界限已与庶民模糊，统而言之，乃具备相当知识之人。老子按悟道行道的深浅程度将士分为上、中、下三等。勤：勤恳、勤勉。行：实行。行之：行道。"上士闻道"二句：上等士人听到道，便勤勉地实行。

② 若存若亡：指似闻非闻、半信半疑、若有若无的状态。"中士闻道"二句：中等士人听到道，半信半疑。

③ 笑：嘲笑、讥笑。"下士闻道"三句：下等士人听到道，便大声地嘲笑。道如果不被嘲笑，就不足以成为道。

④ 建言：立言，指古人所说。故建言有之：所以，古人有这样说的。

⑤ 昧：暗昧，不明。明道若昧：深明道的人却像是暗昧的。第二十七章"虽智大迷"、第五十八章"光而不耀"，亦即此意。进道若退：

修道进步的人却像是退步了。第七章"圣人后其身而身先，外其身而身存"，与此意同。夷：平，即第十四章"搏之不得名曰夷"之"夷"，引申为顺利的意思。纇：读 lèi，不平。《说文解字》："纇，丝结也。"丝有了节结，则不光滑平坦，引申为不顺利的意思。夷道若纇：行道顺利的人却像是不顺利了。

　　⑥ 德：得。上德：即第三十八章"上德不德，是以有德"之"上德"，指最好的得道者。上德若谷：最好的得道者好像卑下空虚的山谷。第十五章"旷兮其若谷"，即为此意。白：光亮，此指辉煌，义同第二十八章"知其白，守其黑"之"白"。辱：污黑、黯淡。大白若辱：最辉煌的得道者好像污黑黯淡。与"知其白，守其黑"意同。广德若不足：最广大的得道者好像不盈满。第三十三章"知足者富"、第四十四章"知足不辱"、第四十六章"祸莫大于不知足，咎莫大于欲得。故知足之足，常足矣"，可与此互参。建：通"健"，刚健。偷：偷懒、怠惰。建德若偷：最刚健的得道者好像很怠惰。渝：改变。质真若渝：最质朴的得道者好像会改变。

　　⑦ 隅：方正，有棱角。大方无隅：最大的方正没有棱角，即第五十八章"方而不割"之意。大器晚成：最大的器物最晚完成。希声：寂静无声。与第十四章"听之不闻名曰希"之"希"同义。大音希声：最大的声音听不到。象：即第十四章"无物之象"。大象：与第三十五章"执大象，天下往"之"大象"同义。大象无形：最大的形象是无形。

　　⑧ 隐：隐没。名：通"明"，炫耀、显露。注家或释"名"为名称，非是。道隐无名：道是幽隐而不显扬的。

　　⑨ 贷：施与，给予。《说文解字》："贷，施也。"段玉裁注："谓我施人曰贷。"夫唯道善贷且成：唯有道善于施与且成就天地万物。

[今译今读]

　　上等士人听到道，便勤勉地实行；中等士人听到道，半信半疑；下等士人听到道，便大声地嘲笑。道如果不被嘲笑，就不足以成为道。

所以，古人有这样说的：深明道的人却像是暗昧的，修道进步的人却像是退步了，行道要顺利的人却像是不顺利了；最好的得道者好像卑下空虚的山谷，最辉煌的得道者好像污黑黯淡，最广大的得道者好像不盈满，最刚健的得道者好像很怠惰，最质朴的得道者好像会改变；最大的方正没有棱角，最大的器物最晚完成，最大的声音听不到，最大的形象是无形。

道是幽隐而不显扬的。唯有道善于施与且成就天地万物。

[高谈阔论]

本章说"不笑不足以为道"。

第一段，老子根据当时士人闻道后的反应，分出上士、中士、下士，对此古今注家均不解其意，竟然都认为老子肯定"上士闻道，勤而行之"，否定"下士闻道，大笑之"，真乃大错特错也。

老子认为，"为道日损。损之又损，以至于无为"（第四十八章），"圣人不行而知，不见而名，不为而成"（第四十七章），"上德不德，是以有德；下德不失德，是以无德。上德无为而无以为，下德为之而有以为"（第三十八章）。善为道者"无为"，圣人"不为而成"，上德"不德""无为而无以为"，结果是"有德"；只有下德（包括上仁、上义、上礼）追求"不失德""为之而有以为"，结果反而是"无德"。上士闻道，"勤而行之"，是"为之而有以为"，追求"不失德"，最终结果是"无德"。所以，"上士"不是"善为道者"，不属于"上德"。下士闻道，"大笑之"，接近"无为"。老子对下士"大笑之"予以肯定，认为"不笑不足以为道"，这句也隐含着对上士"勤而行之"的否定。

第二段，引用"建言"十二句，继续阐明"上士闻道，勤而行之"是不足以为道的。若昧、若退、若纇、若谷、若辱、若不足、若偷、若渝、无隅、晚成、希声、无形，均指不可"勤而行之"也。老子对"勤而行之"予以否定，也隐含着对下士闻道"大笑之"的肯定。

最后，老子总括上文阐明本章主旨"道隐无名"。虽然只有道善于施与万物且成就万物，但道自然无为，幽隐而不显扬。"道"隐而不显，所以，上士闻"道"，"勤而行之"，不可取。

[众说纷纭]

河上公说："上士闻道，自勤苦竭力而行之。中士闻道，治身以长存，治国以太平，欣然而存之。退见财色荣誉，惑于情欲，而复亡之也。下士贪狠多欲，见道柔弱，谓之恐惧；见道质朴，谓之鄙陋，故大笑之。不为下士所笑，不足以名为道。"(《老子道德经河上公章句》)

林希逸说："最下鄙俚之人，则直笑之耳。惟最下之人以之为笑，方见吾道之高。退之论文且曰'人笑之则以为喜'，况道乎？"(《老子鬳斋口义》)

吴澄："下士无识，以其不合世缘而大笑之矣。识之者鲜，此道之所以可贵也。若皆能识之，则不足以为道矣。"(《道德真经注》)

张舜徽说："此处所言上士、中士、下士，乃谓识道深浅不同之人。识之深者，行之笃；识之浅者，或行或不行；全不识者，惟相与非笑而已。其意以为至道赜奥，本非人人所易喻。不为不识道者所笑，不足以见道之尊。《老子》言君道，主于清虚自守，卑弱自持，自古解此者稀，闻之而大笑者皆是也。故此处着重指出，以见理解之难。"(《周秦道论发微·老子疏证》)

陈鼓应说："道隐奥难见，它所呈现的特性是异常的，以致普通人听了不易体会。自'明道若昧'至'建德若偷'各句，乃是说明道、德的深邃、内敛、冲虚、含藏。它的显现，不是外炫的，而是返照的，所以不易为一般人所觉察。"(《老子注译及评介》)

第四十二章

　　道生一,一生二,二生三,三生万物①。万物负阴而抱阳, 冲气以为和②。

　　人之所恶,唯孤、寡、不穀,而王公以为称③。故物或损之而益, 或益之而损④。

　　人之所教,我亦教之:强梁者不得其死⑤。吾将以为教父⑥。

[自圆其说]

　　① 一:指道之"无"(详见第三十九章 [高谈阔论])。道生一:指道生出无。老子认为, 无、有同源, 同在道中, 原本没有区别, 也没有名称, 从道中生出后才有区别和不同名称, 即首章所谓"此两者同, 出而异名"。无与有, 虽同源, 非同出。老子说:"有生于无"(第四十章)。"无""有"之先后顺序应该是, 道生出"无", 即"道生一";"无"再生出"有", 即"一生二"。"二"是指天与地。"有"是指天、地之有。天上和地下是"有"的上下边际, 即首章所谓"常有, 欲以观其徼"。第六章"玄牝之门, 是谓天地根", 意谓道乃天地之母;第二十五章"有物混成, 先天地生", 意谓道先于天地而存在。一生二:指"无"生出"天"和"地"。首章所谓"无, 名天地之始", 即为此意。"三"是指"天""地"和天地间的"虚空"三者。二生三:指"天""地"二者形成天上与地下及天地上下之间的"虚空"(即"冲气")三者, 亦即第五章"天地之间, 其犹橐籥乎"之意。上"天"、下"地"、中"虚空", 三者组成一个类似大风箱。三生万物:指

天、地及天地之间的"虚空"三者生出万物。第五章"天地之间，其犹橐
籥乎？虚而不屈，动而愈出"，意谓上"天"、下"地"及中"虚空"三者
组成的天地大风箱是万物产生的场所，虽然虚空但不会穷尽，而且越鼓动
越涌出，生生不息。"道生一"四句：道生一（无），一生二（天、地），
二生三（上"天"、下"地"、中"虚空"），三生万物。第四十章"天地万
物生于有，有生于无"，旨意与此一致，可互为注脚。

②背：背负、负载。抱：怀抱、包蕴。阴：指地。阳：指天。负阴
抱阳：指背靠大地仰抱蓝天。冲：通"盅"，虚空。《说文解字》："盅，器
虚也"，指器皿内部虚空。义同第四章"道冲而用之或不盈"之"冲"。此
引申为天地之间的虚空。《说文解字》："冲，涌摇也。"冲，也有涌流激荡
之意。冲气：此指天地生成的存在于虚空中涌流激荡的阴阳之气。天为阳，
生成阳气；地为阴，生成阴气。和：指阴阳之气互相调和。《周易·系辞传
下》："阴阳合德，而刚柔有体，以体天地之撰。"可与此互参。"万物负阴
而抱阳"二句：万物背靠大地仰抱蓝天，阴阳精气互相激荡调和。此二句
乃申言上文"三生万物"。

③恶：厌恶。孤、寡、不穀：可参见第三十九章［自圆其说］。"人
之所恶"三句：人们所厌恶的，正是孤、寡、不穀这些词语，但君王用来
自称。此句即下文所谓"损之而益"之意。第三十九章"故贵以贱为本，
高以下为基。是以侯王自称孤、寡、不穀。此非以贱为本邪？非乎？"与
此旨意一致。

④损：减损。益：增加。"故物或损之而益"二句：所以万物有时减
损它反而会得到增益，有时增益它反而会受到减损。

⑤所教、教之：皆指下句"强梁者不得其死。"强梁者：强横霸道。
不得其死：不得善终。强梁者不得其死：强横霸道的人不得善终。此句即
上文所谓"益之而损"之意。第六十七章"坚强者死之徒"，亦即此意。
"人之所教"三句：人们用来教育的，我也用来教育人：强横霸道的人不得
善终。

⑥ 教父：施教之本。父：本源。吾将以为教父：我用这句话作为施教之本。

[今译今读]

道生一（无），一生二（天、地），二生三（天、地、虚空），三生万物。万物背靠大地仰抱蓝天，阴阳精气互相激荡调和。

人们所厌恶的，正是孤、寡、不穀这些词语，但君王用来自称。所以万物有时减损它反而会得到增益，有时增益它反而会受到减损。

人们用来教育的，我也用来教育人：逞强斗狠的人不得善终。我用这句话作为施教之本。

[高谈阔论]

本章解说第三十六章提出的"柔弱胜刚强"思想。

"万物负阴而抱阳，冲气以为和"，万物背靠大地、仰抱蓝天，阴阳精气互相激荡调和，此句正可作"三生万物"的注脚。天属阳，地属阴，气为天地之间阴阳之精气，负阴抱阳，天地相合，阴阳精气激荡调和合和，从而生成万物。这是一幅壮丽的天地交媾图。

"负阴"指背靠阴，"抱阳"指面抱阳。阴多指雌性、阴静、阴柔。阳多指雄性、阳动、阳刚。"负阴抱阳"与"知其雄，守其雌"（第二十八章）、"守静"（第十六章）、"天下之交，牝常以静胜牡，以静为下"（第六十一章）同义。第一段，道生万物，万物负阴而抱阳，冲气以为和，阐明"负阴抱阳"是万物生长的"常道"。

第二段，老子把天地万物"常道"用于圣王治国安民，阐明了"柔弱胜刚强"之"非常道"。"强梁者不得其死"与第七十六章"坚强者死之徒，柔弱者生之徒"同义，即"柔弱胜刚强"之义。"人之所教"，世人教的是天地万物之"常道"："负阴而抱阳"；"我亦教之"，我教给圣王的是治国安民之"非常道"："柔弱胜刚强"。

有注家认为本章前后两段表达不同的主题，实在是没有读通前后贯通一致的旨意所致。

[众说纷纭]

河上公说："道始所生者，一也。一生阴与阳也。阴阳生和、清、浊三气，分为天地人也。天地人共生万物也。天施地化，人长养之。"（《老子道德经河上公章句》）

刘安说："道始于一，一而不生，故分而为阴阳，阴阳合和而万物生，故曰一生二，二生三，三生万物。"（《淮南子·天文训》）

苏辙说："夫道非一非二，及其与物为偶，道一而物不一，故以一名道，然而道则非一也。一与一为二，二与一为三，自是以往，而万物生。虽有万不同，而莫不负阴抱阳，冲气以为和者，盖物生于三，而三生于一，理之自然也。世之人不知万物之所自生，莫不贱寡小而贵众大。"（《道德真经注》）

林希逸说："一，太极也。二，天地也。三，三才也（按指天地人）。言皆自无而生。道者，无物之始，自然之理也。三极既立，而后万物生焉。"（《老子鬳斋口义》）

高亨说："一二三者，举虚数以代实物也。一者天地未分之元素，《说文》所谓'惟初太始，道立于一，造分天地，化成万物'者也……二者天地也。三者阴气阳气和气也……下文云：'万物负阴而抱阳，冲气以为和。'阴也，阳也，和也，即此所谓三也。"（《老子正诂》）

蒋锡昌说："上言生生为道之本，此言谦下柔弱亦为道之本。盖道能生生，所以有其生；君能谦下，所以守其生。上下文词似若不接，而义仍相关也。"（《老子校诂》）

张舜徽说："自来读《老子》者，解一、二、三，纷纭不一。大抵坠入玄虚，纠纷难理。要必以此'道'为君道，而后上下文义始有所傅丽。若谓此'道'非指君道，则下文何为联'孤寡不穀'而为言耶！"（《周秦道论发微·老子疏证》）

第四十三章

　　天下之至柔，驰骋天下之至坚①。无有入无间②。吾是以知无为之有益③。

　　不言之教，无为之益，天下希及之④。

[自圆其说]

　　① 至柔：最柔弱的东西。驰骋：本义指纵马疾驰，此指驾驭、战胜。至坚：最坚硬的东西。"天下之至柔"二句：天下最柔弱的，能战胜天下最坚强的。第七十八章"天下莫柔弱于水，而攻坚强者莫之能胜"，即为此意。

　　② 无有：没有实体，虚无，此指"天下之至柔"。无间：没有间隙，实有，此指"天下之至坚"。无有入无间：无形的能渗入穿透没有间隙的。

　　③ 吾是以知无为之有益：我因此知道"无为"的好处。

　　④ 希：通"稀"，稀少、罕见。不言之教：指由"天下之至柔，驰骋天下之至坚"现象呈现出来的启示，这个无言的启示就是"无有入无间"。无为之益：指由"无有入无间"这个无言启示而实施"无为而治"带来的益处。"不言之教"三句：这个无言的启示，无为的益处，天下很少有人能够达到。"教益"一词即出于此。

[今译今读]

　　天下最柔弱的，能战胜天下最坚强的。无形的能渗入穿透没有间隙的。我因此知道"无为"的好处。

这个无言的启示，无为的益处，天下很少有人能够领会。

[高谈阔论]

本章说"无为之益"。

老子认为，水为"天下之至柔"，"至柔"而能驰骋于"至坚"，无坚而不摧，无孔而不入。如"滴水穿石"，就是自然界生动实例。"至柔"能胜"至坚"这种现象呈现出一个无言的启示："无有入无间"。这是自然界水之"常道"，水不言，人知道，这是"不言之教"；老子把"无有入无间"这个水之"常道"提炼为圣王"无为而治"之"非常道"。"至柔"而能驰骋于"至坚"，"无有"而能入于"无间"，根本原因即在其自然无为，所以说"吾是以知无为之有益"。

但是，在老子看来，水之"常道"的"不言之教"是如此明显，"无为而治"之"非常道"的所产生的益处是如此卓越，天下之人却罕有能善加领会的，所以说"天下希及之"。由此老子也生出一份感慨。

[众说纷纭]

王弼说："虚无柔弱，无所不通。无有不可穷，至柔不可折。以此推之，故知无为之有益也。"（《老子注》）

苏辙说："以坚御坚，不折则碎；以柔御坚，柔亦不靡，坚亦不病。求之于物，则水是也……是以圣人唯能无为，故能役使众强，出入群有。"（《道德真经注》）

吴澄说："不言之教，谓宜弱不宜强之为教父不待言而知。无为之益，谓至柔无有之驰骋能入也，其教人益人之义过于人。天下之以有言为教、有为为益，远不能及此，故曰'希及之'。以上所言，皆用而以弱者也。"（《道德真经注》）

张舜徽说："古人言君道，每以'不言'、'无为'并提。故《老子》又云：'圣人处无为之事，行不言之教。'……无为、不言，清虚自守，因

循任下，责成不劳，乃君道之宗，故言及此者，并重之。"（《周秦道论发微·老子疏证》）

陈鼓应说："水是最柔不过的东西，却能穿山透地。老子以水来比喻柔能胜刚的道理。'有为'的措施乃是刚强的表现，是为政者所应戒惕的。本章强调'柔弱'的作用与'无为'的效果。"（《老子注译及评介》）

兰喜并说："水是天下之至柔，但水的力量却可以冲决任何坚硬的东西……除了具有一定的势能外，最主要的是水能不执常形而随物赋形，遇方则方，遇圆则圆，或横无际涯，或涓流入微，所以能无所不到。这就是'无有入于无间'。只有不执，才能通达，才能无所不到。老子由此'悟'到了'无为之益'，即顺应自然，无执无为，如此则能畅游于大道之中而无窒碍。"（《老子解读》）

第四十四章

名与身孰亲？身与货孰多？得与亡孰病①？

是故甚爱必大费，多藏必厚亡②。

知足不辱，知止不殆，可以长久③。

[自圆其说]

① 名：名声、名利。身：身体、生命。孰：谁，哪一个。亲：亲近、亲密。货：财富。《说文解字》："货，财也。"多：重要。《说文解字》："多，重也。"得：指贪得，亦即下文"甚爱""多藏"之义。亡：指丧失，亦即下文"大费""厚亡"之义。病：有害，有病患。《说文解字》："病，疾加也。""名与身孰亲"三句：名利与身体，哪个亲近？生命与财富，哪个重要？贪得与丧失，哪个有害？

② 爱：爱惜。甚爱：句承"名与身孰亲？"指过分爱惜身体。费：耗费，损耗。多藏：句承"身与货孰多？"指过多聚敛财富。厚亡：惨重损失。"是故甚爱必大费"二句：所以，过分爱惜身体必然会带来极大耗费，过多聚敛财富必然会导致重大损失。

③ 辱：羞辱、耻辱。殆：危险。《说文解字》："殆，危也。""知足不辱"三句：知道满足就不会受到羞辱，知道停止就不会遇到危险，这样就可以保持长久。第二十九章"是以圣人去甚、去奢、去泰"，可与此互参。

[今译今读]

名利与身体，哪个亲近？生命与财富，哪个重要？贪得与丧失，哪个有害？

所以，过分爱惜身体必然会带来极大耗费，过多聚敛财富必然会导致重大损失。

知道满足就不会受到羞辱，知道停止就不会遇到危险，这样就可以保持长久。

[高谈阔论]

本章说"知足知止"。

古今注家对本章的解读大多不得其义。开头三个问句，名利与身体，哪个可爱？生命与财富，哪个重要？得与失，哪个有害？老子不是设定了三个二选一的单项选择题，不是要求"非此即彼"选择其中之一。老子给出的答案是"甚爱必大费，多藏必厚亡"。老子认为，爱好名利与爱惜身体，适度就好，过了都不好，"甚爱必大费"也；养生与藏货，适中就行，多了都不好，"多藏必厚亡"也。老子不是一概否定"爱"和"藏"，只是反对"甚爱""多藏"，与第二十九章"圣人去甚，去奢，去泰"旨意一致。老子主张"见素抱朴，少思寡欲"（第十九章），"寡欲"不是禁欲。所以，他提出"知足""知止"，适可而止，这样才不会受辱，才不会遇险，才可以长久。

[众说纷纭]

河上公说："生多藏于府库，死多藏于丘墓。生有攻劫之忧，死有掘冢探柩之患。知足之人，绝利去欲，不辱于身。知可止则止，财利不累于身心，声色不乱于耳目，则终身不危殆也。人能知止知足，则福禄在己，治身者神不劳，治国者民不扰，故可长久。"（《老子道德经河上公章句》）

王弼说："甚爱不与物通，多藏不与物散。求之者多，攻之者众，为物

所病，故大费厚亡也。"（《老子注》）

苏辙说："先身而后名，贵身而贱货，犹未为忘我也。夫忘我者，身且不有，而况于名与货乎？然贵以身为天下，非忘我不能。故使天下知名之不足亲，货之不足多，而后知贵身。知贵身，而后知忘我。此老子之意也。不得者以亡为病，及其既得而患失，则病又有甚于亡者。惟齐有无，均得丧，而后无病也。爱之甚，则凡可以求之者无所不为，能无费乎？藏之多，则攻之者必众，能无亡乎？"（《道德真经注》）

林希逸说："惟知足者不至于自辱，知止者不至于危殆，如此而后可以长久。此三句，却是千古万古受用不尽者。"（《老子鬳斋口义》）

吴澄说："知内分有定，则足而不贪，故不致失举亏行之辱。知外物无益，则止而不求，故不致损寿陨生之殆，而可长久也。"（《道德真经注》）

张舜徽说："此文自'名与身孰亲'至'多藏必厚亡'，皆就庸常事物举例说明多欲之为害，而归结为知足知止之有益。其意乃谓为人君者，宜恬静寡欲，无竞于物，以致长生久视也。"（《周秦道论发微·老子疏证》）

陈鼓应说："常人多轻身而徇名利，贪得而不顾危亡。老子乃唤醒世人要贵重生命，不可为名利而奋不顾身。"（《老子注译及评介》）

第四十五章

大成若缺，其用不弊^①；大盈若冲，其用不穷^②。
大直若屈，大巧若拙，大辩若讷^③。
躁胜寒，静胜热^④，清静为天下正^⑤。

[自圆其说]

① 大：至大，最，下文四个"大"与此同义。成：成功、成就。大成：指最成功者。缺：欠缺、缺陷。用：功用、作用。弊：通"敝"，衰竭、败坏。"大成若缺"二句：最成功者看起来好像有缺陷，它的功用是不会衰竭的。

② 盈：盈满、充盈。冲：通"盅"，虚空。穷：穷尽、终结。《说文解字》："穷，极也。"达到极限，即穷尽之意。"大盈若冲"二句：最充盈者看起来好像还是虚空的，它的功用是不会穷尽的。此句与第四章"道冲而用之或不盈"意同。

③ 直：正直。屈：通"曲"，曲折、弯曲。巧：灵巧。拙：笨拙。辩：有口才、善于辩论。讷：木讷，言语迟钝，说话困难。《说文解字》："讷，难言也。""大直若屈"三句：最正直者看起来好像是弯曲的，最灵巧者看起来好像是笨拙的，最善辩者看起来好像是木讷的。

④ 躁：躁动。胜：超过，胜过。寒：寒冷，静极则生寒。静：静定无为。热：炎热，躁极则生热。"躁胜寒"二句：躁动能胜过寒冷，安静能胜过炎热。

⑤ 清：清心寡欲。清静：引申为"无欲无为"。正：君王。《尔雅·释诂》："正，长也。"《广雅·释言》："正，君也。"清静为天下正：清静无为者可以成为天下王。

[今译今读]

最成功者看起来好像有缺陷，它的功用是不会衰竭的。最充盈者看起来好像有虚空，它的作用是不会穷尽的。

最正直者看起来好像是弯曲的，最灵巧者看起来好像是笨拙的，最善辩者看起来好像是木讷的。

躁动能胜过寒冷，安静能胜过炎热，清静无为者可以成为天下王。

[高谈阔论]

本章说"装若之术"。

本章应细细体会"若"字。老子讲话，喜欢"正言若反"。若，好像也，指本来不是这样，外表却要装得看起来好像是这样。"若"字即"装"字，"装"实乃韬光养晦之术，"装"功是老子"非常道"的基本功。

其一，"装"之术。老子装术的核心思想是"反者道之动，弱者道之用"，基本要领是以反求正，以弱示人。大成与缺、大盈与冲、大直与屈、大巧与拙、大辩与讷，相反相对，一者强大，一者弱小。世人都喜欢"大成""大盈""大直""大巧""大辩"，老子反"常道"而行，要表现出处卑守柔，认为最完美的人在表现上要装得好像有残缺，最充实的人在表现上要装得好像很空虚，最正直的人在表现上要装得好像有弯曲，最灵巧的人在表现上要装得很笨拙，最善辩的人在表现上要装得好像很木讷。

其二，"装"之用。老子认为，"弱者道之用"，这是道的功用定律，也是装弱示弱的使用原则。老子说："柔弱胜刚强"。装柔示弱是权宜之计，它的功用是"胜刚强"。"大成"装成"缺"，它的功用不会衰竭；"大盈"装成"冲"，它的功用不会穷尽。"大成若缺""大盈若冲""大直若屈""大巧若拙""大辩若讷"，这五种形象是合乎道的，其缺、冲、屈、拙、讷，合而言之，卑柔也；而"其用不弊""其用不穷"，合而言之，无穷功能之获得，正是处卑守柔之结果。

其三，"装"之为。老子认为，"装"的目的是"为天下正"，装孙子是为了做主子。"清静为天下正"，意谓清静无为者可以成为天下王。与"无为而无不为"（第三十七章）、"以其不争，故天下莫能与之争"（第六十六章），内涵一致。

本章"躁胜寒，静胜热"二句，古今注家众说纷纭，或改字解经，如蒋锡昌《老子校诂》谓二句当作"静胜躁，寒胜热"，第二十六章"静为躁君"是其证据。但改字并无版本依据，不仅帛书甲乙本与通行本同，竹简本虽字有异体，但与王弼本亦并无文意差异。此可见王弼本有所传承，当从之。将"躁胜寒，静胜热"改为"静胜躁，寒胜热"，也不符合《老子》本义。在此，老子采用了贯用的由"常道"引申出"非常道"的述说方式。老子说："夫物芸芸，各归其根。归根曰静，是谓复命。复命曰常"（第十六章）。在老子看来，归根复命就是要归复到静，这就叫"常道"。"躁胜寒，静胜热"，万物皆由"寒"起，然后"躁"，然后"热"，最后归于"静"，即道之"周行而不殆"（第二十五章）也。老子并非一味地守静，是动中有静，静中有动，最后归于清静。他在第十五章说："孰能浊以静之，徐清；孰能安以动之，徐生"。能"静"，则浊水可徐徐而清；而一味地（安）静，静极就是死寂，则生寒意，老子并不赞同，于是由（安）静生动，如此徐徐而有生气矣。"躁胜寒"，即"安以动之"，寒冷死寂以躁动扰之，使之富有生气；"静胜热"，即"浊以静之"，因扰动而过热，则以清静镇之。由此"常道"推衍出"清静为天下正"之君王"非常道"。

[众说纷纭]

河上公说："胜，极也。春夏阳气躁疾于上，万物盛大，极则寒，寒则零落死亡也，言人不当刚躁也。秋冬万物静于黄泉之下，极则热，热者生

之源。能清能静则为天下之长，持身正则无终已时也。"(《老子道德经河上公章句》)

吴澄说："清静，无为也，心者无一尘之滓，寂然不动也。正，犹'正长'之'正'，犹言为天下君也……惟清静无为者，无为而无不为，故能为天下正，所谓相反而相为用也。"(《道德真经注》)

蒋锡昌说："此文疑作'静胜躁，寒胜热。'二十六章：'静为躁君'，'静''躁'对言，其证一也。六十章王注：'躁则多害，静则全真'；六十一章王注：'雄躁动贪欲，雌常以静，故能胜雄也'；七十二章王注：'离其清净，行其躁欲'；皆'静''躁'对言，其证二也。《管子·心术上》：'躁者不静'；《淮南·主术》：'人主静漠而不躁'；亦'静''躁'对言，其证三也。《广雅·释诂三》：'躁，扰也。'《一切经音义十四》引《国语》贾注：'躁，扰也，亦动也。'是'躁'乃扰动之义，正与'静'字相反。'静胜躁，寒胜热'，言静可胜动，寒可胜热也。二句词异谊同，皆所以喻清静无为胜于扰动有为也"(《老子校诂》)

张舜徽说："身动则暖，可以胜寒；心静则凉，可以胜热，此常理也。人君清虚恬静，则可胜外物之纷扰，故曰：'清静可以为天下正。'正者，君也，长也。"(《周秦道论发微·老子疏证》)

陈鼓应说："本章是对于'大成''大盈'的人格形态的描述；'若缺''若冲''若屈''若拙''若讷'，都是说明一个完美的人格，不在外形上表露，而为内在生命的含藏内敛。"(《老子注译及评介》)

李泽厚说："《老子》大讲的'大成若缺''大盈若冲''大直若屈，大巧若拙，大辩若讷'等等，其中的'若'便也可释作'好象'。所以有人认为'实质便不外一个装字''以为后世阴谋者法'。后代各个层次的统治者、政治家，甚至普通人都从这里学到了不少处世的学问：从'韬晦''装蒜'到'以退为进''以守为攻'等等。"(《中国古代思想史论·孙老韩合说》)

第四十六章

　　天下有道，却走马以粪①；天下无道，戎马生于郊②。

　　祸莫大于不知足，咎莫大于欲得③。故知足之足，常足矣④。

[自圆其说]

　　① 有道：指遵循大道而行。却：退回不用。《广雅·释言》："却，退也。"走马：奔跑的马，此指战马，与下句"戎马"同义。以：用来、拿来。粪：马粪，此指运送肥料。《说文解字》："粪，弃除也。""天下有道"二句：天下有道，退下战马用来运输肥料。

　　② 无道：指不遵循大道而行。戎马：战马。郊：郊外，此指战场。"天下无道"二句：天下无道，就连母马也会用来作战以致把小马驹生在战场上。

　　③ 咎：灾难、灾害。《说文解字》："咎，灾也。"欲得：贪求，贪得无厌。"祸莫大于不知足"二句：祸患没有比不知足更大了，灾难没有比贪欲更大了。

　　④ "故知足之足"二句：所以，知足者的这种满足，才是经常会有的满足。第四十四章"知足不辱，知止不殆，可以长久"，即为此意。

[今译今读]

　　天下有道，退下战马用来运输肥料。天下无道，就连母马也会用来作战以致把小马驹生在战场上。

祸患没有比不知足更大了，灾难没有比贪欲更大了。所以，知足者的这种满足，才是经常会有的满足。

[高谈阔论]

本章承第四十四章续说"知足常足"。

老子以马的境遇为喻，描述了"天下有道""天下无道"不同情景，这是社会"常道"。老子以此"常道"说明"不知足"之祸、"欲得"之咎，祸患起于不知足，灾难来自贪心，并由此提出他的"非常道"："知足常足"，即从知足中获得满足，才是长久的满足。老子倡导"知足"，与他的"无极""知止""寡欲""不争"思想一致。

[众说纷纭]

韩非说："凡马之所以大用者，外供甲兵而内给淫奢也。今有道之君，外希用甲兵，而内禁淫奢。上不事马于战斗逐北，而民不以马远淫通物，所积力唯田畴。积力于田畴，必且粪灌。故曰：'天下有道，却走马以粪也。'"（《韩非子·解老》）

林希逸说："战争之事，皆自欲心而始，欲心既萌，何时而足？唯得是务，所以为罪、为祸、为咎也。惟知足者以不足者为足，则常足矣。此又发明前章'知足不辱'之意。"（《老子鬳斋口义》）

高亨说："此言天下有道，干戈不兴，走马不用于军而用于田也……此言天下无道，战场在郊，牝马上阵也。"（《老子正诂》）

张松如说："前四句表示了反战思想。老子反对的当然是春秋列国各贵族领主集团间频繁的兼并战争和掠夺战争……有人曾说，老子是兵家。可是从古以来，那里会有反战的兵家呢？"（《老子校读》）

陈鼓应说："战争的起因，大半由于侵略者的野心勃勃，贪得而不知止足，结果侵人国土，伤人性命，带来无穷的灾难。老子指陈统治者多欲生事的为害，警告为政者当清静无为，收敛侵占的意欲。"（《老子注译及评介》）

第四十七章

不出户，知天下；不窥牖，见天道①。其出弥远，其知弥少②。是以圣人不行而知，不见而名，不为而成③。

[自圆其说]

① 户：门户。门、户都是象形字，门像两扇门，户像一扇门。天下：天下万物，此指地上的事。窥：从小空隙中观看。《说文解字》："窥，小视也。"牖：窗户。见：洞察。天道：天时变化之道，此指天上的事。"不出户"四句：不出门外，就能知晓天下之事；不看窗外，就能洞察天道之变。

② 弥：更加，表示程度加深。《小尔雅》："弥，益。""其出弥远"二句：外出越远，知道越少。

③ 名：通"明"，明白。《释名·释言语》："名，明也。"不为：即"无为"。"是以圣人不行而知"三句：因此，圣王不出行而能知天下，不观看而能明天道，无为而能成功。

[今译今读]

不出门外，就能知晓天下之事；不看窗外，就能洞察天道之变。外出越远，知道越少。

因此，圣王不出行而能知天下，不观看而能明天道，无为而能成功。

[高谈阔论]

本章说"不为而成"。

老子认为，"道隐无名"（第四十一章），"视之不见""听之不闻""搏之不得"（第十四章），不能感知，应当感悟，要"涤除玄览"（第十章）、"致虚极，守静笃"（第十六章）、"复归于朴"（第二十八章），达到这种境界，就可以做到行不出户，而能"知天下"，即是"不行而知"；就可以做到眼不看窗外，而能"见天道"，即是"不见而名"。圣王"不行而知，不见而名，不为而成"是本章的结论，而此三句中又以"不为而成"为重心所在。所谓"不为而成"者，"无为而无不为"也。老子说："道常无为而无不为"（第三十七章），所以，为道、修道、悟道，也要贯彻"无为而无不为"原则。

[众说纷纭]

河上公说："圣人不出户以知天下者，以已身知人身，以已家知人家，所以见天下也。天道与人道同，天人相通，精气相贯。人君清静，天气自正；人君多欲，天气烦浊。吉凶利害，皆由于已。"（《老子道德经河上公章句》）

王弼说："道视之不可见，听之不可闻，搏之不可得。如其知之，不须出户；若其不知，出愈远愈迷也。"（《老子注》）

苏辙说："性之所及，非特能知能名而已，盖可以因物之自然，不劳而成之矣。"（《道德真经注》）

林希逸说："不行而自知，不求见而自有名，不为而自成，圣人之道，其为用也如此。《易》曰：'不疾而速，不行而至。'亦此意也。"（《老子鬳斋口义》）

高亨说："这一章是老子的认识论，全是讲认识事物的方法。老子认为，一个人坐在家里，就能认识宇宙一切事物；相反地，走出越远，认识就越少。这种否定观察外界，脱离实践的认识方法，是十足的唯心论，应该批判。"（《老子注译》）

张舜徽说:"非谓人君闭明塞聪,不越户牖而能自知天下之情也。要在善用众耳众目为我听为我视也……学者必博观诸子之书,融会钩稽,始知《老子》所言,悉指君道。此言人君一己之聪明不足恃,虽出外日行千里,而所闻见者甚少也……皆言善为君者,要在任人而不任智,不贵恃一己之耳目以自贤也。"(《周秦道论发微·老子疏证》)

陈鼓应说:"老子特重内在直观自省。他认为我们的心思如果一味向外奔驰将会使思虑纷杂,精神散乱。一个轻浮躁动的心灵,自然无法明澈地透视外界事物,所以老子说:'其出弥远,其知弥少。'"(《老子注译及评介》)

李零说:"《老子》论知,强调不出门,知天下。它认为,路跑得越远,知道得越少。圣人'不行而知,不见而明',也是属于无为。"(《人往低处走》)

第四十八章

为学日益，为道日损①。损之又损，以至于无为；无为而无不为②。取天下常以无事，及其有事，不足以取天下③。

[自圆其说]

① 日益：每日有所增加。日损：每日有所减少。"为学日益"二句：为学则每日都会有所增加，为道则每日都会有所减少。

② 损之又损：前"损"指损"为学"；后"损"指损"为道"，"为道日损"仍然是"有为"，应接着再损。"损之又损"，意谓既损"为学"又损"为道"。"损之又损"三句：既减损"为学"，又减损"为道"，从而达到自然无为，无为却能无所不为。

③ 取：非争取、夺取之取，此"取"有两义：一是"聚"义，汇聚。如第六十六章所说"江海之所以能为百谷王者，以其善下之，故能为百谷王。是以圣人处上而民不重，处前而民不害。是以天下乐推而不厌"，取天下如同百川汇聚江海，不凭借外力强取，是自然自成，顺势而取。二是"娶"义。《易经》"咸卦"卦辞："亨，利贞，取女吉"。"取"即"娶"。取天下如娶女人，结婚嫁娶，一方愿嫁，一方愿娶，不违背双方意愿，是自觉自愿，情投意合。正如第六十一章所说"大国不过欲畜人，小国不过欲入事人。夫两者各得其所欲"。天下：普天之下，意谓凡是太阳能够照耀到的地方，都是天下。此指天子统治下的区域。"天下"与"国"不同，"天下"只一个，是天子之天下，普天之下莫非王土，率土之滨莫非王臣；

"国"则甚多，"国"是诸侯之国，是天子所封建的邦国。无事：无为，即顺其自然。有事：有为。"取天下常以无事"三句：取天下常常要以无为处事，等到他积极有为了，反而不能取得天下。第五十七章"我无为而民自化，我好静而民自正，我无事而民自富，我无欲而民自朴"，可作"取天下常以无事"注脚。第五十七章"天下多忌讳""民多利器""人多伎巧""法令滋彰"即为"有事"，则"不足以取天下"。

[今译今读]

为学则每日都会有所增加，为道则每日都会有所减少。既减损为学，又减损为道，从而达到自然无为。无为却能无所不为。

取天下常常要以无为处事，等到他积极有为了，反而不能取天下。

[高谈阔论]

本章承接上章说"损之又损"。

上章讲为道突出"悟"，"圣人不行而知，不见而名，不为而成"；本章讲为道重在"损"，"损之又损，以至于无为"。两章角度不同，旨意一致，皆为落实"无为而无不为"思想。

本章解读的难点在"损之又损"。"损之又损"，有两层含义：其一，"损之"，损的是"为学"。"损之"即第二十章"绝学无忧"之"绝学"之义。"为学"需要"日益"，而"为道"不应"日益"，而应"日损"，故应"损之"，即应"绝学"。"损之"是减损关闭向外的感官通道，"塞其兑，闭其门"（第五十六章），足"不出户"，目"不窥牖"（第四十七章），以此减损外来的感知。"损之"的结果是"绝圣弃智""绝仁弃义""绝巧弃利"（第十九章），以至于"绝学无忧"，以至于"不行而知，不见而名"（第四十七章）。其二，"又损"，损的是"为道"。在老子看来，"为道日损"仍然是"有为"，是有意为之，应接着再减损（"又损"）。"又损"是向内减损，是减损内心过多所欲，"涤除玄览"（第十章），直至"无为"。

如，老子说"虽智大迷，是谓要妙"。老子认为，为道的主要奥妙不是完全的绝弃精明智慧，而在于有智慧但看不出，反而显得愚昧，"光而不耀"（第五十八章），大智若愚。所以，"虽智大迷"是对"绝圣弃智"的"又损"。老子说"知足不辱，知止不殆，可以长久"（第四十四章）。老子并不主张完全绝对的绝弃巧利，只是反对"甚爱""多藏"（第四十四章）、"不知足"（第四十六章）、"生生之厚"（第五十章），老子主张"去甚，去奢，去泰"（第二十九章），主张"啬"（第五十九章）和"俭"（第六十七章），认为"治人事天莫若啬""俭故能广"。所以，"知足知止"是对"绝巧弃利"的"又损"。老子说"圣人不仁，以百姓为刍狗"（第五章）、"天道无亲，常与善人"（第七十九章）。老子所主张的"不仁"（第五章）、"无亲"不是完全的绝弃仁义，而是主张"玄同"，应该做到"不可得而亲，不可得而疏；不可得而利，不可得而害；不可得而贵，不可得而贱"（第五十六章）。"不仁无亲"是对"绝仁弃义"的"又损"。

　　在老子看来，"损之又损"只是手段，目的是通过"损之又损"，直至"无为"，最终达到"无为而无不为"这一最高境界，由此提出圣王取天下之"非常道"："以无事取天下"。

　　老子所说的"取天下"既不是"夺天下"，也不是"治天下"，"取"不是强取、夺取之意，也不能释为"治理"，"取"为"治"没有依据。释德清《老子道德经解》注本章说："旧注'取'字训为摄化之意。应如《春秋》'取国'之'取'，言得之易也。"春秋时期，用'取'字是为了特别强调取之非常容易，不论出兵不出兵，一定是没有大困难、大阻力的，无须动用武力而强夺硬取，更没有激烈的战斗或重大牺牲。如果用重兵激战而取得，在当时是用"灭"字的。老子"取天下"之"取"所含"聚""娶"二义，顺势而聚，因缘而娶，正是体现了得之容易之意。以无事"取天下"，也就是自然无为地获得天下，是没有激烈争斗和重大牺牲的顺势而为、自然自成，是贯彻无为的原则而取得的结果，是"无为而无不为"思想的体现。

[众说纷纭]

河上公说："'为学日益'，学谓政教礼乐之学也。日益者，情欲文饰日以益多……'为道日损'，道谓自然之道也。日损者，情欲文饰日以消损。"（《老子道德经河上公章句》）

苏辙说："人皆有欲取天下之心，故造事而求之，心见于外，而物恶之，故终不可得。圣人无为，故无事，其心见于外，而物安之，虽不取天下，而天下归之矣。"（《道德真经注》）

林希逸说："取天下者必以无心，有心者反失之……无事有事，即无心有心也。"（《老子鬳斋口义》）

蒋锡昌说："上行无为，则民亦自正，而各安其业，故无不为也。'无为'者，言其因；'无不为'者，言其果。"（《老子校诂》）

张舜徽说："古之陈君道者，力主人君事不先为，而分任群下为之。及其有成，即己之功。此乃无为而无不为之真谛。"（《周秦道论发微·老子疏证》）

陈鼓应说："'为学'是求外在的经验知识，经验知识愈累积愈增多。'为道'是摒除偏执妄见、开阔心胸视野以把握事物的本根，提升主体的精神境界。"（《老子注译及评介》）

易中天说："老子的思想，就是一枚硬币。真无为和假无为，是它的两面。庄子看见了真无为的一面，韩非看到了假无为的一面。"（《中国智慧·老子的方法》）

第四十九章

　　圣人无常心，以百姓心为心①。

　　善者吾善之，不善者吾亦善之，德善；信者吾信之，不信者吾亦信之，德信②。

　　圣人在天下，歙歙焉，为天下浑其心③。百姓皆注其耳目，圣人皆孩之④。

[自圆其说]

　　① 常心：固有之心，此指成见、偏心。百姓：本义指百官，后引申为普通民众。（参见第五章［自圆其说］）"圣人无常心"二句：圣王无成见不偏心，以百姓的心志作为自己的心志。

　　② 善者：有能力的人，即第二十七章"故善人者，不善人之师"之"善人者"。善之：善待他们。不善者：没有能力的人，即第二十七章"不善人者，善人之资"之"不善人者。"德：通"得"。德善：得到善待。信者：诚信的人。信之：信任他们。不信者：不诚信的人。德信：得到信任。"善者吾善之"六句：有能力的人，我善待他们；没有能力的人，我也善待他们，这样我也会得到他们的善待。诚信的人，我信任他们；不诚信的人，我也信任他们，这样我也会得到他们的信任。第二十七章"圣人常善救人，故无弃人；常善救物，故无弃物"，亦即此意。

　　③ 在天下：在位君临天下，指君王坐天下。歙：收敛、拘谨。与第三十六章"将欲歙之，必固张之"之"歙"同义。为天下：治理天下。

浑：浑朴、淳朴。其：指百姓。浑其心：使百姓人心浑朴、无知无欲。
"圣人在天下"三句：圣王坐天下，要收敛自己的心志，治天下要使百姓人
心浑朴、无知无欲。第六十五章"古之善为道者，非以明民，将以愚之"，
亦即此意。

　　④ 注：心神专注。其：指百姓。耳目：指第十二章"五音""五色"
之耳目享受。注其耳目：指专注于声色欲望享受。"百姓皆注其耳目"，王
弼本无此句，诸本均有。王弼注有"百姓各皆注其耳目焉，吾皆孩之而
已。"知王弼本原有此句，据补。孩：婴儿。皆孩之：指都要使他们像婴儿
那样无知无欲。"百姓皆注其耳目"二句：百姓都专注于声色本能欲望，君
王就是要使他们像婴儿那样混沌无知。第三章"是以圣人之治，虚其心，
实其腹，弱其志，强其骨。常使民无知无欲"，可与此互参。

[今译今读]

　　圣王无成见不偏心，以百姓的心志作为自己的心志。

　　百姓中有能力的，我善待他们；没有能力的，我也善待他们，这样我
就能得到他们的善待。百姓中诚信的人，我信任他们；不诚信的人，我也
信任他们，这样我就能得到他们的信任。

　　圣王坐天下，要收敛自己的心志，治天下要使百姓浑朴无知。百姓都
专注于声色本能欲望，圣王就是要使他们像婴儿那样混沌无知。

[高谈阔论]

　　本章承上章说"无为而治"。

　　上章说"有事"不足以取天下，"取天下常以无事"，本章便接着说如
何以"无事"坐天下。

　　首先，圣王坐天下要"无常心"，收敛自己心志，无成见，不固执，做
到"以百姓之心为心"。

　　其次，圣王坐天下要无为无执，顺其自然，无偏心，不偏执，做到

"善者吾善之，不善者吾亦善之""信者吾信之，不信者吾亦信之"。这样做就能得到百姓的善待和信任。第六十四章"圣人无为故无败，无执故无失"，第二章"为无为，则无不治"，亦即此意。

其三，圣王坐天下要"浑其心"，使百姓无知无欲。百姓专注于满足声色本能欲望，圣王就是要使他们像婴儿那样混沌无知，如此天下就和顺了。

[众说纷纭]

王弼说："夫以明察物，物亦竞以其明避之；以不信求物，物亦竞以其不信应之……甚矣！害之大也，莫大于用其明矣……若乃多其法网，烦其刑罚，塞其径路，攻其幽宅，则万物失其自然，百姓丧其手足。鸟乱于上，鱼乱于下，是以圣人之于天下，歙歙焉，心无所主也。"（《老子注》）

范应元说："圣人无常心者，无为无欲，不倚于一物，湛然虚明，寂然不动，纯乎道也。以百姓之心为心者，感而遂通天下之故也。盖是心之初，无有不同，是以圣人不敢为多欲以生百姓之妄心，但感而后以道应之尔。"（《老子道德经古本集注》）

吴澄说："民之善不善信不信，圣人不分其是非，皆以为善，以为信，不惟善者得善，信者得信，而不善者亦得善，不信者亦得信矣。得，谓民得此善，信而不失，盖不善不信亦化而为善信，是人人得此善信也。"（《道德真经注》）

高亨说："这一章是老子的政治论，阐述他以百姓的心为心的政策。大意是：百姓要求人人善良诚实，不作恶，不骗人，同过太平日子。道家圣人就要混一百姓之德，使百姓都归心于善良诚实。怎样才能做到这一点？在于使百姓无知无识，'少思''绝学'。这是愚民政策的表现。"（《老子注译》）

张舜徽说："凡《老子》书中所称'圣人'，皆指人君之通治道者。推之其他论君道之书，所言'圣人'，皆同斯义……《老子》所言'百姓'，谓群臣也。《尚书·尧典》：'辩章百姓。'郑注云：'百姓，群臣之父子兄弟。'《礼记·郊特牲》：'大庙之命，戒百姓也。'郑注云：'百姓，王之亲也。'可知古书中所称'百姓'，自指统治阶级内部之百僚贵族而言。与今语所称'民众''老百姓'截然不同。古之言君道者，重在任人而不任智。人君无为，而分任群臣为之，故必以群臣之心为心。"（《周秦道论发微·老子疏证》）

第五十章

　　出生入死①。生之徒十有三，死之徒十有三，人之生，动之死地，亦十有三②。夫何故？以其生生之厚③。

　　盖闻善摄生者④，陆行不遇兕虎，入军不被甲兵⑤。兕无所投其角，虎无所措其爪，兵无所容其刃⑥。夫何故？以其无死地⑦。

[自圆其说]

　　① 出生入死：从出生到死亡，指人的一生。成语"出生入死"，即出于此，意谓历尽艰险，出入于生死之间。这是用老子词语，而非老子原意。

　　② 徒：类、属。生之徒：得到正常寿命的人。十有三：十分之三。死之徒：未得到正常寿命的人。人之生：人之谋求长生。动：指为求长生而作出的妄动、乱动。之：往、到。"人之生"二句：人因谋求长生而过分养生，动辄至于死地。"生之徒十有三"五句：能得到正常寿命的人，占十分之三；未得到正常寿命的人，占十分之三；还有一类人因谋求长生而过分养生，动辄至于死地的，也占十分之三。

　　③ 夫：这、那，指"动之死地"。以：因为。生生：前一个"生"是动词，指养生、护生；后一个"生"是名词，指生命。厚：丰厚、优厚。生生之厚：养生条件太丰厚，指过分追求养生。"夫何故"二句：这是什么原因呢？这是因为这类人养护身体过度。第九章"金玉满堂，莫之能守；富贵而骄，自遗其咎"、第十二章"五色令人目盲，五音令人耳聋，五味令人口爽，驰骋畋猎令人心发狂，难得之货令人行妨"、第七十五章"民之轻

死，以其上求生之厚，是以轻死"，皆属"以其生生之厚"而"动之死地"。

④ 盖：语气词。摄：持养。《说文解字》："摄，引持也。"善摄生者：善于养生的人。

⑤ 兕（sì）虎：犀牛和老虎。被：受到、遭到。甲兵：铠甲和兵戈，泛指兵器。"陆行不遇兕虎"二句：行于陆地不会遇到犀牛和老虎，进入军阵不会为兵器所伤。

⑥ 投：投射。《说文解字》："投，擿也。"措：放置。《说文》："措，置也。"容：通"庸"，使用。刃：刀锋、刀口。"兕无所投其角"三句：这类人犀牛没有地方刺入它的角，老虎没有地方用上它的利爪，兵器没有地方容纳它的锋刃。

⑦ 夫：这、那，此指"兕无所投其角，虎无所措其爪，兵无所容其刃"。无死地：没有陷入死亡之地。"夫何故"二句：这是什么原因？这是因为善于养生的这类人没有自陷于死亡之地。

[今译今读]

从出生到死亡就是人的一生，能得到正常寿命的人，占十分之三；未得到正常寿命的人，占十分之三；还有一类人因谋求长生而过分养生，动辄至于死地的，也占十分之三。这是什么原因呢？这是因为这类人养护身体过度。

听说善于养生的人，行于陆地不会遇到犀牛和老虎，进入军阵不会为兵器所伤；这类人犀牛没有地方刺入它的角，老虎没有地方用上它的利爪，兵器没有地方容纳它的锋刃。这是什么原因？这是因为善于养生的这类人没有自陷于死亡之地。

[高谈阔论]

本章说"生死之途"。

老子认为，人世间善终之途有十分之三，夭亡之途有十分之三，这两种生死之途都是正常的，也有两种生死之途是非正常的。

一是出生入死之途。老子认为，本来可以得到善终，却自寻死路，出生地入死地的亦有十分之三。其原因是"生生之厚"，即贪得无厌追求欲望享受。第四十四章"甚爱必大费，多藏必厚亡"之"甚爱""多藏"和第四十六章"祸莫大于不知足，咎莫大于欲得"之"不知足""欲得"，即是"人之生，动之死地"之途。这是"反者道之动"（第四十章）定律的又一应用。

二是摄生无死之途。前三者三个"十有三"加起来是十分之九，还有十分之一的生死之途是什么？老子虽未点明，但已阐明，即善摄生无死地者，为"十有一"。老子认为，善摄生者之所以不为兕虎兵刀所害，原因是"无死地"。所谓"无死地"，一者，不入死地。"善摄生者"就是这么做的，因为不入死地，所以"陆行不遇兕虎，入军不被甲兵。兕无所投其角，虎无所措其爪，兵无所容其刃"。老子认为最大的死地，是"生生之厚"造成的，他提出要"见素抱朴，少思寡欲"（第十九章），不自处于死地。与"生生之厚"相反，要"知足""知止"，"知足不辱，知止不殆，可以长久"（第四十四章）。二者，"死而不亡"。善摄生者不仅可以长生，甚至可以无死，永垂不朽。第三十章"死而不亡者寿"，即为此意。

[众说纷纭]

韩非说："人始于生而卒于死。始之谓'出'，卒之谓'入'。故曰：'出生入死。'……不设备而必无害，天地之道理也。体天地之道，故曰：'无死地焉。'动无死地，而谓之'善摄生'矣。"（《韩非子·解老》）

王弼说："善摄生者，无以生为生，故无死地也。器之害者，莫甚乎兵戈；兽之害者，莫甚乎兕虎。而令兵戈无所容其锋刃，虎兕无所措其爪角，斯诚不以欲累其身者也，何死地之有乎？……故物苟不以求离其本，不以欲渝其真，虽入军而不害，陆行而不犯可也，赤子之可则而贵，信矣。"（《老子注》）

苏辙说："性无生死，出则为生，入则为死。用物取精以自滋养者，生之徒也。声色臭味以自戕贼者，死之徒也。二者既分生死之道矣。吾又知作而不知休，知言而不知默，知思而不知忘，以趣于尽，则所谓'动而之死地'者也。生死之道以十言之，三者各居其三矣，岂非生死之道九，而不生不死之道一而已乎？不生不死，则《易》所谓'寂然不动'者也。老子言其九，不言其一，使人自得之，以寄无思无为之妙也。有生则有死，故生之徒，则死之徒也。人之所赖于生者厚，则死之道常十九。至人常在不生不死中，生地且无，焉有死地哉？"（《道德真经注》）

林希逸说："言物之所以不能伤者，以我能虚、能损、能无，而无所谓死地也。"（《老子鬳斋口义》）

吴澄说："凡不以忧思嗜欲损寿，不以风寒暑湿致疾，能远刑诛兵争压溺之祸者，生之徒也。"（《道德真经注》）

王力说："世人见'善摄生者'一语，遂谓老子教人以摄生之道；不悟老子之意，以不摄生为善摄生也……且老子所谓善于其事者，以其无为于其事而善之，非以其为为而善之也。善言者不言，善争者不争，善宰则不宰，善为道者无为，则善摄生者不摄生，又何足怪乎？夫唯无死，乃可不死，自然之道也。若心常畏死，死旋至矣。"（《老子研究》）

张舜徽说："《老子》此言，所以戒人君宜寡欲以全其生也……古之统治天下者多早死，故《老子》言君道，以寡欲为先。"（《周秦道论发微·老子疏证》）

第五十一章

道生之，德畜之①，物形之，势成之②，是以万物莫不尊道而贵德③。

道之尊，德之贵，夫莫之命而常自然④。

故道生之，德畜之，长之育之，亭之毒之，养之覆之⑤。生而不有，为而不恃，长而不宰，是谓玄德⑥。

[自圆其说]

① 德：得，此指万物各得其道。畜：繁殖、抚养。"道生之"二句：道生万物，万物因各得其道而繁殖。

② 物：即第二十一章"道之为物，惟恍惟惚。惚兮恍兮，其中有象；恍兮惚兮，其中有物"之"物"。势：自然之势。"物形之"二句：因道之为物而成形，因自然之势而成熟。

③ 是以万物莫不尊道而贵德：因此，万物没有不尊重道而珍贵得道的。

④ 命：命令，此指强力而为。自然：自然无为、自然自成。莫之命而常自然：没有谁来命令，而常常自然无为，即第三十七章"道常无为而无不为"之意。第三十二章"天地相合以降甘露，民莫之令而自均"，与此旨意一致，可作实例。"道之尊"三句：道被尊重，得道被珍贵，就在于它们没有强力而为，而是常常自然无为。

⑤ 长之育之：使万物生长发育。亭：通"成"，成长。毒：通"熟"，成熟。养：保养。覆：保护。"故道生之"五句：所以，道生成万物，繁殖

抚养万物，使万物生长发育，让万物成长成熟，对万物保养保护。

　　⑥ 不有：不占为已有。不恃：不恃以为功。不宰：不主宰。玄德：老子专用之"非常名"，指玄妙之得。"生而不有"四句：生成万物而不占为已有，养育万物而不自恃有功，长成万物而不主宰，这就是得道的玄妙。第二章"是以圣人处无为之事，行不言之教，万物作焉而不辞，生而不有，为而不恃，功成而弗居"，旨意与此一致。

［今译今读］

　　道生万物，万物因各得其道而繁殖，因道之为物而成形，因自然之势而成熟。因此，万物没有不尊重道而珍贵得道的。

　　道被尊重，得道被珍贵，就在于它们没有强力而为，而是常常自然无为。

　　所以，道生成万物，繁殖抚养万物，使万物生长发育，让万物成长成熟，对万物保养保护。生成万物而不占为已有，养育万物而不自恃有功，长成万物而不主宰，这就是得道的玄妙。

［高谈阔论］

　　本章说"自然无为"。

　　老子以万物生长之"常道"喻圣王治国安民之"非常道"。道创生万物，生之畜之，长之育之，亭之毒之，养之覆之，整个过程是不受任何外在力量的命令，是其自然自成，所以谓之"莫之命而常自然"；万物遵道而行，顺其自然，因物成形，顺势成长。这是万物生长的"自然自成"之"常道"。老子把它用于圣王治国安民，成为"无为而治"之"非常道"，认为圣王也应遵道而行，做到"生而不有，为而不恃，长而不宰"，就会有非同寻常的玄妙所得（"玄德"）。第二章"是以圣人处无为之事，行不言之教，万物作焉而不辞，生而不有，为而不恃，功成而弗居"，亦即此意。

［众说纷纭］

王弼说："道者，物之所由也；德者，物之所得也。由之乃得，故不得不尊，失之则害，故不得不贵也。"（《老子注》）

苏辙说："道者万物之母，故生万物者道也。及其运而为德，牧养群众而不辞，故畜万物者德也。然而道德则不能自形，因物而后形见。物则不能自成，远近相取，刚柔相交，积而为势，而后兴亡治乱之变成矣。形虽由物，成虽由势，而非道不生，非德不畜。是以尊道而贵德。"（《道德真经注》）

蒋锡昌说："此言道之所以尊，德之所以贵，即在于不命令或干涉万物而任其自化自成也。"（《老子校诂》）

张舜徽说："万物犹言万事，谓人君处理万事，必归于无为，无为即道德也。"（《周秦道论发微·老子疏证》）

陈鼓应说："在整个道的创造过程中，完全是自然的，各物的成长活动亦完全是自由的。本章说明道的创造性不含丝毫占有性，并述及道与各物的自发性——这种自发性不仅是道所蕴含的特有精神，也是老子哲学的基本精神。"（《老子注译及评介》）

黄瑞云说："此章论道生万物而不自居功，盖自然也。'夫莫之命而常自然'，是老子'无为而无不为'思想的认识基础。"（《老子本原》）

第五十二章

天下有始，以为天下母①。既得其母，以知其子②。既知其子，复守其母，没身不殆③。

塞其兑，闭其门，终身不勤④。开其兑，济其事，终身不救⑤。

见小曰明⑥，守柔曰强⑦。用其光，复归其明，无遗身殃，是为习常⑧。

[自圆其说]

① 天下：指天下万物。始：本义是指女子初生，此指道。《说文解字》："始，女之初也。"母：本源、根源，也指道。第六章"玄牝之门，是谓天地根"，与"天下母"义同。"天下有始"二句：天下万物都有开始，这就是道，这是天下万物的根源。第一章"无，名天地之始；有，名万物之母"、第二十五章"有物混成，先天地生，寂兮寥兮，独立而不改，周行而不殆，可以为天下母。吾不知其名，字之曰道"，可与此互参。

② 子：指天下万物。"既得其母"二句：既已懂得道是天下万物之母，以此也可以知晓天下万物即是道之子。

③ 守其母：即守"玄牝之门"，下文"塞其兑，闭其门"与之对应。没身：终身。殆：危险。"既知其子"三句：既已了解道所产生的天下万物，又返回坚守作为天下万物之母的道，终身都不会有危险。

④ 兑：洞口、孔窍，此指耳目口鼻等感官。《周易·说卦传》："兑，为口。"门：此指为学之门。勤：劳累。《说文解字》："勤，劳也。""塞其

兑"三句：堵塞贪欲之口使其无欲，关闭为学之门使其无知，终身都不会有劳累。第十章"天门开阖，能为雌乎"，与此意同。

⑤ 开其兑：开放贪欲与求知的洞门。济：增加。《尔雅·释言》："济，益也。"济其事：增多有知有欲之事。救：救治、挽救。"开其兑"三句：开放贪欲与求知的洞门，增多有知有欲之事，终身都不能挽救。

⑥ 见：通"现"，表现，展现，义同第二十二章"不自见故明"、第二十四章"自见者不明"之"见"。小：微小，隐不可见，义同第三十二章"道常无名朴，虽小天下莫能臣也"、第三十四章"常无欲，可名于小"之"小"。明：聪明、明智。见小曰明：表现得越少则越聪明。第二十二章"不自见故明"、第二十四章"自见者不明"、第四十一章"明道若昧"，与此旨意内涵一致。

⑦ 守柔曰强：守住柔弱才叫坚强。老子说："天下之至柔，驰骋天下之至坚"（第四十三章），又说："天下莫柔弱于水，而攻坚强者莫之能胜"（第七十八章），皆为此意。

⑧ 用：通"庸"，壅蔽。用其光：壅蔽其光耀，与第五十六章"和其光"意同。明：即上文"见小曰明"之"明"，亦即第五十八章"光而不耀"之意。复归其明：复归到明道。"用其光，复归其明"针对"开其兑，济其事"而言。遗：遗留、留下。殃：灾殃。是：此，这。习：通"袭"，沿习、因袭。常：常规、常识，此指常道，与第十六章"复命曰常，知常曰明"之"常"同义。习常：沿习常道。"用其光"四句：壅蔽其外在光耀，复归到内心明道，就不会给自身留下灾殃，这种隐藏着的聪明沿习了常道叫"习常"。

[今译今读]

天下万物都有开始，这就是道，这是天下万物的根源。既已懂得道是天下万物之母，以此也可以知晓天下万物即是道之子。既已了解道所产生的天下万物，又返回坚守作为天下万物之母的道，终身都不会有危险。

堵塞贪欲之口使其无欲，关闭为学之门使其无知，终身都不会有劳累。开放贪欲与求知的洞门，增多有知有欲之事，终身都不能挽救。

表现越少则越聪明，恃守越柔弱则越坚强。壅蔽其外在光耀，复归到内心明道，就不会给自身留下灾殃，这种隐藏着的聪明沿习了常道叫"习常"。

[高谈阔论]

本章说"明道习常"。

老子将道与天下万物关系，譬喻为母子关系，但他强调的是"母"，亦即道，先得其"母"，然后才能"知其子"；"既得其子"，必须时时"守其母"。由"守其母"展开申说"明道"。按老子之意，第六章所说"玄牝之门，是谓天地根"，与"天下母"同义，"守其母"即守"玄牝之门"，具体为"塞其兑，闭其门"。塞兑闭门，门口越来越小，光越变越少，越来越暗，最后无光，至小即无，这时见"小"即见道之"无"，"见小"就可明道了。"见小曰明"，与第四十七章"不见而名"、第四十一章"明道若昧"同义。开其兑则终身不救，所以需要壅蔽其光，复归到见"小"明道，遵道而从，因顺自然，才不会招致灾祸。"见小"即"明道"，"守柔"即"守道"，壅蔽其外在的智慧光芒，复归到内心明道，就不会给自身留下灾殃，这种隐藏着的聪明沿习了天下万物之"常道"，这叫"习常"。这与第二十七章所说"袭明""虽智大迷"旨意一致，也是一种"大智若愚"式的韬光养晦之术。

[众说纷纭]

河上公说："始，道也。道为天下万物之母。子，一也。既知道已，当复知一也。已知一，当复守道反无为也。"（《老子道德经河上公章句》）

王弼说："母，本也；子，末也。得本以知末，不舍本以逐末也。兑，事欲之所由生；门，事欲之所由从也。无事永逸，故终身不勤也。"（《老子注》）

范应元说:"道本无始,此言有始者,谓万物由是始也。母,谓道也。道者有而无形,无而有精,变化不测,通神达生,故谓之母。在人之身则为神明,不可以言传口授而得之也。静而无欲,道自居矣。非天下之至神,不能得之。既得乎此,则以是而知其子。子者一也,虚而无形,以万物同得,此所以谓之一也。非天下之至明,不能知之。知此则天地人物与我同出而异名也。"(《老子道德经古本集注》)

吴澄说:"此言育子之法,水镜能照物谓之光,光之体谓之明。用其照外之光回光照内,复返而归藏于其内,体之明也。夫神太用则竭,照见渊鱼者不祥,此用其光于外以遗身殃者,含光以混世则无殃矣。是谓能掩藏常光之用,以复归常明之体,故曰'袭常'。"(《道德真经注》)

奚侗说:"《易·说卦》:'兑为口。'引申凡有孔窍者可云'兑'。塞兑、闭户,使民无知无欲。"(《老子集解》)

高亨说:"这一章是老子的政治论。主要论点:(一)道是天地万物的母亲,人要掌握道去认识天地万物,认识万民;(二)统治万民要闭塞他们的耳目口鼻,使他们无知无欲,回到自然状态;(三)统治者要'见小''守柔''归其明',要之,是遵循自然的正常规律。"(《老子注译》)

张舜徽说:"'用其光,复归其明。无遗身殃,是谓袭常'。此言人君当掩情匿端,以愚自处,所谓大智若愚也。'袭',王本作'习',傅本作'袭',帛书甲本亦作'袭',古'袭'与'习'二字多通用。"(《周秦道论发微·老子疏证》)

第五十三章

　　使我介然有知①，行于大道，唯施是畏②。

　　大道甚夷，而民好径③。朝甚除，田甚芜，仓甚虚④；服文采，带利剑，厌饮食，财货有余⑤，是为盗夸⑥。非道也哉⑦！

[自圆其说]

　　①"使我"之前省略主语，本章承接上章，由全文推之，主语指上章"习常"。我：老子自称。介然：确实、坚定。知：认识。使我介然有知：沿习常道使我确实有了这个认识。

　　②大道：平坦而宽广的道路。施：通"迤"，斜、邪，逶迤，此指邪路。"行于大道"二句：行走在平坦的大道上，最害怕的是走上邪路。

　　③夷：平坦。民：民众。径：小路，捷径，此指邪路。"大道甚夷"二句：宽广的道路虽然很平坦，但民众却喜欢捷径小路。后段即陈"而民好径"的事实。

　　④朝：甲骨文"朝"字是会意字，由日、月、草三部分组成，日刚出而月未落，日月同时出现在草木中，在此泛指好时光。除：过去。朝甚除：好时光失去很多。芜：荒芜。田甚芜：田地非常荒芜。古人以农为本，田里的事是正事，此指荒废了正事。仓甚虚：仓库非常空虚。"朝甚除"三句：好时光失去很多，田地非常荒芜，仓库非常空虚。

　　⑤服：穿着，动词。文采：指华丽的服装。厌：沉溺。《集韵·感韵》："厌，沉溺意。"厌饮食：沉溺于精美的饮食。货财有余：占有多余的

财富。"服文采"四句：追求穿着华丽的服装，佩带锋利的宝剑，沉溺精美的饮食，占有富足的财物。

⑥ 盗：指不正当、不恰当获取。《春秋·谷梁传》定公八年"非其所取而取之谓之盗。"夸：奢侈。《说文解字》："夸，奢也。"亦指过度。《广雅·释诂》："夸，婬也"，王念孙疏证："夸、淫皆过度之意。"是谓盗夸：这叫不正当的过度获取。

⑦ 非道也哉：这不合乎"道"啊。

[今译今读]

沿习常道使我确实有了这个认识，行走在平坦的大道上，最害怕的是走上邪路。

大道非常平坦，但民众却喜欢捷径小路。不在乎好时光失去很多，田地非常荒芜，仓库非常空虚，却要追求穿着华丽的服装，佩带锋利的宝剑，沉溺精美的饮食，占有富足的财物，这叫不正当的过度获取，这不合乎"道"啊。

[高谈阔论]

本章承接上章解说"开其兑，济其事，终身不救"。

老子说，沿袭生活"常道"使我认识到，行于大道，唯恐误入歧途，走上邪路；大道很平坦，民众却偏爱斜僻小路。老子认为，堵塞民众贪欲之洞使其无欲，关闭民众为学之门使其无知，则终身都不会有劳累（"塞其兑，闭其门，终身不勤"）。如果开放民众的贪欲与求知的大门，让民众有知有欲，则终身都不能挽救（"开其兑，济其事，终身不救"）。本章所言"民好径"，即为"开其兑，济其事"之后，民众有知有欲的结果。

老子接着描述了"民好径"的具体情况，"朝甚除"三句谓民众好逸恶劳；"服文采"四句谓民众贪得无厌。老子认为，民众这些行为是不正当的过度追求，这就叫"盗夸"。所以，这是不合乎大道的（"非道也哉！"）。

注家多从揭露统治者贪婪、奢侈、掠夺的角度解读后段，皆不得主旨。更有注家认为老子用"盗夸"，骂统治者为"强盗头子"，大呼"非道也哉"，是表示激愤之语词。甚误。本章与第五十二章、第六十五章诸章合读，思想贯通，旨意会更明确。老子主张"愚民"政策，在老子看来，"民好径"是"非道"行为，原因在于"开其兑，济其事"（第五十二章），结论是"民之难治，以其智多。故以智治国，国之贼；不以智治国，国之福"（第六十五章），对策是"非以明民，将以愚之"（第六十五章），亦即"塞其兑，闭其门"（第五十二章），如此这般，"然后乃至大顺"（第六十五章）。

[众说纷纭]

韩非说："由是观之，大奸作，小盗随；大奸唱，则小盗和。竽也者，五声之长者也，故竽先则钟瑟皆随，竽唱则诸乐皆和。今大奸作，则俗之民唱；俗之民唱，则小盗必和。故'服文采，带利剑，厌饮食，而货资有余者，是之谓盗竽矣。'"（《韩非子·解老》）

河上公说："百姓不足而君有馀者，是由劫盗以为服饰，持行夸人，不知身死家破，亲戚并随也。人君所行如是，此非道也。复言'也哉'者，痛伤之辞。"（《老子道德经河上公章句》）

王弼说："凡物不以其道得之则皆邪也，邪则盗也。夸而不以其道得之，盗夸也；贵而不以其道得之，窃位也。故举非道以明非道，则皆盗夸也。"（《老子注》）

奚侗说："《说文》：'夸，奢也。'《荀子·仲尼》篇'贵而不为夸'，杨注：'夸，奢侈也。'以上数者，皆盗窃人民财力以成其奢侈之行，故云'盗夸'。《韩非子·解老》篇'夸'作'竽'，说解穿凿，于谊不合。"（《老子集解》）

张舜徽说："此数句言人主多欲，修其宫庭，美其服饰，以致田野荒芜，仓廪空虚，而国家倾覆随之，此由违乎无为之道而然也。末句加重

语气，以痛伤之。或疑'非道也哉'四字为衍文，非是。"(《周秦道论发微·老子疏证》)

陈鼓应说："本章痛言当时政风的败坏，为政者挟持权威武力，搜括榨取，侵公肥私，过着奢侈糜烂的生活，而下层民众却陷于饥饿的边缘。这种景况，无怪老子气愤地斥骂当时的执政者为'强盗头子'。"(《老子注译及评介》)

第五十四章

　　善建者不拔，善抱者不脱，子孙以祭祀不辍①。

　　修之于身，其德乃真②；修之于家，其德乃余③；修之于乡，其德乃长④；修之于国，其德乃丰⑤；修之于天下，其德乃普⑥。

　　故以身观身，以家观家，以乡观乡，以国观国，以天下观天下⑦。吾何以知天下之然哉？以此⑧。

[自圆其说]

　　① 建：建立，此指"建德"（第四十一章）。善建者：指善于修道建德之人。拔：拔掉，拔除。善建者不拔：善于修道建德的人不会被拔除。抱：抱持，此指"抱朴"（第十九章）。善抱者：善于修道抱朴之人。脱：脱落，脱掉。善抱者不脱：善于修道抱朴的人不会脱落。第三十二章所说："道常无名朴，虽小天下莫能臣也。侯王若能守之，万物将自宾"，即为此意。辍：停止、断绝。子孙以祭祀不辍：后代子孙的祭祀，世世代代不会断绝。第三十三章所说"死而不亡者寿"，亦即此意。

　　② 修：治、饰。《说文解字》："修，饰也。"之：指道。德：得也，此指上文修道建德抱朴之得。真：本真，不伪。"修之于身"二句：修道于自身，他得到的才是本真。

　　③ 余：有余，富裕。"修之于家"二句：修道于家庭，他得到的才会富裕。

　　④ 乡：乡里。长：增长。"修之于乡"二句：修道于乡里，他得到的

才会增长。

⑤ 丰：丰厚，丰硕。"修之于国"二句：修道于国家，他得到的才会丰硕。

⑥ 普：普遍。"修之于天下"二句：修道于天下，他得到的才会普遍。

⑦ 前一个"身"，指上文"修之于身"；后一个"身"，指身之然，即身体的本来样子。以身观身：以修道于自身来观察身体的本来样子。下文"以家观家""以乡观乡""以国观国""以天下观天下"可同此类推。

⑧ 然：本来样子。此：指"以身观身"等"五观"。这也应合了老子所说的"不出户，知天下"（第四十七章）的道理。"吾何以知天下之然哉"二句：我凭什么可以知道天下的本来样子呢？用的就是这种方法。

[今译今读]

善于修道建德的人不会被拔除，善于修道抱朴的人不会脱落，所以后代子孙的祭祀世世代代不会断绝。

修道于自身，他得到的才是本真；修道于家庭，他得到的才会富裕；修道于乡里，他得到的才会增长；修道于国家，他得到的才会丰硕；修道于天下，他得到的才会普遍。

因此，以修道于自身来观察身体的本来样子。以修道于家庭来观察家庭的本来样子。以修道于乡里来观察乡里的本来样子。以修道于国家来观察国家的本来样子。以修道于天下来观察天下的本来样子。我凭什么可以知道天下的本来样子呢？用的就是这种方法。

[高谈阔论]

本章承接第五十一章续说"尊道贵德"。

第五十一章说"万物莫不尊道而贵德。道之尊，德之贵，夫莫之命而常自然"，道之所以尊，德之所以贵，其本质在自然无为。本章主旨是修道建德、抱朴归真，可视作第五十一章的解释。

如何才能善建、善抱，而永远不拔、不脱呢？按常识，凡有建就可能被拔，凡有抱就终有脱时。在老子看来，"善建者""善抱者"即修道中善"建德"、善"抱朴"者，"不拔""不脱"的原因在于返朴归真、自然无为。老子说"为者败之，执者失之，无为故无败，无执故无失"（第六十四章），唯行"无为"，才能永无败事，才能"不拔""不脱"，才是真正的善建、善抱。"善建者不拔，善抱者不脱"与"子孙以祭祀不辍"是因果关系，前者是因，后者是果。由于善建者、善抱者尊"自然无为"之道，"莫之命而常自然"，终得"不拔""不脱"之珍贵结果（"贵德"），所以才得到后代子孙的祭祀，世世代代不会断绝。

"尊道"重在"修之"，"贵德"在于"畜之"（第五十一章）。从"修之于身"到"其德乃普"，分别从身、家、乡、国、天下五个层面，阐述为道者以道"修之"、以德"畜之"的普遍效果。以道修于身，他得到本真；以道修于家，他得到余庆；以道修于乡，他得到尊重；以道修于国，他得到丰沛；以道修于天下，他得到普博。虽然老子与儒家一样也谈"修身"，以修身作为修道之基础，但儒家的"修、齐、治、平"，与老子本章所述，可谓其词同而理异。儒家修德讲推己及人，推而广之，"修、齐、治、平"，是连贯推衍式的，只要正心诚意修身，则可齐家治国平天下，"自天子以至于庶人，一是皆以修身为本"，能"修身"就一定可以"齐家"，能"齐家"就一定可以"治国"，能"治国"就一定可以"平天下"，所以，修身就能解决一切问题。老子修道与儒家修德不同，儒家修仁义道德，老子修自然无为之道，老子修道是并列封闭式的，"塞其兑，闭其门"（第五十二章）、"不出户，知天下；不窥牖，见天道"（第四十七章）。所以，"修之于身"只能"以身观身"，"修之于家"只能"以家观家"，"修之于乡"只能"以乡观乡"，"修之于国"只能"以国观国"，"修之于天下"只能"以天下观天下"。

"观"是老子的一个重要概念。道教的一些道场称作"道观"，"道观"之"观"即来源老子所说的"观"。老子所说的"观"不同于一般的对具体事物的经验性观察，而是要"观其妙""观其徼"（第一章）、"吾以观复"（第十六章），即"观"那种必然性、本质性的东西。《说文解字》曰："观，谛视也"，段玉裁注："凡以我谛视物曰观，使人得以谛视我亦曰观。犹之以我见人，使人见我皆曰视。"《尔雅·释言》云："观，示也"。可见，"观"一词实兼有"视"和"示"两义。因此，老子所说的"观"，既有以我视物之义，以"无""观其妙"，以"有""观其徼"，以道观物而知其然；又有以物示人之义，"万物并作，吾以观复"，观物悟道而知其所以然。在老子看来，"观"的过程，就是观物悟道的过程，亦即是观天下万物之"常道"而悟圣王治国理政之"非常道"的过程。"以身观身"中，前一个"身"是修道之身，即"修之于身"之"身"，后一个"身"才是被"观"之"身"。依次类推，直至"以天下观天下"。"以身观身"，既是以"修之于身"去谛视"身"之建德抱朴是否（有无）"真"，又是以修道建德抱朴之身示人以"真"；"以家观家"，既是以"修之于家"去谛视"家"之建德抱朴是否（有无）"余"，又是以修道建德抱朴之家示人以"余"；"以乡观乡"，既是以"修之于乡"去谛视"乡"之建德抱朴是否（有无）"长"，又是以修道建德抱朴之乡示人以"长"；"以国观国"，既是以"修之于国"去谛视"国"之建德抱朴是否（有无）"丰"，又是以修道建德抱朴之国示人以"丰"；"以天下观天下"，既是以"修之于天下"去谛视"天下"之建德抱朴是否（有无）"普"，又是以修道建德抱朴之"天下"示人以"普"。这就是老子知天下然且知其所以然的方法。

[众说纷纭]

韩非说："至圣人不然，一建其趋舍，虽见所好之物不能引，不能引之谓'不拔'；一于其情，虽有可欲之类神不为动，神不为动之谓'不脱'。为人子孙者，体此道以守宗庙不灭之谓'祭祀不绝'。"（《韩非子·解老》）

河上公说："以修道之身观不修道之身孰亡孰存也，以修道之家观不修道之家也，以修道之乡观不修道之乡也，以修道之国观不修道之国也，以

修道之主观不修道之主也。老子言：吾何以知天下修道者昌，背道者亡？以此五事观而知之也。"（《老子道德经河上公章句》）

林希逸说："即吾一身而可以观他人之身，即吾之一家而可以观他人之家，即吾之一乡而可以观他人之乡。推之于国于天下皆然，言道之所用皆同也。以此者，道也。以道而观，则天下无不然。"（《老子鬳斋口义》）

吴澄说："植一木于平地之上，必有拔而偃仆之时；持一物于两手之中，必有脱而离去之日。善建者以不建为建，则永不拔；善抱者以不抱为抱，则永不脱。善于保国延祚者亦然，无心于留天命而天命自留，故子孙世世祭祀不辍，有如善建善抱者也。"（《道德真经注》）

吕惠卿说："世之所谓修道者，或修之于天下国家，而不知其本真乃在吾身也，故曰修之身，其德乃真。或修诸其身，而不能推之于天下国家者，故曰修之家，其德乃余；修之乡，其德乃长；修之国，其德乃丰；修之天下，其德乃普也。"（《老子注》）

张舜徽说："《老子》此数语，乃言道之为用，小至一身，大至天下，得之则存，失之则亡，不可须臾离也。"（《周秦道论发微·老子疏证》）

第五十五章

　　含德之厚，比于赤子①。蜂虿虺蛇不螫，猛兽不据，攫鸟不搏②。骨弱筋柔而握固，未知牝牡之合而朘作，精之至也；终日号而不嗄，和之至也③。

　　知和曰常，知常曰明④。益生曰祥，心使气曰强⑤。物壮则老，谓之不道，不道早已⑥。

[自圆其说]

　　① 含：含藏、蕴含。德：得，此指上章"五修"之后所得。厚：丰厚。赤子：婴儿。含德之厚：蕴藏丰厚所得，内敛而不外耀。第三十八说"上德不德，是以有德"，"含德之厚"者即属"上德"之人。婴儿初生，周身发红，故称赤子。"含德之厚"二句：蕴藏丰厚所得，好像初生婴儿。

　　② 蜂：马蜂、蜜蜂之蜂类。虿：读 chài，蝎子之类。虺（huǐ）蛇：毒蛇。螫：蜇，此指刺咬，蜂、蝎之类用毒刺刺人，毒蛇之类用毒牙咬人。《说文解字》："螫，虫行毒也。"猛兽：此指第五十章"兕虎"之类。据：用爪子抓。攫鸟：凶猛的鸟。搏：用鸟翼搏击。螫、据、搏皆有伤害之意。"蜂虿虺蛇不螫"三句：蜂蝎毒蛇都不刺咬他，猛兽不抓他，凶鸟不搏击他。

　　③ 握固：拳头握得牢固。牝牡：雌雄，此指男女。牝本指雌性动物，牡本指雄性动物。合：交合，性交。朘：此指小男孩生殖器。《说文解字》："朘，赤子阴也。"王弼本"朘"作"全"，傅奕本、帛书乙本作"朘"，据

改。作：挺起、勃起。精之至：精气充足至极。号：哭啼。嗄：嗓音嘶哑。和：即第四十二章"万物负阴而抱阳，冲气以为和"之"和"，指阴阳精气激荡而和顺。和之至：阴阳合和至极。"骨弱筋柔而握固"五句：婴儿虽然筋骨柔弱但拳头握得牢固，小男孩还不懂男女性交之事而生殖器会勃起，这是精气充足至极；婴儿整天哭啼但喉咙不嘶哑，这是阴阳合和至极。

④ 常：常识、常理。明：聪明、明智。"知和曰常"二句：知道这种至精至和称为常识，知道这些常识才叫聪明。

⑤ 益：增益。《说文解字》："益，饶也。"益生：贪生，亦即第五十章所说"生生之厚"。祥：征兆，有吉祥和不祥，此指不祥、凶兆。《说文解字》："祥，吉凶之先见者。"古汉语有所谓"反训"，此其例也。第四十二章说"或益之而损，或损之而益"、第四十八章说"为学日益，为道日损"，"益"即是"有为"，老子持损反益，故"益生"则"不祥"。心：心意、心志。气：精气。强：逞强、强梁。心使气：心浮气躁、意气用事。第十章"专气致柔"即"心使气"的反面。强：逞强。"益生曰祥"二句：贪生是凶兆，意气用事叫逞强。

⑥ "物壮则老"三句：此文亦见第三十章，文字略同而所指不同。前文之"壮"指"以兵强天下"，果而矜、果而伐、果而骄、果而强，"物壮则老"则指"其事好还"（第三十章）；此"壮"指"益生""心使气"而言，"物壮则老"则指第五十章"人之生，动之死地"和第四十二章"强梁者不得其死"。

[今译今读]

蕴藏丰厚所得，好像初生婴儿般纯朴。蜂蝎毒蛇都不刺咬他，猛兽不抓他，凶鸟不搏击他。婴儿虽然筋骨柔弱但拳头握得牢固，小男孩还不懂男女性交之事而生殖器会勃起，这是至精所致；婴儿整天哭啼但喉咙不嘶哑，这是至和所致。

知道这种至精至和称为常识，知道这些常识才叫聪明。贪生是凶兆，意气用事叫逞强。事物强壮了就要衰老。这说明"益生"、"心使气"是不合乎道的，不合乎道的就会过早灭亡。

[高谈阔论]

本章承上章续说"修道摄生"。

本章与第五十章、第五十四章合读，有助于理解。第五十章具体描写了一名"善摄生者"的形象："陆行不遇兕虎，入军不被甲兵。兕无所投其角，虎无所措其爪，兵无所容其刃"。第五十四章讲修道，经过修身、修家、修乡、修国、修天下"五修"，建德抱朴，成为"善建者""善抱者"，亦即是一个内在地蕴含了深厚道德的人。本章用"赤子"比喻"含德之厚"的人，作为"善摄生者"无死地的例证，并回答了第五十章提出的"夫何故"问题。

"蜂虿虺蛇不螫，猛兽不据，攫鸟不搏"，犹第五十章所描述"陆行不遇兕虎，入军不被甲兵"的情景，在老子看来，"赤子"即是"善摄生者"，其不被毒蛇猛兽伤害，原因有二：

其一，无知无欲。"未知"即"无知"，"未知牝牡之合"亦即无"牝牡之合"的欲望，即"无欲"也；而其所以"朘作"，则因其"精之至也"，是阴阳精气充沛自然流露。

其二，自然无为。"终日号而不嗄"，原因何在？"和之至也"。老子说"万物负阴而抱阳，冲气以为和"，"和"是阴阳合和，精气激荡调和，至精至和，顺其自然，无为自成，不是以心使气，不是意气用事。

老子以"赤子"的形象而说"含德之厚"的妙用，重点则落实于自然无为之道。最后一段，"知和曰常，知常曰明"，是正说。修道于身，得道丰厚，犹如婴儿，无知无欲，至精至和，任其自然，精力充盈却不使气逞强，浑沌和顺而不追求享受，善摄生而无死地，理解了"赤子"隐喻之"常道"才算明白自然无为之"非常道"。"益生曰祥，心使气曰强"，是反说。益生不祥，使气逞强，物壮则老，这都是不合乎道的，很快就会灭亡。

正说反说，皆申言老子自然无为之"非常道"。

[众说纷纭]

王弼说："赤子无求无欲，不犯众物，故毒螫之物无犯于人也。含德之厚者，不犯于物，故无物以损其全也。"（《老子注》）

苏辙说："老子之言道德，每以婴儿况之者，皆言其体而已，未及其用也。今夫婴儿泊然无欲，其体之者至矣，然而物来而不知应，故未可以言用也。道无形体，物莫得而见也，况可得而伤之乎？人之所以至于有形者，由其有心也。故有心而后有形，有形而后有敌，敌立而伤之者至矣。无心之人，物无与敌者，而曷由伤之？夫赤子之所以至此者，唯无心也。"（《道德真经注》）

林希逸说："生不可益，强求益之，则为殃矣。祥，妖也。故曰'益生曰祥'。"（《老子鬳斋口义》）

高亨说："这一章是老子的人生论。老子主张人要回到儿童时代。儿童有四个特点：（一）遭不到恶物的伤害；（二）柔弱中有刚强；（三）内部精纯；（四）全身谐和。老子从而指出：既精且和，乃得正常。知正常，乃称明智。要做有益于人生的事，乃得吉祥。要用思想意志克制感情冲动，乃称坚强。"（《老子注译》）

张舜徽说："此言人君有无为之厚德者，无知无欲，柔弱恬静，有若婴儿也。《老子》又云：'专气致柔，能婴儿乎？'亦即斯旨。"（《周秦道论发微·老子疏证》）

陈鼓应说："老子用赤子来比喻具有深厚修养境界的人，能返到婴儿般的纯真柔和。'精之至'是形容精神充实饱满的状态，'和之至'是形容心灵凝聚和谐的状态。"（《老子注译及评介》）

第五十六章

知者不言，言者不知①。

塞其兑，闭其门，挫其锐，解其纷，和其光，同其尘，是谓玄同②。

故不可得而亲，不可得而疏；不可得而利，不可得而害；不可得而贵，不可得而贱③。故为天下贵④。

[自圆其说]

① 知者：知"道"的人。言：言说，此指用言语表达出来。知者不言：知"道"的人不用言语表达出来。第二章说"行不言之教"、第二十三章说"希言自然"、第四十三章说"不言之教，无为之益，天下希及之"，即为此意。言者不知：言说的人不知"道"。第五章说"多言数穷，不如守中"，亦即此意。

② "塞其兑"二句已见于第五十二章，"挫其锐"四句见于第四章，可参见第四章、第五十二章[自圆其说]。第五十八章"方而不割，廉而不刿，直而不肆，光而不耀"，与此旨意一致。陈鼓应说"挫其锐"四句，重见于四章，疑"是此处错简重出"（《老子注译及评介》），而马叙伦认为："挫锐解纷和光同尘，正说'玄同'之义，不得无此四句"（《老子校诂》）。马说是。玄同：老子专用之"非常名"。同：义同首章"（无、有）此两者同，出而异名"之"同"，指无与有在道中"混而为一"（第十四章），没有分别，没有"异名"。这种混同是很玄妙的（"同谓之玄"（第一章））。

"玄同"，即指若有若无，泯灭差别，消除是非，玄妙混同于道。"塞其兑"七句：堵塞贪欲之口使其无欲，关闭为学之门使其无知，挫抑锐利之锋使其不伤人，消解纷扰之情使其不纷争，和融炫耀之光使其不刺眼，混同尘世之俗使其不为大。这就称为"玄同"。

③ 得：会意字，"得"的甲骨文字形为🔤，由"贝"和"又"组合而成，表示用手拿贝，示意有所收获，引申为表现出。亲：亲近。疏：疏远。利：有利。害：危害。贵：贵重、器重。贱：卑贱、鄙视。"不可得而亲"六句：不可以表现出亲近谁，也不可以表现出疏远谁，要做到没有亲疏之分；不可以表现出利于谁，也不可以表现出危害谁，要做到没有利害之分；不可以表现出器重谁，也不可以表现出鄙视谁，要做到没有贵贱之分。

④ 故为天下贵：所以，他就能为天下尊贵。

[今译今读]

知"道"的人不言说，言说的人不知"道"。

堵塞贪欲之口使其无欲，关闭为学之门使其无知，挫抑锐利之锋使其不伤人，消解纷扰之情使其不纷争，和融炫耀之光使其不刺眼，混同尘世之俗使其不为大。这就称为"玄同"。

因此，不可以表现出亲近谁，也不可以表现出疏远谁，要做到没有亲疏之分；不可以表现出利谁，也不可以表现出危害谁，要做到没有利害之分；不可以表现出器重谁，也不可以表现出鄙视谁，要做到没有贵贱之分。所以，他就能为天下人尊贵。

[高谈阔论]

本章说"玄同"为天下贵。

老子关于"玄同"的主张，从本章看，源于知"道"者的"不言"，即"行不言之教"（第二章），而"不言"只是无为而治的一个特点。因为"不言"，所以要塞兑闭门，不逞聪明；所以要挫锐解纷，不露锋芒；所以要和光同尘，不同而同；总而言之，即是所谓"玄同"。

本章最后一段两个"故"，是直承前文而来，主语即是"玄同"。上文"塞兑闭门、挫锐解纷、和光同尘"是解释"玄同"，是正说"玄同"之义。最后一段第一个"故"解说"玄同"之运用，是申说"玄同"之用。对亲疏、利害、贵贱，圣王不能非亲即疏，非利即害，非贵即贱。所以，圣王要用"玄同"，不可以表现出亲近谁，也不可以表现出疏远谁，要做到没有亲疏之分；不可以表现出利于谁，也不可以表现出危害谁，要做到没有利害之分；不可以表现出器重谁，也不可以表现出鄙视谁，要做到没有贵贱之分。"玄同"与"圣人不仁"（第五章）、"天道无亲"（第七十九章）旨意一致，均为自然无为思想的体现，是圣王"非常道"的重要内容之一。所以，最后老子用第二个"故"承前文总结出本章主旨：圣王之"玄同"为"天下贵"也。

[众说纷纭]

河上公说："'是谓玄同'。玄，天也。人能行此上事，是谓与天同道也。"（《老子道德经河上公章句》）

苏辙说："道非言说，亦不离言说，然能知者未必言，能言者未必知。"（《道德真经注》）

吴澄说："在己在人之锐钝光暗两无分别，与世齐同，妙不可测，故曰'玄同'。我既'玄同'，则人不能亲疏利害贵贱我矣……凡此六者，人所不能，己独能之，故为天下之最可贵。"（《道德真经注》）

张舜徽说："二'知'字均当读为'智'，古人通用。此言人君大智若愚，'处无为之事，行不言之教'，不以多言为贤也……塞兑闭门，谓人君闭明塞聪也；挫锐解纷，谓人君摧折己之锋芒，消除己之异见也；和光同尘，谓人君不立崖岸与众融合也。六'其'字皆谓人君，所以明无为之治，必自此始。或谓诸'其'字皆指民言，非也。"（《周秦道论发微·老子疏证》）

陈鼓应说："理想的人格形态是'挫锐''解纷''和光''同尘'，而到达'玄同'的最高境界。'玄同'的境界是消除个我的固蔽，化除一切的封闭隔阂，超越于世俗褊狭的人伦关系之局限，以开豁的心胸与无所偏的心境去待一切人物。"（《老子注译及评介》）

傅佩荣说："'玄同'之后，有连续六个'不可得'，这是因为一切皆无分别，亦即'玄同'，都同化于一个'道'中，还有什么'亲、疏、利、害、贵、贱'可以计较的呢？所以，道家化解'分别心'和'计较心'，并不是为了与人为善或肯定乡愿，而是希望大家都因为觉悟了'道'而不要在乎。"（《傅佩荣细说老子》）

第五十七章

以正治国，以奇用兵，以无事取天下①。

吾何以知其然哉？以此②：

天下多忌讳，而民弥贫③；人多利器，国家滋昏④；人多伎巧，奇物滋起⑤；法令滋彰，盗贼多有⑥。

故圣人云：我无为而民自化，我好静而民自正，我无事而民自富，我无欲而民自朴⑦。

[自圆其说]

①正：正向、正面，此指正向举措。"正"的甲骨文字形为"𤴓"，上下结构，上部为一个方形的城邑，代表脚步前进的方向、目标，下部是一只脚趾形，表示脚步向着这个方向、目标前进。后来，经过金文、小篆的演化，上端演化成一横，下部演化成"止"，这就是现在的"正"字。以正治国：以正向的举措治国。由于对"正"字理解不同，注家对"以正治国"的解释也不同。主要有四类：其一，把"正"解为"正道"。"以正治国"即"以正道治国"，此类注解最普遍，影响最广泛。这是以儒家观念解老。其二，把"正"解为"惩罚"。"以正治国"即"以法制禁令治国"。这是以法家观念解老。其三，把"正"解为"清静"。"以正治国"即"以清静之道治国"。这是以佛家观念解老。其四，把"正"解为"有为"，进而否定老子"以正治国"思想。这是注家自我作古，臆解老子。此四类解释皆不得老子主旨，不可取。详见上篇《我读〈老子〉》第三章"老子治

国策"。奇：即"无正"，与"正"相对，此指反向思维。无事：自然无为，自然自成。取天下：参见第四十八章［自圆其说］。"以正治国"三句：以正向举措治国，以反向思维用兵，以无事取天下。

②何以：即以何，指凭什么。然：如此，这样，此指前文三句。以此：由下述情况知之，指下面两段文字所叙事情。"吾何以知其然哉"二句：我凭什么知道是这样的呢？就是根据下述情况。

③忌讳：禁忌。"天下多忌讳"二句：天下禁忌多了，而民众更加贫困。

④人：指人主、君王。与下句"人多伎巧"之"人"为同一对象。利器：治国手段、权谋。即第三十六章"国之利器不可以示人"之"利器"。人多利器：指君王使用多种统治手段。此句王弼本作"民多利器"，此从《景龙碑》、唐玄宗《御注道德真经》等本。滋：更加、愈加。下文的"滋"也同此义。"人多利器"二句：君王统治手段愈多，国家就愈加混乱。

⑤伎：通"技"。伎巧：智巧。奇物：稀奇、奇异之物，即三章"难得之货"。"人多伎巧"二句：君王智巧越多，奇异怪事出现越多。

⑥彰：严明。"法令滋彰"二句：法律条令越严明，盗贼也就越多。

⑦自化：自然顺化。我无为而民自化：我无所作为，民众自然顺化。与首章"为无为则无不治"、第四十八章"无为而无不为"、第六十三章"为无为，事无事"，旨意一致。自正：自然端正。我好静而民自正：我喜好清静，民众自然端正。第十六章"守静笃""归根曰静"、第二十六章"静为躁君"、第四十五章"静胜热""清静为天下正"、第六十一章"牝常以静胜牡"，皆为此意。自富：自然富足。无欲：不贪欲，即第十九章"少私寡欲"之意。自朴：自然淳朴。"故圣人云"五句：因此，圣王说：我无所作为，民众自然顺化；我喜好清静，民众自然端正；我无所事事，民众自然富足；我无欲不贪，民众自然淳朴。

[今译今读]

以正向举措治国，以反向思维用兵，以无事取天下。

我凭什么知道是这样的呢？就是根据下述情况：

天下禁忌多了，而民众更加贫困；君王统治手段愈多，国家就愈加混乱；君王智巧越多，奇异怪事出现越多；法律条令越严明，盗贼也就越多。

因此，圣王说：我无所作为，民众自然顺化；我喜好清静，民众自然端正；我无所事事，民众自然富足；我无欲不贪，民众自然淳朴。

[高谈阔论]

本章说圣王治国、用兵、取天下之道。

本章在《老子》全篇八十一章中具有非常重要的地位，是老子概述圣王治国、用兵、取天下之"非常道"的重要章节。

，老子总述圣王"非常道"三大内容：一是"以正治国"，二是"以奇用兵"，三是"以无事取天下"。有注家把三者割离开，否定前两者，以为"以正治国，以奇用兵"不是老子主张，只有"以无事取天下"才符合老子"无为"思想（详见本章[众说纷纭]）。此说不符合老子原意。治国、用兵、取天下，是君王三件大事；"以正治国"之治国策、"以奇用兵"之兵法、"以无事取天下"之天下观，是老子奉行"以道佐人主"，进献给君王的三件宝物。"以正治国"是基础，"以奇用兵"是保障，"以无事取天下"是理想。没有基础和保障，理想只能是空想。所以，在《老子》五千言中谈及"以正治国""以奇用兵"的篇幅并不比谈"以无事取天下"的少。

在本章，接下来，老子重点阐述了"以无事取天下"之"非常道"。以"吾何以知其然哉"为过渡，"以此"提领下文，后两段分别从正反两面阐述了"以无事取天下"思想。

第二段，老子从反面论述"多事"的害处，从而反证"无事"的益处。"天下多忌讳""法令滋彰""人多利器""人多伎巧"，皆指君王而言，是君王"多事"。君王"多事"的结果是"民弥贫""国家滋昏""奇物滋起""盗贼多有"。正可作第四十八章"取天下常以无事，及其有事，不足以取天下"的注脚。

末段，老子正面论述了"以无事取天下"的理想情境。老子认为，"无事"，不是不干事，而是"为无为，事无事"（第六十三章），亦即第二章所谓的"处无为之事"。"无事"的核心是"无为"。所以，"圣人云"四句中第一句"我无为而民自化"是总纲，统领以下三句，即"好静""无事""无欲"都从"无为"而来，"自正""自富""自朴"都由"自化"而来。

[众说纷纭]

王弼说："以道治国则国平，以正治国则奇兵起也。以无事，则能取天下也。上章云，其取天下者，常以无事，及其有事，又不足以取天下也。故以正治国，则不足以取天下，而以奇用兵也。夫以道治国，崇本以息末，以正治国，立辟以攻末。本不立而末浅，民无所及，故必至于以奇用兵也。"（《老子注》）

林希逸说："以正治国，言治国则必有政事。以奇用兵，用兵则必须诈术。二者皆为有心。无为而为，则可以得天下之心，故曰'以无事取天下'。"（《老子鬳斋口义》）

吴澄说："正者，法制禁令正其不正。管商以正治国，帝王以修身齐家为本，不恃法制禁令以为正。奇者，权谋诡诈谲而不正。……奇者仅可施于用兵，不可以治国；正者仅可施于治国，不可以取天下。"（《道德真经注》）

释德清说："此言治天下国家者，当以清净无欲为正，而不可用奇巧以诱民也。"（《老子道德经解》）

高亨说："如上文所言，是老子之术，治国以正，用兵以奇矣，恐非其原意也。疑'以无事取天下'本作'无以取天下'，言以正治国，以奇用兵，行此二者，实无以取天下也……盖'无以'二字误倒作'以无'，后人

见四十八章有'取天下常以无事'句，因增'事'字耳。"(《老子正诂》)

张舜徽说："(故圣人云之后)此四句实一意，所以明'无为而无不为'之旨。人君虽不自为而群下为之，可以收其成功也。"(《周秦道论发微·老子疏证》)

陈鼓应说："本章和三十七章是相对应的，而且说得更为具体。本章的结尾：'我无为而民自化，我好静而民自正，我无事而民自富，我无欲而民自朴。'这是老子'无为政治'的理想社会情境的构想。"(《老子注译及评介》)

卢育三说："'以正治国，以奇用兵'是当时的名言，不是老子的主张。在老子看来，不论是'以正治国'，还是'以奇用兵'，都属于有为……都不好，不若'以无事取天下'为好。这样解释可能更符合老子原义。"(《老子释义》)

李零说："《老子》说，治国是靠'正'(正常手段)，用兵是靠'奇'(反常手段)，取天下是靠'无事'(不劳民伤财)。这里，它要强调的是第三句话。"(《人往低处走》)

第五十八章

其政闷闷，其民淳淳；其政察察，其民缺缺^①。

祸兮福之所倚，福兮祸之所伏^②。孰知其极^③？其无正^④。正复为奇，善复为妖^⑤。人之迷，其日固久^⑥。

是以圣人方而不割，廉而不刿，直而不肆，光而不耀^⑦。

[自圆其说]

① 闷闷：昏闷，混沌，指自然无为的状态。淳淳：淳朴，敦厚。察察：严酷、明察。缺缺：狡猾、诈伪。"其政闷闷"四句：国家政治自然无为，民众就淳朴淳厚；国家政治严酷明察，民众就狡猾诈伪。第六十五章"古之善为道者，非以明民，将以愚之。民之难治，以其智多。故以智治国，国之贼；不以智治国，国之福"，可与此互参。

② 倚：依靠、伴随。《说文解字》："倚，依也。"伏：潜伏、隐藏。"祸兮福之所倚"二句：祸害常有福缘伴随，福报常有祸患潜伏。成语"祸福相倚"，即出于此。

③ 孰：谁。其：指祸福倚伏转换。极：指极点、转折点。孰知其极：谁知道祸福转换的极点呢？

④ 其：指上文"其极"。正：此指正向运行变化，即"无极"状态，相对"反"而言。其无正：指正向运行变化越过极点转向反向变化，即"极反"状态。

⑤ 正、奇：与第五十七章"以正治国，以奇用兵"之"正""奇"同

义。正指正向运行，与"反"相对。奇与"反"相似，与"正"相对，指反向运行。复：复归。善：即上文"福"。妖：即上文"祸"。"正复为奇"二句：正向运行复归为反向运行，福复归为祸。

⑥ 人：人主、君王。迷：迷惑。"人之迷"二句：君王对此迷惑不解，来日已久了。

⑦ 方：义与第四十一章"大方无隅"之"方"同，指方正但无棱角。割：割伤、伤害。《说文解字》："割，剥也。"《尔雅》："割，割裂也。"廉：棱角。《广雅·释言》："廉，棱也。"刿：用锐利的东西刺伤。《说文解字》："刿，利伤也。"不刿：此指第四章、第五十六章所说"挫其锐"之后不会被锐利的东西刺伤。直：义与第四十五章"大直若屈"之"直"同，指刚直又好像弯曲。肆：放肆，肆无忌惮。《广雅·释诂》："肆，伸也。"光：光芒、光明，此同第四章"和其光，同其尘"及第五十二章"用其光，复归其明"之"光"。耀：炫耀、耀眼。"方而不割"四句：所以，圣王要做到，很方正又好像没有棱角不会伤害他人，有棱角又好像挫去尖锐不会刺伤他人，很刚直又好像能曲而弯不会肆无忌惮，很光明又好像韬光养晦不会炫耀刺眼。第四十一章"大方无隅"、第四十五章"大直若屈"、第四章、第五十六章"和其光，同其尘"，数章可合读互参。

[今译今读]

国家政治自然无为，民众就淳朴淳厚。国家政治严酷明察，民众就狡猾诈伪。

祸害常有福缘伴随，福报常有祸患潜伏。谁知道祸福转换的极点呢？它的极点是正向运行变化结束。正向运行复归为反向运行，福复归为祸。君王对此迷惑不解，原来是来日已久了。

所以，圣王要做到，很方正又好像没有棱角不会伤害他人，有棱角又好像挫去尖锐不会刺伤他人，很刚直又好像能曲而弯不会肆无忌惮，很光明又好像韬光养晦不会炫耀刺眼。

[高谈阔论]

本章阐述"无极"思想。

本章"极"字极其重要，最值得玩味。古今注家大多不解"极"味。"极"，极点，转折点也。老子说"反者道之动"（第四十章）、"物壮则老"（第五十五章），事物运动的复返，万物生长从壮到老，都有一个转折点，过了这个极点，则反，则老，是谓"物极必反"。极反之前为"正"，即正向运行，是"无极"状态，到极点后反（返）了，变成反向运行，是"极反"状态，是谓"无正"，亦即"奇"。福与祸相倚，"福"正向运行到极点，转到反向运行，变成"祸"（"正复为奇，善复为妖"）。所以，"正"是"无极"，即正向运行不逾越极点；"奇"是"无正"，是"极反"，即越过正向运行的极点变成反向运行。"正"与"无正"（奇）、"无极"与"极反"关系，被老子称为"人之迷"，而且是长久未解之谜。参见上篇《我读〈老子〉》第三章老子治国策之"无极"思想。

本章所说"祸兮福之所倚，福兮祸之所伏。孰知其极？其无正。正复为奇，善复为妖"，反映了老子的"极反"思想，是老子"以奇用兵"兵法的思想基础；第二十八章所说"为天下式，常德不忒，复归于无极"、第五十九章"莫知其极可以有国"，反映了老子的"无极"思想，是老子"以正治国"治国策的思想基础。

在老子看来，"其政闷闷"与"其政察察"、"其民淳淳"与"其民缺缺"也是可以相互转化的。为了解开这个"人之迷"难题，老子提出了解决原则，即"方而不割，廉而不刿，直而不肆，光而不耀"。不割、不刿、不肆、不耀，是守"正"的措施，用于防止"方、廉、直、光"因一直正向发展而出现物极必反。老子认为，"以正治国"，就是要守住"正"，"复归于无极"（第二十八章），治政做到"闷闷"而不"察察"，民众就会"淳淳"而不"缺缺"。第二十八章所说"知其雄，守其雌"、第七十六章所说"守柔"、第十六章所说"守静"、第六十一章所说"处下"、第二十九章所说"去甚、去奢、去泰"、第五十九章所说"啬"、第六十七章所说"三宝（慈、俭、不敢为先）"，皆为守正无极之义。

[众说纷纭]

韩非说："凡失其所欲之路而妄行者之谓迷，迷则不能至于其所欲至矣。今众人之不能至于其所欲至，故曰'迷'。众人之所不能至于其所欲至也，自天地之剖判以至于今。故曰：'人之迷也，其日故以久矣。'"（《韩非子·解老》）

王弼说："言善治政者，无形、无名、无事、无政可举，闷闷然，卒至于大治，故曰'其政闷闷'也。其民无所争竞，宽大淳淳，故曰'其民淳淳'也。立刑名，明赏罚，以检奸伪，故曰'察察其政'也。殊类分析，民怀争竞，故曰'其民缺缺'也。"（《老子注》）

林希逸说："正者，定也。其无正耶，言倚伏无穷，不可得而定也。天下之事，奇或为正，正或为奇，善或为妖，妖或为善，是非利害，莫不皆然，此亦祸福倚伏之意。"（《老子鬳斋口义》）

吴澄说："方而不割，廉而不刿，直而不肆，光而不耀，皆无事之譬也。"（《道德真经注》）

张舜徽说："此言人主贵能深自敛抑，毋露己才。虽有方、廉、直、光之美，不以此伤物炫世也。"（《周秦道论发微·老子疏证》）

陈鼓应说："'其政闷闷'即是指清静'无为'之政；'其政察察'即是指繁苛'有为'之政。老子崇尚'无为'之政，认为宽宏（'闷闷'）的政风，当可使社会风气敦厚，人民生活朴实，这样的社群才能走向安宁平和的道路……如此看来，老子的政治理想却有积极拯救世乱的一面，仅是实行的方法和态度上与各家不同而已。"（《老子注译及评介》）

李零说："《老子》提倡糊涂政治，原因是，当时的社会，是非混乱，祸福无定。它说，当政者越糊涂，老百姓越老实；当政者越明白，老百姓越狡猾。"（《人往低处走》）

第五十九章

治人事天莫若啬①。

夫为啬，是谓早服②。早服谓之重积德③，重积德则无不克④，无不克则莫知其极⑤，莫知其极可以有国⑥，有国之母可以长久⑦，是谓深根固柢，长生久视之道⑧。

[自圆其说]

① 治人：治理人民。事：侍奉。事天：侍奉天道，遵行天道。啬：爱惜，本义是谷物成熟之后入仓库收藏起来。《说文解字》："啬，爱濇也。"这里引申为深藏不露、藏而不用，不要炫耀张扬，为老子专用之"非常名"。与第六十七章"俭"义同。治人事天莫若啬：治理人们，遵行天道，没有比"啬"更重要。

② 早：尽早、赶早。服：服从、服事。"夫为啬"二句：正因为"啬"，这被称为尽早服从道。

③ 重：厚重。《说文解字》："重，厚也。"积：积累、敛藏。德：通"得"，指得道。重积德：敛藏得道收获至厚至重。第五十一章"道生之，德畜之，长之育之，亭之毒之，养之覆之"，即为"重积德"之义。早服谓之重积德：尽早服从道，可说是敛藏所得至厚至重。

④ 克：克制、限制。无不克：没有什么不能克制。重积德则无不克：敛藏所得厚重，则没有不能克制的。

⑤ 极：与第五十八章"孰知其极"之"极"同义，极点、转折点也。

莫知其极：不知道它的极点，即未达到极点仍处于"无极"状态。无不克则莫知其极：没有不能克制的，那么就不知道它的极限了。意谓所有都能被克制，就能守住"无极"。

⑥ 莫知其极可以有国：守住"无极"就可以保有国家。

⑦ 母：根本、根基。有国之母可以长久：有了立国的根本，就可以长久存在。

⑧ 根、柢：树根里面往下直长的主根叫柢，四周旁出的根叫根，也全部通称为根。深根固柢：引申为固本强基。视：本义是看的意思，引申为"活"。人活着能睁眼看看，人死了则闭眼瞑目，就不能再看一眼了。此指国家长治久安。"是谓深根固柢"二句：这就是固本强基、长治久安之道。

[今译今读]

治理人们，遵行天道，没有比"啬"更重要。

正因为"啬"，才可说是尽早服从道。尽早服从道，可说是敛藏所得至厚至重。敛藏所得厚重，那么就没有不能克制的。没有不能克制的，那么就是守住"无极"了。守住"无极"就可以保有国家。有了立国的根本，就可以长久存在。这可说是固本强基、长治久安之道。

[高谈阔论]

本章说以"啬"治国。

老子拈出一个"啬"字，这是本章主旨。老子认为圣王治国安民没有什么比"啬"更重要的。所谓"啬"，就是深藏不露，是"损""俭"。上章"方而不割，廉而不刿，直而不肆，光而不耀"可作此注脚。老子由农夫重"啬"之"常道"，通过层层推理，一直达到"有国之母"和"长生久视"，由此而提炼出圣王治国理政、固本强基之"非常道"。只有懂得"啬"，才能尽早懂得圣王"非常道"，才能事事克制，才能不逾越极点，守住"无极"（"莫知其极"），守住"无极"就可以保有国家（"莫知其极

可以有国"），才可以使国家长治久安，才可以长久在位统治。老子认为，
"啬"即是"无极"，亦即是"正"，这是圣王"以正治国"之本，所以，
没有比"啬"更重要的（"莫若啬"）。"啬"，也是老子"无极"思想的重
要内容。

［众说纷纭］

　　韩非说："书之所谓'治人'者，适动静之节，省思虑之费也。所谓
'事天'者，不极聪明之力，不尽智识之任。苟极尽，则费神多；费神多，
则盲聋悖狂之祸至，是以啬之。啬之者，爱其精神、啬其智识也。故曰：
'治人事天莫如啬。'"（《韩非子·解老》）

　　河上公说："啬，爱惜也。治国者当爱民财，不为奢泰。治身者当爱精
气，不为放逸。"（《老子道德经河上公章句》）

　　王弼说："啬，农夫。农人之治田务，务去其殊类，归于齐一也。全
其自然，不急其荒病，除其所以荒病。上承天命，下绥百姓，莫过于此。"
（《老子注》）

　　高亨说："是啬本收藏之义，衍为爱而不用之义。此啬字谓收藏其神形
而不用，以归于无为也。"（《老子正诂》）

　　张舜徽说："此数语极言无为之效。谓人君省思虑，一精神，以卑弱自
处，而深有得于道德之要。柔能胜刚，故无不克。则众人莫能测其所至，
而可以保有其国。《韩非·解老篇》云：'母者，道也。'保有其国者，不失
此母，则根柢深固，可以长久也。"（《周秦道论发微·老子疏证》）

　　陈鼓应说："老子提出'啬'这个观念，并非专指财物上的，乃是特重
精神上的。'啬'即是培蓄能量，厚藏根基，充实生命力。"（《老子注译及
评介》）

第六十章

治大国若烹小鲜①。

以道莅天下，其鬼不神②。非其鬼不神，其神不伤人③；非其神不伤人，圣人亦不伤人④。夫两不相伤，故德交归焉⑤。

[自圆其说]

①烹：形声字，从火，亨声。从火表意，其古文字形体像火焰，表示用火烹饪；亨表声，"亨"通"烹"，表示烹饪的食物是供人享用的。本义是煮。《广韵·庚韵》："烹，煮也。俗作烹。"小鲜：小鱼。治大国若烹小鲜：治理大国就像烹煮小鱼。

②道：此指"烹小鲜"所喻示之道。莅：来到、莅临。莅天下：指君临天下，与第四十九章"在天下"义同。鬼：指迷信所说人死后的灵魂、鬼怪。神：作祟、灵验。不神：不作怪、不作祟。其鬼不神：这些鬼不会作怪。"以道莅天下"二句：以此道坐天下，那么鬼怪也不会作怪。

③非：非但，不只是。第一个"神"指作祟、灵验，第二个"神"指"神灵""神明"。迷信说法，人死后，灵魂升天为"神"，灵魂入地为"鬼"。"非其鬼不神"二句：不只是鬼不起作怪，那神灵也不伤人。

④"非其神不伤人"二句：不只是那神灵不伤人，圣王也不伤人。

⑤两：指鬼神与圣王此两方。两不相伤：指鬼神不伤人、圣王不伤人。德：得也，此指"以道莅天下""两不相伤"之后所得社会和谐、天下和平的结果。交：交付、交出。归：归还、归功。交归：交还。"夫两不相

伤"二句：圣王、鬼神两者都不伤人，因而所得社会和谐天下和平就全归功于圣王了。

[今译今读]

治理大国就像烹煮小鱼。

以此道坐天下，那么鬼怪也不会作怪。不只是鬼不起作怪，那神灵也不伤人。不只是那神灵不伤人，圣王也不伤人。圣王、鬼神两者都不伤人，因而所得社会和谐天下和平就全归功于圣王了。

[高谈阔论]

本章说以"和"治国。

首句"治大国若烹小鲜"，是本章重点，老子之名喻，亦为治国之名言。古今注家多以"不扰""无为"释之（详见本章［众说纷纭］），未得老子本义。甚误。在本章，老子仍是沿用以"常道"喻示"非常道"的表述方式，以"烹小鲜"为譬喻，"烹小鲜"关键在均和水火、调和五味，烹饪秘诀在"和"字，由"烹小鱼"这一日常生活中习以为常之"常道"，引申出圣王以"和"治国安民之"非常道"。"烹小鲜"要讲究"和"，步骤要协和，不能随意翻动；五味要调和，作料恰到好处；水火要均和，火候掌握得当，否则就会或烂或焦，或咸或淡。"治大国"也要讲究一个"和"字，不朝令夕改乱折腾是"和"，不操之过急求政绩也是"和"；胸有大局不马虎是"和"，统筹兼顾不懈怠也是"和"。

古代以烹饪为治国之喻是很普遍的，商代伊尹时为盛。钱锺书在《写在人生边上·吃饭》中说："伊尹是中国第一个哲学家厨师，在他的眼里，整个人间好比是做菜的厨房。《吕氏春秋·本味篇》记伊尹以至味说汤那一大段，把最伟大的政治哲学讲成令人垂涎的食谱。这个观念渗透了中国古代政治意识，所以自从《尚书·顾命》起，做宰相总比为'和羹调鼎'，老子也说'治大国若烹小鲜'。孟子曾称赞伊尹为'圣之任者'，柳下惠为

'圣之和者'，这里的文字也许有些错简。其实呢，允许人赤条条相对的柳下惠，该算是个放'任'主义者。而伊尹倒当得起'和'字——这个'和'字，当然还带些下厨上灶、调和五味的涵意。"

如今保留在《吕氏春秋·本味篇》中的有关内容被看作是伊尹"以滋味说汤，致于王道"（《史记·殷本纪》）的遗文。伊尹说到烹饪有"五味"，即酸、苦、甘、辛、咸的问题；有"三材"，即水、木、火的问题，水是本始，"凡味之本，水最为始"，而火候是烹饪的"纪"，"火为之纪"，即纲纪与关键；还有"五味三材，九沸九变"之"鼎变"的美妙。如果真正掌握了烹调的高超技艺，就能使得美食"久而不弊，熟而不烂，甘而不哝，酸而不酷，咸而不减，辛而不烈，淡而不薄，肥而不腻"。此美食则为"至味"，此烹饪则为上乘的境界。伊尹对商汤王说："做菜既不能太咸，也不能太淡，要调好作料才行；治国如同做菜，既不能操之过急，也不能松弛懈怠，只有恰到好处，才能把事情办好。"最后，商汤王听了伊尹的治国方法，打败了夏桀，建立了商朝。

老子把伊尹"以滋味说汤"的故事概括为"治大国若烹小鲜"。也许"烹小鲜"这一烹饪之道，在当时是人们日常生活的常识、"常道"，所以老子在本章以"烹小鲜"喻示"治大国"时没有展开阐述"和"的涵意。但是，《老子》五千言中多次谈到"和"，共出现 8 次。如：

（1）有无相生，难易相成，长短相较，高下相倾，音声相和，前后相随。（第二章）

（2）六亲不和，有孝慈。（第十八章）

（3）挫其锐，解其纷，和其光，同其尘，湛兮似或存。（第四章）

（4）万物负阴而抱阳，冲气以为和。（第四十二章）

（5）终日号而不嘎，和之至也。（第五十五章）

（6）知和曰常，知常曰明。（第五十五章）

（7）塞其兑，闭其门，挫其锐，解其纷，和其光，同其尘，是谓玄同。（第五十六章）

（8）和大怨，必有余怨，安可以为善？（第七十九章）

在老子看来，"和"有这么几层含义：一是合和。老子在对立中看到统一互补、均衡和谐、合作融合，对立双方相互依存、相互作用、相互激荡、相互均衡、相互融合，相反相成而相互合和，如（1）、（4）；二是柔和。老子提倡柔和之性，认为柔和是生命的弹性和韧性，是生命真正强大长久之本，如（5）；三是协和。老子倡导不争之德，反对参与纷争，主张超脱矛盾、协调矛盾、化解矛盾，挫锐解纷，和光同尘，消解、融合、协和差异与对立，达到不同而和、"混而为一"的"玄同"，如（3）、（7）；四是调和。老子看到，人与人之间不和矛盾的发生有一个积累的过程，冲突是矛盾激化的结果，所以要及时调和，化解争执，和谐共存，如（2）、（8）；五是道和。"和"乃天地之常道。所以说，知晓这些合和、柔和、协和、调和之道，就称为能知晓天地"道和"之常，而知晓天地"道和"之常，才是明智的。如（6）。

"治大国若烹小鲜"，从"烹小鲜"之"和羹"到"治大国"之"和治"，"和"为天下贵。所以，下句"以道莅天下"之"道"应为"和"道，以"和"治国、以"和"取天下，则鬼神不伤人，圣王也不伤人。圣王、鬼神两者都不伤人，因而所得社会和谐天下和平就全归功圣王了。本章前后意思因"和"而顺，贯通一气。

2013年3月19日，中共中央总书记、国家主席、中央军委主席习近平在接受金砖国家媒体联合采访时说："对我来讲，人民把我放在这样的工作岗位上，就要始终把人民放在心中最高的位置，牢记人民重托，牢记责任重于泰山，要有'如履薄冰，如临深渊'的自觉，要有'治大国若烹小鲜'的态度，丝毫不敢懈怠，丝毫不敢马虎，必须夙夜在公、勤勉工作。"习近平用"治大国如烹小鲜"表达自己的治国理念，颇有深意。

[众说纷纭]

韩非说："故以理观之：事大众而数摇之，则少成功；藏大器而数徙之，则多败伤；烹小鲜而数挠之，则贼其泽；治大国而数变法，则民苦之。是以有道之君贵静，不重变法。故曰：'治大国者若烹小鲜。'"（《韩非子·解老》）

河上公说："鲜，鱼也。烹小鱼，不去肠，不去鳞，不敢挠，恐其糜也。治国烦则下乱，治身烦则精散。"（《老子道德经河上公章句》）

王弼说："不扰也。躁则多害，静则全真，故其国弥大，而其主弥静，然后乃能广得众心矣。"（《老子注》）

苏辙说："烹小鲜者，不可挠；治大国者，不可烦。烦则人劳，挠则鱼烂。圣人无为，使人各安其自然。外无所求，内无所畏，则物莫能侵，虽鬼无所用神矣。"（《道德真经注》）

林希逸说："神，阳也。鬼，阴也。不曰阴阳而曰神鬼，此正其著书立言之意，不欲尽显露也。"（《老子鬳斋口义》）

吴澄说："鬼所以不灵怪者非不灵怪，虽能灵怪而不为妖灾伤害人也。所以不伤害人者，非自能如此也，以圣人能使民气和平，不伤害天地之气，天地之气亦和平而不伤害人也。曰鬼曰神，皆天地之气，名二而实一也。"（《道德真经注》）

高亨说"老子思想中还保留着迷信意识，肯定上帝的存在，四章'象帝之先'可证；肯定神的存在，三十九章'神得一以灵'可证；肯定鬼的存在，本章可证。"（《老子注译》）

张舜徽说："此云'圣人亦不伤人'，谓有道之君不以烦碎扰民也。鬼神既不作祟，圣人亦不病民，是为两不相伤，而后无为之德交归之。"（《周秦道论发微·老子疏证》）

陈鼓应说："'治大国，若烹小鲜。'这个警句，在传统中国的政治思想上产生了重大的影响。它喻示着为政之要在安静无扰，扰则害民。虐政害民，灾祸就要来临。若能'清静无为'，则人人可以各遂其生而相安无事。本章还排除一般人所谓鬼神作用的概念，说明祸患全在人为。人为得当，祸患则无由降生。"（《老子注译及评介》）

　　黄瑞云说:"本章以烹鱼为喻,说明治天下在于不扰民。清静无为,天下自然相安无事。不扰民,是老子所谓'无为'的真谛。治大国若烹小鲜,乍一看这个比喻实在离奇;治理国家这样的大事,竟比之为烹小鱼!细加体察,会感到奇妙无比。老子把统治者比为烹鱼者,把老百姓比为被煎烹的小鱼,简直将几千年来中国统治者与被统治者的关系刻画得惟妙惟肖。"(《老子本原》)

第六十一章

　　大国者下流，天下之牝①。天下之交，牝常以静胜牡，以静为下②。

　　故大国以下小国，则取小国；小国以下大国，则取大国③。故或下以取，或下而取④。大国不过欲兼畜人，小国不过欲入事人⑤。夫两者各得其所欲，大者宜为下⑥。

［自圆其说］

　　① 下流：下游，低下聚水之处，此指处于下位。大国者下流：指大国应像江海一样处于百川的下游。第六十六章"江海之所以能为百谷王者，以其善下之，故能为百谷王"，与此旨意一致。牝：雌性动物的生殖器，此指女性。天下之牝：此指如天下女性处于下位。王弼本"天下之牝"在"天下之交"后，今据帛书甲乙本移前。"大国者下流"二句：大国应像江海处于百川的下游，如天下女性处于下位。

　　② 交：雌雄交媾，此指男女性交。牡：雄性动物的生殖器，此指男性。为下：处于下位。"天下之交"三句：天下男女性交，女性常常能以静胜男性，就是因为她能守静处下。

　　③ 以：采用、凭借。以下：指凭借谦下、处下位的姿态。取：含"聚""娶"之意，此指包容、归附。"故大国以下小国"四句：所以，大国凭借谦下对待小国，则可以取得小国的归附。小国凭借卑下对待大国，则可以取得大国的包容。

④ 下以取：指大国因谦下而取得小国归附。下而取：指小国因卑下而被大国包容。此处前一"下"即大国谦下有主动之意，后一"下"即小国卑下有被动之意，但都要表现出自觉"自下"之意，非自动"自下"不可。此处前一"取"乃主动词，后一"取"乃受动词。老子通过连词"以"与"而"，表明主动与被动。"故或下以取"二句：所以，有的大国以谦下而取得小国的归附，有的小国因卑下而被大国包容。

⑤ 兼：兼并。畜：养护。入事：进去侍奉，此指归附。"大国不过欲兼畜人"二句：大国不过是想兼并和包容小国，小国不过是想投靠和归附大国。

⑥ 两者各得其所欲：指上文"大国不过欲兼畜人，小国不过欲入事人"。宜为下：应该处于下位。"夫两者各得其所欲"二句：大国小国两者各自要得到它们想要的，大国就更应该处在下位。

[今译今读]

大国应像江海一样处于百川的下游，如天下女性甘于处下位。天下男女性交，女性常常能以静胜男性，就是因为她能守静并处下。

所以，大国凭借谦下对待小国，则可以取得小国的归附。小国卑下对待大国，则可以取得大国的包容。因此，有的大国以处下而取得小国的归附，有的小国因处下而被大国包容。大国不过是想兼并和控制小国，小国不过是想投靠和依附大国。大国小国两者各自要得到它们想要的，大国就更应该处于下位。

[高谈阔论]

本章说"外交如性交"。

通行本"天下之交"在"天下之牝"前，成了"大国者下流，天下之交。天下之牝，牝常以静胜牡，以静为下"，文意不通。帛书本"天下之交"在"天下之牝"后，"大国者下流，天下之牝。天下之交，牝常以静胜牡，以静为下"，旨意明确，"天下之交"是讲性交，"牝常以静胜牡，以静为下"是讲性交姿势。老子以男人与女人性交比喻大国与小国的交往，以房中术喻帝王术，以男女性生活"常道"解说圣王取天下之"非常道"。

古代房中术同道家和道教有密切关系，追根溯源，是《老子》流传后世的一个流派。古代房中书讲房中术都有专门章节描述性交体位姿势，《合阴阳》有"十节"，《天下至道谈》有"十势"，《玄女经》有"九法"，《洞玄子》有"三十法"之说，等等，可以说是古代仿生学，以动物比拟，借观察动物的性行为，而将性交体位分为龙翻、虎步、猿博、蝉附、龟腾、凤翔、兔吮毫、鱼接鳞、鹤交颈等九种基本体位，每种体位又可衍生出很多变形，有些近似"特技表演"。尽管名称上稀奇古怪、五花八门，但基本体位只有三种：男上位、女上位和后入位，明清言情小说称作"顺水推舟""倒浇蜡烛""隔山取火"，而最通常最常规的体位是"男上位"，可谓是"第一式"。《玄女经》称作"龙法"，位列九法第一。欧洲中世纪的教会十分保守，实行性禁锢，但是又不能完全禁止男女性交，于是就规定男女性交只能是"男上位"，其他体位都属非法，所以这种体位又称为"教会式"。

"男上位"，是男上女下，男在上，往往是居高临下，盛气凌人，主动进攻；女在下，往往是柔弱低调，虚静以待，被动接受。老子从普天之下男女性交"第一式"中看到了出人意料的结果：女人往往是以下制上，以静制动，最终吞并获取了男人。老子又从这一性交"常道"中悟出了圣王取天下之"非常道"。

老子认为，大国与小国的外交如同男女性交。大国要学女人处"下位"（"大国者下流，天下之牝"），"以静为下"。大国以谦下待小国，就可以取得小国的拥戴和归附；小国以谦下待大国，则能取得大国的庇护和包容。大国原本就想要有附庸国（"大国不过欲兼畜人"），小国原本就想要有保护伞（"小国不过欲入事人"）。双方都谦下，就能各得其所欲，天下一统。不过，小国谦恭自下易，大国谦恭自下难。所以，老子特别强调"大者宜为下"，这是本章主旨所在。所谓"大者宜为下"，实际上是一种"以无事取天下"的圣王之道，也是一种帝王术。

《易经》的"咸卦"被认为是中国最古老的描写性交的文字，其经文如下：

《咸》：亨，利贞，取女吉。

初六：咸其拇。

六二：咸其腓，凶，居吉。

九三：咸其股，执其随，往吝。

九四：贞吉，悔亡；憧憧往来，朋从尔思。

九五：咸其脢，无悔。

上六：咸其辅、颊、舌。

《咸》卦，是个典型的性交卦。潘光旦在汉译名著《性心理学》译注中说："（这段文字）与其是描写性交的本身，毋宁说是描写性交的准备。所谓'咸其拇'，'咸其腓'，'咸其股、执其随'，'咸其脢'，'咸其辅颊舌'，都是一些准备性的性戏耍，并且自外而内，步骤分明。"潘氏所言极是。"咸"即"感"，意指感应、反应。《咸》卦阐明了性交前男人调情动作及性反应，还有性交体位。与《老子》第十五章描写的性交中女性性反应相呼应。《咸》卦的卦辞是"亨，利贞，取女吉"，意指可以举行仪式，占卜有利，此时娶女人，是吉象。《咸》卦的卦象是下艮上兑，艮为阳卦，为少男；兑为阴卦，为少女。艮下兑上，这是"男下女上"体位。《彖辞》说："止而说（悦），男下女，是以'亨，利贞，取女吉。'"此"取"有娶妻和取悦两义。《咸》卦表明，"男下女"，男人自处下位，谦下追求女人，可以更好取悦女人，可以顺利娶到女人。老子可能吸收了《易经》的"咸卦"思想，把"取女"之道用于"取天下"。取天下如娶女人，外交如性交，再次说明帝王术与房中术是相通的。

[众说纷纭]

河上公说："治大国者，当如江海居下流，不逆细微。大国者，天下士

民之所交会。"(《老子道德经河上公章句》)

王弼说:"江海居大而处下,则百川流之;大国居大而处下,则天下流之。故曰'大国者下流'也……以其静故能为下也。牝,雌也。雄躁动贪欲,雌常以静,故能胜雄也。以其静复能为下,故物归之也。"(《老子注》)

林希逸说:"以大取小曰'以取',以小取大曰'而取'。此两句文字亦奇特。大国之意,不过欲兼畜天下之人,以为强盛;小国之意,不过欲镵刺求入于人。二者皆非自下不可,惟能自下,则两者皆得其欲。"(《老子鬳斋口义》)

高亨说:"老子把谦卑的策略提高到绝对取胜的地步,未免片面,杂有幻想;但是他反对骄傲,反对霸权,反对侵略,还是正确的。"(《老子注译》)

陈鼓应说:"人类能否和平相处,系因于大国的态度。'大国者下流','大者宜为下',本章开头和结语一再强调大国应谦下包容,不可自恃强大而凌越弱小。'谦下'以外,老子还说到雌静,雌静是针对躁动而提出的。躁动则为贪欲所驱使而易产生侵略的行为。老子感于当时各国诸侯以力相尚,妄动干戈,因而呼吁国与国之间,当谦虚并容。特别是大国,要谦让无争,才能赢得小国的信服。"(《老子注译及评介》)

黄瑞云说:"可见老子所谓'大国宜为下',实际上是为大国提供一种不用战争进行兼并的策略……孟子主张以仁政抚育天下,老子主张以雌柔'兼畜'小国。不过他们都是理想主义者,他们统一天下之志则善矣,提出的方法则不中。韩非说,'当今争于气力',是最现实不过的认识,统一天下的目的最终是以武力达到的。"(《老子本原》)

李零说:"此章是用交媾比喻大国和小国的关系。'大邦者,下流也,天下之牝。天下之交也,牝恒以静胜牡'……'下流',水之下游,流同游。'牝',是以女性生殖器代指女性。动物辨雌雄,主要就是看生殖器。'交',这里指交媾。《老子》原文是以男女交媾为喻,意思很明显,但后人不敢朝这儿想,干脆把原文改了,成了'大国者下流,天下之交。天下之牝，牝常以静胜牡'。'天下之牝'与'天下之交'换位，怎么读得通？帛书本让我们看到了古本真相，我们才知道，话不是这么讲，'天下之交'是讲性交。"（《人往低处走》）

易中天说："（'大国者，下流也，天下之牝。'）这句话的意思，是说大国应该像江河的下游，这样就能成为全天下的'女人'或'雌性'。由此可见，老子是主张当女性、在下面的。接下来，他就讲到了房中术。老子说，普天之下的性交，都是男的在上面，女的在下面。因为女人是不动的。或者说，是被动的。她就躺在那里，等着男人上。这就叫'为其静也，故宜为下'。结果，却是女人把男人给'吞了'，弄得男人筋疲力尽，一泻千里。这就叫'天下之交也，牝恒以静胜牡。'牡，就是雄性或男人。也就是说，以静制动，以下制上，赢在女人。哈，还是姑奶奶厉害！"（《中国智慧·老子的方法》）

第六十二章

道者万物之奥，善人之宝，不善人之所保①。

美言可以市，尊行可以加人②。人之不善，何弃之有③？故立天子，置三公，虽有拱璧以先驷马，不如坐进此道④。

古之所以贵此道者何？不曰求以得，有罪以免邪⑤？故为天下贵⑥。

[自圆其说]

① 奥：主宰。善人：善为之人。第二十七章"善行无辙迹，善言无瑕谪，善数不用筹策，善闭无关楗而不可开，善结无绳约而不可解"，此"五善"可作"善人"义疏。与"善人"相对，不善为之人就是"不善人"。宝：法宝。所保：所赖以保护的，引申为"护身符"。"道者万物之奥"三句：道是万物的主宰，是善为之人的法宝，也是不善为之人的"护身符"。

② 美言：美好的言论。市：本义是市场，此指交换。《说文解字》："市，买卖所之也。"美言可以市：美好的言论可以用来交换。像市场上买卖交易一样，为了换得高回报，可以是"王婆卖瓜自卖自夸"，可以是花言巧语，一般不可信。第八十一章"信言不美，美言不信"，即为此意。尊：尊崇、尊重。尊行：尊崇道而行之。加：增加，加重。《尔雅·释诂》："加，重也。"加人：增益于人，有益于人。"美言可以市"二句：美好的言论只可以用来交换，但尊道而行却可以增益于人。

③ 不善：指上文"不善人"，即不善为之人。"人之不善"二句：对

不善为之人，为什么要抛弃他们呢？第二十七章所说"圣人常善救人，故无弃人；常善救物，故无弃物……故善人者，不善人之师；不善人者，善人之资"，与此旨意一致，可以互参。

④ 天子：古代以君权为神所授，称君王为天子。三公：古代朝廷里天子以下三个最重要的职位，一般指太师、太傅、太保。璧：玉制的宝器。拱璧：双手捧着宝器。驷马：四匹马驾的车，古代只有天子、大臣才能乘坐。"拱璧"在先，"驷马"在后，这是古代一种隆重的献奉仪式。坐：指跪坐。古人席地而坐，臀部坐在脚后跟上谓坐，直腰而臀部离开脚后跟长时间跪着谓跽。进：进献。"故立天子"四句：所以，天子即位，三公就职，虽然先有拱抱的玉璧，再有驷马高车的贵重礼物，但是也比不上跪坐着而进献此"道"。

⑤ 贵：贵重。求以得：有求可以得到，对应首句"善人之宝"，即善为之人有求就能得到，是善为之人的法宝。"求以得"，河上公本、王弼本作"以求得"，傅奕本、苏辙本、林希逸本、帛书乙本等皆作"求以得"，"求以得"正与下文"有罪以免"相对成文，据改。罪：此指不善为所造成的错误、失误。免：免除。有罪以免：有错可以免除，对应首句"不善人之所保"，即不善为之人的错误可免除，是不善为之人的"护身符"。"古之所以贵此道者何"三句：古代之所以贵重这"道"，是什么原因呢？难道不是说，有求可有得，有错可免除吗？

⑥ 故为天下贵：所以道是天下最珍贵的。

[今译今读]

道是万物的主宰，是善为之人的法宝，也是不善为之人的"护身符"。

美好的言论只可以用来交换，但尊道而行却可以增益于人。对不善为之人，为什么要抛弃他们呢？所以，天子即位，三公就职，虽然先有拱抱的玉璧，再有驷马高车的贵重礼物，但是也比不上跪坐着而进献此"道"。

古代之所以贵重此"道"，是什么原因呢？难道不是说，有求可有得，有错可免除吗？所以，"道"是天下最珍贵的。

[高谈阔论]

本章说"天下贵道"。

其一，道是"万物之奥"。道是善为之人的法宝，也是不善为之人的"护身符"。

其二，道是极品礼物。"美言"可以交换，"尊行"可以送人，道也可作礼物，而且是用来献给天子、三公的最珍贵的礼物。

其三，道能逢凶化吉。道的珍贵还在于"求以得，有罪以免"，善为之人有求可有得，有求必应；不善为之人有错可免除，逢凶化吉。所以说，道是天下最珍贵的。

[众说纷纭]

河上公说："奥，藏也。道为万物之藏，无所不容也。"（《老子道德经河上公章句》）

王弼说："奥，犹暧也，可得庇荫之辞。……以求则得求，以免则得免，无所而不施，故为天下贵也。"（《老子注》）

苏辙说："凡物之见于外者，皆其门堂也。道之在物，譬如其奥，物皆有之，而人莫之见耳。夫唯贤者得而有之，故曰'善人之宝'。愚者虽不能有，然而非道则不能安也，故曰'不善人之所保'。盖道不远人，而人则远之。"（《道德真经注》）

吴澄说："申言善人之宝。善人以道取重于人，嘉言可爱，如美物之可以鬻卖；卓行可宗，高出众人之上。"（《道德真经注》）

魏源说："此章皆言道之极贵，欲人知贵而求之也。"（《老子本义》）

奚侗说："'市'，当训'取'。《国语·齐语》：'市贱鬻贵。'高诱注：'市，取也。''加'，当训'重'。《尔雅·释诂》：'加，重也。'此言美言可以取人尊敬，美行可以见重于人。二十七章所谓'善人者，不善人之师'

也。各本脱下'美'字，而断'美言可以为市'为句，'尊行可以加人'为句，大谬。宜从《淮南·道应训》、《人间训》引订正。二句盖偶语，亦韵语也。"（《老子集解》）

张舜徽说："既立天子，置三公，则有朝聘之礼。虽有拱璧以先驷马，以享于上，犹不若进治国之道。此言进道之可贵，过于恭礼重币也。"（《周秦道论发微·老子疏证》）

第六十三章

　　为无为①，事无事②，味无味③。

　　大小多少，报怨以德④。图难于其易，为大于其细⑤。天下难事必作于易，天下大事必作于细⑥。是以圣人终不为大，故能成其大⑦。

　　夫轻诺必寡信，多易必多难⑧。是以圣人犹难之，故终无难矣⑨。

[自圆其说]

　　① 为无为：以"无为"为"为"，即无为而成为。"为无为"与第四十八章"无为而无不为"、第四十七章"不为而成"，词异而义同。第六十四章"学不学，复众人之所过，以辅万物之自然而不敢为"，可与此互参。

　　② 事无事：以"无事"为"事"，即无事而成事。第四十八章"取天下常以无事，及其有事，不足以取天下"，可与此互参。

　　③ 味无味：以"无味"为"味"，即无味而成味。

　　④ 大小多少：化大为小，化多为少。此四字注家有多种注解，至蒋锡昌甚至认为无法解释。此句正是串解上下文，大、小、多、少，皆作动词用：大小者，乃化大为小也；多少者，是化多为少也。后文"图难于其易，为大于其细"，正是基于此，前后旨意一致。报：报答，回报，此指消除、报销。怨：仇恨，嫉妒。德：得，此指上文"为无为，事无事，味无味"之所得。"大小多少"二句：化大为小，化多为少，自然无为可以息事宁人。第七十九章"和大怨，必有余怨，安可以为善"，旨意与此一致。成

语"以德报怨"，即出于此，但词同义不同。

⑤ 图：谋划，考虑。《说文解字》："图，画计难也。"细：细小。"图难于其易"二句：谋难事要从容易的事入手，做大事要从细小的事着手。

⑥ 作：做起，着手。《说文解字》："作，起也。""起"有开始之意。"天下难事必作于易"二句：天下的难事必须从容易的事入手做起来，天下的大事必须从细小的事着手做起来。第六十四章"合抱之木，生于毫末；九层之台，起于累土；千里之行，始于足下"，可作"天下难事必作于易，天下大事必作于细"实例。

⑦ 终：始终，永远。大：此指大事。不为大：不做大事。"是以圣人终不为大"二句：因此，圣王始终不做大事，所以能成就其大事。二句又见于第三十四章，参见该章［自圆其说］。

⑧ 轻：轻易。诺：许诺，承诺。寡：少。信：诚信。"夫轻诺必寡信"二句：轻易许诺，必定缺少诚信；把事情看得多么容易，必定会有很多困难。

⑨ 犹：还是。难之：以之为难。之：指易事。"是以圣人犹难之"二句：因此，圣王把易事仍当作难事去做，所以始终无难事了。

［今译今读］

无为而成为，无事而成事，无味而成味。

化大为小，化多为少，自然无为可以息事宁人。谋难事要从容易的事入手，做大事要从细小的事着手。天下的难事必须从容易的事入手做起来，天下的大事必须从细小的事着手做起来。因此圣王始终不做大事，所以能成就其大事。

轻易许诺，必定缺少诚信；把事情看得多么容易，必定会有很多困难。因此，圣王把易事仍当作难事去做，所以始终无难事了。

［高谈阔论］

本章说"终不为大能成其大"。

　　本章与第三十四章旨意一致，都是贯彻落实"无为而无不为"思想，阐述圣王"不为大而成其大"之"非常道"，但两者角度不同，第三十四章从认识论角度，从圣王自身主观上"不自为大"进行阐述，"不自为大"即不自以为大，不自高自大，始终做到"生而不辞，功成不名有""不为主"，就可实现"万物归焉""可名为大"，就能"成其大"；本章则从方法论角度，圣王从"守无"做起，"终不为大"体现为化大为小（细）、化多为少、图难于易，最终反而能"成其大"。

　　开头三句"为无为、事无事、味无味"，都含一"无"字，统而言之，圣王要"守无"；无事、无味，皆属无为，归根结底，圣王要"为无为"。

　　按老子之意，"为无为"，即第四十八章"损之又损，以至于无为"之义。所谓"大小多少"，就是要损大为小，化大为小，损多为少，化多为少，小之又小，少之又少，以至于无为，即"为无为"也。所谓"图难于其易，为大于其细"，就是化难事为易事，化大事为细事，易之又易，细之又细，以至于无事，即"事无事"也，亦即"处无为之事"。"味无味"，指说话恬淡无味，轻易许诺必定带来失信，越多轻易许诺必定越难以置信，所以圣王以轻易许诺为难事，无轻诺则无失信，"不言"则无难事，这也就是"行不言之教"的功效。"终不为大"化为"为无为"。老子说："为无为，则无不治。"所以，圣王终不为大，反而能成其大。

[众说纷纭]

　　河上公说："欲图难事，当于易时，未及成也。欲为大事，必作于小，祸乱从小来也。从易生难，从细生著。处谦虚，天下共归之也。"（《老子道德经河上公章句》）

　　王弼说："以无为为居，以不言为教，以恬淡为味，治之极也。……以圣人之才，犹尚难于细易，况非圣人之才，而欲忽于此乎？故曰'犹难之'也。"（《老子注》）

　　范应元说："虽然，知一涉言为，一有形迹，终不免于怨憾，故常当为

无为，事无事，味无味，以辅万物之自然也。"（《老子道德经古本集注》）

林希逸说："无为而后无不为，故曰'为无为'。无所事于事，而后能集其事，故曰'事无事'。无所着于味，而后能知味，故曰'味无味'。能大者必能小，能多者必能少，能报怨者必以德，能图难者必先易，能为大者必先于其细。自'味无味'以下，皆譬喻也。"（《老子鬳斋口义》）

吴澄说："凡以无为而为者，老氏宗旨也。身行之事，以无事为事；口食之味，以无味为味，皆演'为无为'一句之旨。"（《道德真经注》）

奚侗说："'大小多少'句，谊不可说，疑上下或有脱简。《淮南·原道训》：'大小修短，各有其具，万物之至，腾踊肴乱，而不失其数。是以处上而民弗重，居前而民弗害。'似是《老子》文，今本有脱误。'大小修短'，或即今本'大小多少'也。"（《老子集解》）

陈鼓应说："老子提醒人处理艰难的事情，须先从细易处着手。面临细易的事情，却不可轻心。'难之'是一种慎重的态度，谨密周思，细心而为。本章格言，无论行事求学，都是不移的至理。"（《老子注译及评介》）

第六十四章

其安易持，其未兆易谋①。其脆易泮，其微易散②。为之于未有，治之于未乱③。

合抱之木，生于毫末；九层之台，起于累土；千里之行，始于足下④。为者败之，执者失之。是以圣人无为故无败，无执故无失⑤。

民之从事，常于几成而败之⑥。慎终如始，则无败事⑦。

是以圣人欲不欲，不贵难得之货⑧；学不学，复众人之所过，以辅万物之自然而不敢为⑨。

[自圆其说]

① 持：维持，掌握。兆：征兆，预兆。"其安易持"二句：事物安定时容易维持，事物还没有征兆时容易图谋。

② 泮：通"判"，分解。《说文解字》："判，分也。""其脆易泮"二句：事物脆弱时容易分解，事物微细时容易分散。

③ "为之于未有"二句：解决问题要在还没有形成的时候，大治要在还没有形成混乱的时候。

④ 合抱：两臂包围抱拢，形容树大。毫末：指极其细微的萌芽。累：通"蔂"，盛土的筐。累土：一筐土。足下：脚下起步。"合抱之木"六句：合抱的大树，是从细芽生长起来的；九层的高台，是用一筐筐土堆积起来的；千里的行程，是从脚下第一步开始的。

⑤ 为者：妄为的人。执者：固执的人。"为者败之"四句：妄为的人

会失败，固执的人会失掉。因此，圣王自然无为所以不会失败，毫不固执
所以不会失掉。

⑥ 民：民众，此指一般的人们。几：接近，将要。《尔雅·释诂》：
"几，近也。"义同第八章"故几于道"之"几"。"民之从事"二句：人们
做事，常常在接近成功时遭致失败。

⑦ 慎：谨慎。"慎终如始"二句：在最后仍像在开始的时候那样保持
谨慎，就不会败坏事情。

⑧ 欲不欲：以"不欲"为"欲"，即把无欲作为欲望。"是以圣人欲
不欲"二句：所以，圣王把无欲作为自己的欲望，不珍贵难得的宝货。第
三章"不尚贤，使民不争；不贵难得之货，使民不为盗；不见可欲，使民
心不乱"、第五十七章"我无欲而民自朴"，亦即此意。

⑨ 学不学：以"不学"为"学"，即把无学识作为自己的学识。复：
复归，返归，此指挽回，纠正。过：过度，过分。辅：辅助。《说文解字》：
"辅，助也。""学不学"三句：把无学识作为自己的学识，可以纠正众人
过度的做法，以此来辅助万物的自然自成而不敢有所作为。第三章"常使
民无知无欲，使夫智者不敢为也"、第二十章说"绝学无忧"、第六十五章
"民之难治，以其智多"，与此旨意一致。

[今译今读]

　　事物安定时容易维持，事物还没有征兆时容易图谋。事物脆弱时容易
分解，事物微细时容易分散。解决问题要在还没有形成的时候，大治要在
还没有形成混乱的时候。

　　合抱的大树，是从细芽生长起来的；九层的高台，是用一筐筐土堆积
起来的；千里的行程，是从脚下第一步开始的。妄为的人会失败，固执的
人会失掉。因此，圣王自然无为所以不会失败，毫不固执所以不会失掉。

　　人们做事，常常在接近成功时遭致失败。在最后仍像在开始的时候那
样保持谨慎，就不会败坏事情。

　　所以，圣王把无欲作为自己的欲望，不珍贵难得的宝货；把无学识作为自己的学识，可以纠正众人过度的做法，以此来辅助万物的自然自成而不敢有所作为。

[高谈阔论]

　　本章说"以辅万物之自然而不敢为"。

　　本章直承上章"图难于其易，为大于其细"两句而来。老子在上章似意犹未尽，故在本章再申述之。首句"四易"均可归纳为句末"为之于未有，治之于未乱"，即事物处于初始阶段，问题容易解决。"合抱之木"六句，是对"图难于其易，为大于其细"的进一步发挥。老子接着阐述了民众与圣王的两种不同所为及其结果。民之从事，"贵终"，为之于有，治于乱，看重"合抱之木""九层之台""千里之行"，为之执之，结果却是"常于几成而败之"，往往功败垂成；圣王慎终如始，"为之于未有，治之于未乱"，为无为，治无治，不看重"合抱之木""九层之台""千里之行"这些难得之货，无为无执，结果则无败事。因此，圣王要想民众不想要的，不看重难得之货；要学不用学的，只把众人所做的过度过分地方复正回来，以辅助万物自然自成，而不敢固执妄为。

　　有注家认为本章文字最为混乱，上下文义都不相连属，"为者败之，执者失之"与前文意思不合，前文"为之于未有"是有为，"为者败之，执者失之"是说不为，两者相互矛盾，疑为他章文字错移本章。但此说法无版本依据。此论对老子理解有误。本章结构严谨，文义紧密相连，不可分割。本章的主旨是"以辅万物之自然而不敢为也"。万物的自然之道就是："大曰逝，逝曰远，远曰反"（第二十五章）、"物壮则老"（第三十章）、"反者道之动"（第四十章）、"周行而不殆"（第二十四章）。基于如此循环观念，老子认为物之壮、刚、大，容易转向其反面，不可取；而弱、柔、小，则具有无限之发展前途，老子在各章中反复申言之。本章之"未兆""脆""微""毫末""累土""足下"云云，皆符合柔、小之概念，所以老子予以肯定，此可谓万物之自然，老子理论之必然。本章老子所说"为者""执者"，是执着之"为"，发展下去必然转化到自己反面，所以"为者败之，执者失之"。老子之"无为"，非不为也，而是永远立于具有发展前途之细、小、弱阶段。老子说"起于累土"，说"始于足下"，都是强调化大为小，正因为始终都不为大，所以能成其大，即是"为之于未有""图难于其易，为大于其细"，因此"慎终如始，则无败事"。所谓"慎终如始"，就是要始终为小不为大，而那些"几成而败之"者，不谙此理，不能坚持为小，为大则败矣。本章揭示了"无为"的本质，所谓"无为"，不是不为，而是"以辅万物之自然而不敢为也"。这是全章之眼。

[众说纷纭]

韩非说："故不乘天地之资而载一人之身，不随道理之数而学一人之智，此皆一叶之行也。故冬耕之稼，后稷不能羡也；丰年大禾，臧获不能恶也。以一人力，则后稷不足；随自然，则臧获有余。故曰：'恃万物之自然而不敢为也。'"（《韩非子·喻老》）

河上公说："教人反本实者，欲以辅助万物自然之性也。圣人动作因循，不敢有所造为，恐远本也。"（《老子道德经河上公章句》）

吕惠卿说："其安易持，危而持之，则难矣。其未兆易谋，已动而谋之，则难矣。其脆易破，则不可使至于坚。其微易散，则不可使至于著。物皆然，心为甚。通诸其心，则于天下国家无难矣。"（《老子注》）

林希逸说："圣人惟其如此，于事事皆有不敢为之心，而后可以辅万物之自然。"（《老子鬳斋口义》）

高亨说："《老子》极言圣人无为……本章亦曰：'圣人无为故无败。'其无为之义颇令人眩惑，而本章乃明揭而出之曰：'以辅万物之自然而不敢为。'始知《老子》所谓圣人无为者，只是辅万物之自然而已。辅万物之自然则万物自生自成皆生皆成，故能无不为也。"（《老子正诂》）

张舜徽说："此数句极言无为之有益。首言天下之事，有着意作为而反取败者；天下之物，有着意执持而反失去者，归结到善为君者，不先物为，因物所为，以成其无为，故能无败；因时推移，与物变化，而无所拘滞，故能无失也。"（《周秦道论发微·老子疏证》）

陈鼓应说："本章上段，全文意义完整而连贯。其大意为：一、注视祸患的根源。在祸乱发生之前，先作预防。二、凡事从小成大，由近至远；基层工作，十分重要。"（《老子注译及评介》）

第六十五章

　　古之善为道者，非以明民，将以愚之①。

　　民之难治，以其智多②。故以智治国，国之贼；不以智治国，国之福③。

　　知此两者，亦稽式④。常知稽式，是谓玄德⑤。玄德深矣，远矣，与物反矣，然后乃至大顺⑥。

[自圆其说]

　　① 善为道者：此指善于以道治国的圣王，与"圣人"同义。明民：使民众明智。愚：愚昧、无知。《说文解字》："愚，戆也。"又："戆，愚也。"之：指民。愚之：使民众愚昧。"古之善为道者"三句：古代善于以道治国的圣王，不是使民众明智，而是使民众愚昧。第三章"是以圣人之治，虚其心，实其腹，弱其志，强其骨。常使民无知无欲，使夫智者不敢为也"，与此旨意一致。

　　② "民之难治"二句：民众难以治理，是因为他们智慧太多。第十八章"智慧出，有大伪"，即为此意。民谚说"上有政策，下有对策"，"智多"，对策多，就难以治理。

　　③ 贼：祸害。《说文解字》："贼，败也。"徐锴《说文系传》："败，犹害也。"福：福祉。"故以智治国"四句：所以，用智慧来治理国家，是国家的祸害；不用智慧来治理国家，是国家的福祉。第十九章"绝圣弃智，民利百倍"，亦即此意。

④ 两者：指上文所说的两句话，即"以智治国，国之贼"和"不以智治国，国之福"。稽：稽查，考核，引申为遵循。式：法则，法式。《说文解字》："式，法也。"稽式：应遵循的法则。"知此两者"二句：知晓了此两者，也就懂得了应遵循的法则。

⑤ 玄德：老子专用之"非常名"，指玄妙之得。又见第十章，参见第十章［自圆其说］。"常知稽式"二句：常常知晓此法则，这就叫"玄德"。

⑥ 深：深奥。第十五章"微妙玄通，深不可识"，即为此意。远：幽远。物：天下万物，引申为世间一般做法。然后：这样做之后。顺：顺从，归顺。"玄德深矣"四句：这个"玄德"多么深奥啊，多么幽远啊，与世间一般做法相反，这样做了之后才能达到最大的归顺。第二十五章"吾不知其名，字之曰道，强为之名曰大，大曰逝，逝曰远，远曰反"，可与此互参。

[今译今读]

古代善于以道治国的圣王，不是使民众明智，而是使民众愚昧。

民众难以治理，是因为他们智慧太多。所以，用智慧来治理国家，是国家的祸害；不用智慧来治理国家，是国家的福祉。

知晓了此两者，也就懂得了应遵循的法则。常常知晓此法则，这就叫"玄德"。这个"玄德"多么深奥啊，多么幽远啊，与世间一般做法相反，这样做了之后才能达到最大的归顺。

[高谈阔论]

本章说"愚民政策"。

本章关键是"知此两者，亦稽式"一句，"知此两者"，是对明民和愚民两者已做考察。老子认为，在治国方略上，有截然不同的两个策略：一者是"明民"，即"以智治国"；一者是"愚民"，即"不以智治国"；所谓"稽式"，即考察之后，老子反对前者而主张后者，主张用愚而不用智，认为治国是"智"不及"愚"。"以智治国"者，有为也；"不以智治国"者，无为也。民众之所以难治，就在于他们智多，所以，"以智治国，国之贼；不以智治国，国之福"。老子认为"不以智治国"才是"善为道"，也叫"玄德"。老子还认为，"玄德"深奥幽远，纠正民众过分的所为，天下就能大治。本章"与物反矣"，意谓与世间一般做法相反，是非同寻常，与上章"复众人之所过"同义，即"不以智治国"之"玄德"，是复反众人所做的过"极"的行为，是圣王治国安民之"非常道"。

愚民政策是老子治国理政"非常道"的重要内容之一，老子主张实行愚民政策并非出于偶然。除了本章有关内容，还有第二章"使民无知无欲，使夫智者不敢为"、第十八章"智慧出，有大伪"、第十九章"绝圣弃智，民利百倍"、第五十二章"塞其兑，闭其门"、第五十七章"民多伎巧，奇物滋起"，凡此等等，皆表现了老子实行愚民政策的主张。孔子也有"民可使由之，不可使知之"之语，其主张与本章意旨相近。其实孔老此论皆时代使然，本意如此，不必掩饰，不必为圣人讳也。后世注家或为圣人辩护、隐讳，曲为之说，必欲去其所谓"愚民"之意，是不符合实际的，也是不能令人信服的，实在没有必要。

[众说纷纭]

河上公说："古之善以道治身及治国者，不以道教民明智巧诈也，将以道德教民，使质朴不诈伪。"（《老子道德经河上公章句》）

王弼说："明，谓多智巧诈，蔽其朴也。愚，谓无知守真，顺自然也。多智巧诈，故难治也。"（《老子注》）

苏辙说："古之所谓智者，知道之大全，而览于物之终始，故足贵也。凡民不足以知此，而溺于小智，以察为明，则智之害多矣。故圣人以道治民，非以明之，将以愚之耳。盖使之无知无欲，而听上之所为，则虽有过，亦小矣。吾以智御人，人亦以智应之，则上下交相贼矣。吾之所贵者德也，物之所贵者智也。德与智固相反，然智之所顺者小，而德之所顺者大矣。"

（《道德真经注》）

范应元说："圣人之道，大而化之，故古之善为道以化民者，非以明之，将以愚之，使淳朴不散，智诈不生也。所谓愚之者，非欺也，但因其自然，不以穿凿私意导之也。"（《老子道德经古本集注》）

魏源说："此章惟'知此两者亦稽式'句，诸说皆未明。盖古之善为士者，虽微妙玄通，深不可识，而至于智之为害，不智之为福，则显然明白而易知，但能深信固守，而不以智汩其真，则虽其体用之大全未易窥，亦可以得为治之鹄而不至有失矣。故曰'知此两者亦稽式'也。"（《老子本义》）

张舜徽说："此言古之精于君道者，大智内明，无幽不照，外若愚昧，不耀于人闭智塞聪，使人莫由窥其端倪而绝欺蔽之原也。'非以明民'，谓不以己之聪明才智显露于外，使群下得洞察其浅深也。'将以愚之'，则谓自处于无知无能以愚惑群下，而群下竞效其智能以为己用也。"（《周秦道论发微·老子疏证》）

陈鼓应说："本章的立意被后人普遍误解，以为老子主张愚民政策。其实老子所说的'愚'，乃是真朴的意思。他不仅期望人民真朴，他更要求统治者首先应以真朴自砺。所以二十章有'我愚人之心也哉'的话，这说明真朴（'愚'）是理想治者的高度人格修养之境界。"（《老子注译及评介》）

李零说："《老子》也主张愚民。它说，统治者以道治国，不是为了让老百姓明白，而是让他们糊涂。老百姓难治，主要麻烦，就是他们还有头脑，太有头脑。以智治国，对国家是大害，以不智治国，对国家才是大利。统治者只有明白这两条，才有标准可依。有标准可依，才叫达到'玄德'……我看，老百姓糊涂，那是真糊涂；统治者糊涂，是以糊涂为工具，愚弄老百姓。'与民同愚'，全是假象。他们，大事糊涂、小事明白，一阵儿糊涂，一阵儿明白，揣着明白装糊涂，其实是真明白。《老子》说，这叫'玄德'。"（《人往低处走》）

第六十六章

江海之所以能为百谷王者，以其善下之，故能为百谷王 ①。

是以圣人欲上民必以言下之，欲先民必以身后之 ②。

是以圣人处上而民不重，处前而民不害 ③。

是以天下乐推而不厌 ④。

以其不争，故天下莫能与之争 ⑤。

[自圆其说]

①　谷：两山之间水流经过的狭长而有出口的通道。可参见第十五章 [自圆其说]。百谷：众多的川流。王：天下所归趋向往者。《说文解字》："王，天下所归往也。"善下之：善于处在低下的位置。"江海之所以能为百谷王者"三句：江海之所以能成为百川的归往，是因为它总是善于处在低下位置，所以能成为百川之王。

②　上民：处在民众之上，指统治民众。以言下之：用言语对民众表示谦下。是以圣人欲上民必以言下之：因此，圣王想要处在民众之上成为统治者，必须先在言语上对民众表示谦和卑下。第三十九章"是以侯王自称孤、寡、不穀"，即为此意。先民：处在民众之先，指统领民众。欲先民必以身后之：想要居于民众之前成为统领者，必须先把自身处在民众之后。第七章"是以圣人后其身而身先，外其身而身存"、第六十八章"善用人者为之下"、第七十八章"受国之垢，是谓社稷主；受国不祥，是为天下王"，皆同此意。

③ 重：重压，压迫。"是以圣人处上而民不重"二句：因此，圣王处在民众之上来统治，而民众不感到重压；处在民众之前来统领，而民众不感到危害。

④ 推：推举，拥戴。厌：厌恶，厌弃。是以天下乐推而不厌：因此天下之人都乐于拥戴他而不感到厌恶。

⑤ "以其不争"二句：正因为他不与人争，所以天下没有谁能与他争。第二十二章"夫唯不争，故天下莫能与之争"，与此相同。

[今译今读]

江海之所以能成为百川的归往，是因为它总是善于处在低下位置，所以能成为百川之王。

因此，圣王想要处在民众之上成为统治者，必须先在言语上对民众表示谦和卑下。想要居于民众之前成为统领者，必须先把自身处在民众之后。

因此，圣王处在民众之上来统治，而民众不感到重压；处在民众之前来统领，而民众不感到危害。

因此，天下之人都乐于拥戴他而不感到厌恶。

正因为他不与人争，所以天下没有谁能与他争。

[高谈阔论]

本章接二十二章续说"不争之争"。

首先，老子阐明百川归江海的自然界"常道"。"水"是老子名喻，用"水"譬喻，由"水"而至于"谷""川""流"，而再至于"江海"，始终贯穿着水流之道。大海之所以能成为百川所归往，就在于大海具有处下不争的品性：

其一，大海处下。水往低处流，奔流到海不复归。

其二，大海宽容。海纳百川。

其三，大海不争。百川争流，大海不争，百川归大海，争者归附不争者。

其次，老子从江海成为"百谷王"之自然界"常道"引申出圣王取天下之"非常道"。老子认为，圣王想在民众之上统治他们，必须先对他们言语谦下、处下，这样说的结果是，圣王居高临下而民众不觉得受压迫；圣王想在民众之前统领他们，必须先懂得退让、不争，这样做的结果是，圣王在民众之前而民众不觉得受伤害。所以，天下人都乐于拥戴他而不会厌弃他。"以其不争，故天下莫能与之争"，这是本章总括。

[众说纷纭]

河上公说："天下无厌圣人之时，是由圣人不与人争先后也。言人皆争有为，无有与吾争无为者。"（《老子道德经河上公章句》）

苏辙说："圣人非欲上人，非欲先人也。盖下之后之，其道不得不上且先耳。"（《道德真经注》）

林希逸说："百谷之水，皆归之江海。江海为百谷之尊，而乃居百谷之下，此借物以喻'自卑者人高之，自后者人先之'之意。"（《老子鬳斋口义》）

吴澄说："百谷之水同归江海，如天下之人同归一王也。江海之委在水下流，能下众水，故能兼受百谷之水为之王也。王之所以能兼有天下之人者，亦若是。"（《道德真经注》）

奚侗说："江海为百谷所归往，故以'王'喻。盖王者，天下所归往也。然百谷所以归往之，故以江海善下也。六十一章'大者宜为下'，即此谊。"（《老子集解》）

高亨说："民戴其君，若有重负以为大累，即此文所谓重。故重犹累也。而民不重，言民不以为累也。"（《老子正诂》）

张舜徽说："此言为人君者，宜谦虚自守，卑弱自持，法江海之居下而为百谷所归往也。古之王公，自称孤寡不毂，是以言下之也；不敢为天下先，是以身后之也。故处上处前而天下不厌恶，盖由其贬抑退逊，在能不

争，而天下之人亦莫能与之争也。"（《周秦道论发微·老子疏证》）

陈鼓应说："老子深深感到那些站在上位的人，威势凌人，对人民构成很大的压力；那些处在前面的人，见利争先，对人民构成很大的损害。因此唤醒统治者应处下退让。这就是前面一再说过的'不争'的思想（如八章、二十二章）。"（《老子注译及评介》）

第六十七章

天下皆谓我道大，似不肖①。夫唯大，故似不肖。若肖，久矣其细也夫②！

我有三宝，持而保之③：一曰慈④，二曰俭⑤，三曰不敢为天下先⑥。

慈故能勇⑦，俭故能广⑧，不敢为天下先，故能成器长⑨。今舍慈且勇，舍俭且广，舍后且先，死矣⑩！

夫慈，以战则胜，以守则固⑪。天将救之，以慈卫之⑫。

[自圆其说]

① 道大：义同第二十五章"故道大，天大，地大，王亦大"之"道大"。大：义同第二十五章"吾不知其名，字之曰道，强为之名，曰大"之"大"。亦与第四十一章"大方无隅，大器晚成，大音希声，大象无形"之"大"同义。似：似乎，好像。肖：类似，相像。《说文解字》："肖，骨肉相似也。"《广雅·释诂》："肖，类也，像也。""天下皆谓我道大"二句：天下的人都认为我的道是大的，但似乎不像那么大。

② 久矣其细也：它早就变细小了。"夫唯大"四句：正因为道是真正的大，所以似乎不像那么大。如果道像看到的那么大，则早就变细小了。

③ 宝：珍宝，法宝。《说文解字》："宝，珍也。"持：持有，掌握。保：保持，保护。"我有三宝"二句：我有三件珍宝，持有并保护着。

④ 慈：有两义，一指慈柔。《说文解字》："慈，爱也。"慈爱一般多

指母爱，所以有"慈母"之说。"慈"在此借为"雌"，指母性的柔弱。下文所谓"慈故能勇"，慈柔故能勇敢，即第三十六章"柔弱胜刚强"、第四十三章"天下之至柔，驰骋天下之至坚"之意；二指慈悲。下文所谓"夫慈，以战则胜"，与第三十一章"战胜，以丧礼处之"，旨意相通。

⑤ 俭：义同第五十九章"治人事天莫若啬"之"啬"，指深藏不用。《说文解字》："俭，约也。"段玉裁注："约者，缠束之也。俭者，不敢放侈之意。"第五十八章"是以圣人方而不割，廉而不刿，直而不肆，光而不耀"，可作"俭"疏义。

⑥ 不敢为天下先：不敢走在天下人之先。第七章说"是以圣人后其身而身先"、第六十六章"欲先民必以身后之"，与此意同。

⑦ 慈故能勇：慈柔故能勇敢。第三十六章所说"柔弱胜刚强"、第四十三章所说"天下之至柔，驰骋天下之至坚"，与此旨意一致。

⑧ 广：壮大。俭故能广：俭束故能壮大。第三十四章"以其终不自为大，故能成其大"，亦即此意。

⑨ 器：即第二十八章"朴散则为器，圣人用之则为官长"之"器"，指百官。器长：百官之长，此指圣王。"不敢为天下先"二句：正因为不敢为天下人之先，所以成为天下的圣王。第七章说"后其身而身先"、第六十六章说"是以圣人处上而民不重，处前而民不害。是以天下乐推而不厌。以其不争，故天下莫能与之争"，旨意与此一致。

⑩ 舍：通"捨"，放弃。且：荐，引申为选择。《说文解字》："且，荐也。"段玉裁注："古立俎，所以承藉进物者。"舍慈且勇：舍弃慈柔选择勇敢。第七十三章说"勇于敢则杀，勇于不敢则活"、第七十六章说"故坚强者死之徒，柔弱者生之徒"，即为此意。死：即第五十章所说"动之死地"之义，指自寻死路。"今舍慈且勇"四句：现在如果舍弃慈柔而选择逞勇，舍弃俭束而选择壮大，舍弃居后而选择争先，这是自寻死路啊。

⑪ "夫慈"三句：这慈柔用来作战就能战胜，用来守卫就能牢固。

⑫ "天将救之"二句：上天将要救助他，就用慈柔来护卫他。

[今译今读]

天下的人都认为我的道是大的，但似乎不像那么大。正因为道是真正的大，所以似乎不像那么大。如果道像看到的那么大，则早就变细小了。

我有三件珍宝，抱持并保护着它们：第一个是"慈"，第二个是"俭"，第三个是"不敢为天下先"。

欲勇先慈，欲广先俭，正因为不敢为天下人之先，所以成为天下人的圣王。现在如果舍弃慈柔而选择逞勇，舍弃俭束而选择壮大，舍弃居后而选择争先，这是自寻死路啊。

这慈柔用来作战就能战胜，用来守卫就能牢固。上天将要救助他，就用慈柔来护卫他。

[高谈阔论]

本章说"用兵三宝"。

上章言江海与百川之关系，大江大海是真正的大，但它们却是处在最卑下之位，本章开头阐述道之"大似不大"正是以上章海纳百川之自然界"常道"作为譬喻，由此引申出本章后文"三宝"之圣王用兵"非常道"。注家或认为本章开头几句和下文的意义毫不相应，是他章错简。此说非是。结合第二十五章"吾不知其名，字之曰道，强为之名，曰大。大曰逝，逝曰远，远曰反"的旨意，老子认为，道为大（即"大象无形"），大则逝（即"周行而不殆"），逝则远，越来越远，远到极点（转折点）时，至远则反，物极必反，由"无极"到"极反"，由"正"到"无正"（奇）。所以，老子这几句话重在阐明他的"守正""无极"思想，也为下文阐述"三宝"奠定了理论前提。没有这个理论前提，就难以准确领会"三宝"精义。实际也如此，古今注家对"三宝"的解读，多为误解误读，原因就在此。

自第二段以下，老子阐述以奇用兵的"三大法宝"：

其一，"慈"。所谓"慈"，有两层意思：一为慈母之意，慈可通"雌"，谓柔弱。"慈故能勇"，即第三十六章"柔弱胜刚强"、第四十三章

"天下之至柔，驰骋天下之至坚"之意。二为慈悲之意。老子认为，兵者是不祥之器，用兵属于凶事，要以丧事处置，杀人众多要悲伤举哀，战争取胜要以丧礼对待，即第三十一章"以丧礼处之"之意。老子认为，"慈"为宝中宝，"慈柔"加"慈悲"，战必胜，守必固。

其二，"俭"。所谓"俭"，也有两层意思：一为约束收敛之意，与第五十九章"治人事天莫若啬"之"啬"同义。"俭故能广"，即第三十四章"以其终不自为大，故能成其大"之义。二为"胜而不美"（第三十一章）之意。老子认为，用兵会有报应，要懂得见好就收，淡然处之，不要狂妄自大、自我夸耀。

其三，"不敢为天下先"。所谓"不敢为天下先"，也有两层意思：一为上章"欲先民必以身后之"之意。"不敢为天下先故能成器长"与第七章"后其身而身先"同义。二为"不得已而用之"（第三十章）之意。老子不好战，但也不反战，他主张应战，在不得已时要用兵。老子认为，好战是不吉祥的事情，令人厌恶，所以，圣王不好战；但是，用兵虽然是不吉祥的事情，不是君子之器，可是到了不得已时候还是要用的，要迫不得已应战。

老子用兵讲究"奇"。所谓"奇"，就是"远曰反"中"远"与"反"之间极点上似远若反的神奇玄妙。老子认为，不以奇用兵，舍弃慈选择勇，舍弃俭选择广，舍弃后选择先，就死定了。详见上篇《我读〈老子〉》第三章"老子兵法"。

［众说纷纭］

韩非说："故欲成方圆而随其规矩，则万事之功形矣。而万物莫不有规矩，议言之士，计会规矩也。圣人尽随于万物之规矩，故曰：'不敢为天下先。'"（《韩非子·解老》）

王弼说："节俭爱费，天下不匮，故能广也。"（《老子注》）

吕惠卿说："我有三宝，保而持之，一曰慈，二曰俭，三曰不敢为天下先，此皆持人之所难持者也。何则？人不能无我而不争，故勇而不能慈，广而不能俭，先而不能后，则无我不争，乃其所以能保此三宝而持之也。天下有始，以为天下母，而我守之，常宽容于物，不削于人，非慈乎？其行身也，徐而不费，以约为纪，非俭乎？未尝先人，而常随人；人皆取先，己独取后，非不敢为天下先乎？夫慈为柔弱矣，而能胜刚强，是能勇也。俭为不费矣，而用之不可既，是能广也。不敢为天下先，为后人矣，而圣人用之以为官长者，皆从我者也，是能成器长也。"（《老子注》）

奚侗说："'不敢为天下先'者，以身后民，退然无所争，而物自宾服，故'成器长'。器，即'朴散则为器'之'器'，谓百官也。'器长'，百官之长，谓人君也。"（《老子集解》）

毛泽东说："我曾经同国民党的联络参谋讲过，我们的原则是三条：第一条不打第一枪，《老子》上讲"不为天下先"，我们不先发制人，而是后发制人。第二条"退避三舍"，一舍三十里，三舍九十里，这是《左传》上讲晋文公在晋楚城濮之战中的事，我们也要采取这样的政策。第三条"礼尚往来"，这是《礼记》上讲的，礼是讲究往来的，"来而不往非礼也，往而不来亦非礼也"，你来到我这里，我不到你那里去，就没有礼节，所以我们也要到你们那里去。"（《毛泽东文集》第三卷）

蒋锡昌说："（慈故能勇）是勇谓勇于谦退，勇于防御，非谓勇于争夺，勇于侵略。'慈故能勇'言唯圣人抱有慈心，然后士兵能有防御之勇也。"（《老子校诂》）

张舜徽说："'我'字指'道'言，谓君道之宝有三，必持之勿失。慈谓柔，俭谓啬，不敢为天下先，谓不先物为也。君道之要，尽于此矣。故言人君南面之术者，目此三事为三宝也。"（《周秦道论发微·老子疏证》）

陈鼓应说："本章谈'慈'，这一段（按开头几句）和下文的意义毫不相应，显然是他章错简。严灵峰认为可移到三十四章'故能成其大'句下（《老子达解》）。严说可供参考。"（《老子注译及评介》）

第六十八章

善为士者不武，善战者不怒，善胜敌者不与^①，善用人者为之下^②。

是谓不争之德，是谓用人之力^③，是谓配天，古之极^④。

[自圆其说]

① 士：此指将帅、统帅。善为士者：针对圣王而言，指圣王应是善于统帅的人。下文"善战者""善胜敌者""善用人者"均对圣王而言。武：勇武。不武：不逞勇武。怒：激怒，愤怒。不怒：不被激怒。与：此指临阵交战。不与：不临阵交战。"善为士者不武"三句：圣王应是善于统帅的人，不逞勇武；圣王应是善于应战的人，不被激怒；圣王应是善于战胜敌人的人，不临阵交战。

② 为之下：处于对方的下面，指对人谦下，甘居人下。善用人者为之下：圣王应是善于用人的人，对人谦和卑下。第六十六章"江海之所以能为百谷王者，以其善下之，故能为百谷王""欲上民必以言下之，欲先民必以身后之"，即为此意。

③ 不争：此指"不武""不怒""不与"。力：能力、本领。用人之力：用人的能力，此指上文"为之下"。"是谓不争之德"二句：这就叫做不争的德行，这就叫做善用人的能力。

④ 配天：符合天道。第七十三章"天之道，不争而善胜，不言而善应，不召而自来"，可与此互参。具有"不争之德"则"不争而善胜"，善

于"用人之力"则"不言而善应，不召而自来"。"不争之德""用人之力"
与天道相符合，这就叫"配天"。古：自古以来。极：最高法则。"是谓配
天"二句：这就叫符合天道，这是自古以来的最高法则。

[今译今读]

圣王应是善于统帅的人，不逞勇武；圣王应是善于应战的人，不被激
怒；圣王应是善于战胜敌人的人，不临阵交战；圣王应是善于用人的人，
对人谦和卑下。

这叫不争的德行，也叫善用人的能力，也叫符合天道，这是自古以来
的最高法则。

[高谈阔论]

本章说圣王的统帅之道："不争之德"。

老子认为，圣王要做三件大事：一是治国，二是用兵，三是取天下。
讲用兵、说兵法，是老子"以道佐人主"要义之一，否定或夸大老子兵法
思想，皆有失老子原旨。

老子认为，圣王统帅之道要具备两种素质：一要有"不争之德"，善于
统帅而不逞勇武，善于应战而不被激怒，善于胜敌而不临阵交战。二要有
"用人之力"，善于用人而对人谦和卑下。圣王的不争之德，不是不争，而
是说圣王自己不要上战场去争，要有善于借用他人力量的能力，让他人代
替自己去争。所以，"用人之力"，也是圣王应具备的"不争之德"。这是
符合天道的，这是自古以来的最高法则。

[众说纷纭]

河上公说："'善为士者不武'，言贵道德，不好武力也。善以道战者，
禁邪于胸心，绝祸于未萌，无所诛怒也。"（《老子道德经河上公章句》）

王力说："此章明示非战根于守柔，盖不争、善下，皆守柔之义也。或

疑《老子》为兵家言。兵家所谈，多攻城略地之术；老子斥争、非战；即战矣，亦唯为客而不为主，退尺而不进寸；有城可攻而不攻，有地可略而不略，此其异一也。兵家尚智、用术，老子弃智、忘术，此其异二也。兵家或作老子语；老子必不作兵家语。盖一尚自然，一重功利，其根本观念既异，何由得其同哉？"（《老子研究》）

高亨说："与犹斗也，古谓对斗为与……夫对斗而后胜敌，非善也，善胜敌者师旅不兴，兵刃不接，而敌降服，故曰善胜敌者不与也。"（《老子正诂》）

陈鼓应说："'武''怒'乃是侵略的行为，暴烈的表现。老子却要人'不武''不怒'，意即不可逞强，不可暴戾。在战争中讲'不争'，要人不可嗜杀，这和前章在战乱中强调'慈'是相应的，这是古来的准则。"（《老子注译及评介》）

黄瑞云说："《孙子·谋攻篇》：'是故百战百胜，非善之善者也；不战而屈人之兵，善之善者也。'此与'善战者不怒，善胜敌者不与'词旨略近，但两者的思想基础完全不同：孙子说的是通过高明的战略来克敌制胜，而老子表述的是他的'柔弱胜刚强'的哲学在军事上的体现。"（《老子本原》）

易中天说："会打仗的，也应该学女人。怎么学？以静制动，以逸待劳，敌进我退，以柔克刚。其实，打仗跟做爱，还挺像。都是'相交'，都要发生关系。只不过，一个是'交锋'，一个是'交配'；一个是敌我关系，一个是男女关系。但，道理是一样的，规律也是一样的，那就是'谁先动作谁倒霉'。比如做爱，一般地说，总是男人先进入，也总是男人先退出。来时气壮如牛，去时瘫软如泥；来时迫不及待，去时一蹶不振。所以，老子一再讲，千万别打第一枪。相反，'善为士者不武，善战者不怒，善胜敌者不与'。真正会打仗的，总是后来居上，后发制人。"（《中国智慧·老子的方法》）

第六十九章

　　用兵有言①：吾不敢为主而为客，不敢进寸而退尺②。

　　是谓行无行，攘无臂，扔无敌，执无兵③。祸莫大于轻敌，轻敌几丧吾宝④。

　　故抗兵相加，哀者胜矣⑤。

[自圆其说]

　　① 用兵有言：指古代用兵有这样的说法。

　　② 主、客：指战场在我方，举兵入侵的来敌为"客"，应战守卫的我方为"主"。为主：此指我方在战场上居主人之位正面抵御外敌入侵。为客：此指我方在战场上放弃主人之位，主动撤离战场，撤退转移。意谓在来敌攻入，反客为主之后，我方远走他乡，成异乡客。吾不敢为主而为客：我在应战时不敢正面抵御外敌，宁可撤退转移。不敢进寸而退尺：指不敢正面迎战抵御前进一寸，而是撤退转移退后一尺。"进寸"相对"为主"，"退尺"相对"为客"。"吾不敢为主而为客"二句：我在应战时不敢正面抵御外敌，宁可撤退转移；不敢正面抵御前进一寸，宁可撤退转移退后一尺。

　　③ 行无行：前"行"指行军，此指撤退转移；后"行"指行迹、行踪。意谓撤退转移时布列行阵却不露行踪。攘：推、援。《说文解字》："攘，推也。"段玉裁注："推手使前。"攘无臂：指撤退转移时援手前行却不见身影。《老子》一书两次用"攘"字，均与"臂"相连，另一次是第三十八章"上礼为之而莫之应，则攘臂而扔之。"扔：牵引、因就。《说文

解字》："扔，因也。"扔无敌：指撤退转移时牵引敌人却不被敌人发现。执无兵：指撤退转移时手执兵器却不露痕迹。

④ 轻敌：承接上句"行无行，攘无臂，扔无敌，执无兵"而来，与之相反的行动则为"轻敌"。几：几乎，接近。吾宝：即第六十七章所谓"我有三宝"，指慈、俭、不敢为天下先。"祸莫大于轻敌"二句：祸害没有比轻敌更大，轻敌几乎丧失了我的用兵法宝。

⑤ 抗兵：举兵。相加：指兵力相当。哀：痛惜，慈悲。《说文解字》："哀，闵也。"段玉裁注："引申为凡痛惜之辞。俗作悯。""故抗兵相加"二句：所以举兵相争实力相当时，将士慈悲的一方必然获得胜利。成语"哀兵必胜"即出于此。

[今译今读]

古代用兵有这样的说法：我在应战时不敢正面抵御外敌，宁可撤退转移；不敢正面抵御前进一寸，宁可撤退转移退后一尺。

这是说撤退转移时要做到布列行阵却不露行踪，援手前行却不见身影，牵引敌人却不会暴露，手执兵器却不露痕迹。祸害没有比轻敌更大，轻敌几乎丧失了我的用兵法宝。

所以，举兵相争实力相当时，将士慈悲的一方必然获得胜利。

[高谈阔论]

本章细说"以奇用兵"。

本章是老子兵法的精髓，讲了三个重要内容：战略思想、战术理论和战斗方式。

其一，老子的战略思想：反主为客，敌进我退。对"吾不敢为主而为客，不敢进寸而退尺"，古今注家大多将"为主"作主动进攻，"为客"作退守防御解释，把"吾不敢为主而为客"译为"我不敢主动进攻而宁愿退守防御"。详见本章［众说纷纭］。这是误解，是不得"为主""为客"真义所致。

《马王堆汉墓帛书（壹）》老子甲本注："按：古代起兵伐人者谓之客，敌来御捍者谓之主。银雀山汉简有'为人客则先人作'，及'主人逆客于境'之语。"由此可知，"为客"有两个特点：一是起兵先作，二是侵入对方境内。"为主"也有两个特点：一是应敌防御御捍卫，二是正面迎敌于我方境内。最根本的一点就是看敌我双方在哪方境内作战，看战场在我方还是在敌方境内。在我方境内，则我为主，敌为客；在敌方境内，则我为客，敌为主。换言之，即谁的地盘谁作主，我的地盘，我为主，你为客；你的地盘，你为主，我为客。犹如在我家，我为主人，来人为客；在他家，我为客，他为主。又如，两队球赛，在甲队场地比赛，则甲队为主场，乙队为客场；在乙队场地，则甲队为客场，乙队为主场。

所谓"不敢为主而为客"，意谓敌人侵入我境内，我不采取在自己辖区内正面迎敌防御捍卫，而宁愿让出地盘，让敌人反客为主，而我则反主为客，采取主动撤退转移到别处，不敢正面抵御前进寸步，而是大踏步撤退转移。

二千多年来，真正得老子这一以奇用兵精髓的，唯毛泽东一人！毛泽东认为《老子》是一部兵书，并善于吸收老子以奇用兵思想，著名的游击兵法"十六字诀"第一句"敌进我退"与老子"不敢为主而为客"同出一理。井冈山红军"反围剿"打游击以及解放战争时期撤出延安转战陕北，则是"不敢为主而为客"战略思想的光辉战例。

其二，老子的战术理论：重视敌人，迷惑敌人。老子认为，转移撤退要隐蔽，要做到：布列行阵却不露行踪（"行无行"），援手前行却不见身影（"攘无臂"），牵引敌人却不会暴露（"扔无敌"），手执兵器却不露痕迹（"执无兵"），无声无息，无影无踪。

老子还认为，用兵不能轻敌，轻敌则会逞强好勇（"舍慈且勇"），轻敌则会显行露迹（"舍俭且广"），轻敌则会盲目冒进（"舍后且先"），灾祸没有比轻敌更大的了，轻敌几乎葬送用兵"三宝"（即第六十七章所言

"慈""俭"和"不敢为天下先")。

其三，老子的战斗方式："抗兵相加，哀者胜"。两军作战，"狭路相逢勇者胜"，这几乎是世人共识，是"常道"。但老子却认为，"抗兵相加，哀者胜"。两军相争，力量相当，慈悲一方不轻敌，所以能取胜。即第六十七章"夫慈，以战则胜，以守则固。天将救之，以慈卫之"之意，亦即第三十一章"杀人之众，以悲哀泣之。战胜，以丧礼处之"之意。这是老子"以奇用兵"之"奇"处，也是老子"非常道"之"非常"之处。

[众说纷纭]

河上公说："主，先也。不敢先举兵。客者，和而不倡。用兵当承天而后动。侵入境界，利人财宝，为进；闭门守城，为退。"(《老子道德经河上公章句》)

王弼说："抗，举也。加，当也。哀者，必相惜而不趣利避害，故必胜。"(《老子注》)

苏辙说："主，造事者也；客，应敌者也。进者，有意于争者也；退者，无意于争者也……苟无意于争，则虽在军旅，如无臂可攘，无敌可因，无兵可执，而安有用兵之咎邪？圣人以慈为宝，轻敌则轻战，轻战则轻杀人，丧其所以为慈矣。两敌相加，而吾出于不得已，则有哀心。哀心见，而天人助之，虽欲不胜，不可得矣。"(《道德真经注》)

吴澄说："为主，肇兵端以伐人也。为客，不得已而应敌也。进寸，难进也。退尺，易退也。仍，就也。不为首兵，但为应兵，虽为应兵，亦不欲战，不敢近进，宁于远退。"(《道德真经注》)

奚侗说："有行若无行，故云'行无行'。是'善为士者不武'也。行，谓军行列。无攘臂忿争之状，故云'攘无臂'。是'善战者不怒'也。有敌若无敌，故云'扔无敌'。是'善战者不与'也。不以兵强天下，故云'执无兵'。知兵为不祥之器也。"(《老子集解》)

毛泽东说："目前的的谈判（指 1945 年国共和谈——笔者注），彼方全为缓兵之计，并无诚意解决问题，彼方一切布置均为消灭我党。我方宣传弱点甚多！你（指周恩来——笔者注）提出的意见是很对的，应当采取'哀者'态度，应当照顾中间派，不要剑拔弩张，而要仁至义尽。"(《毛泽东文集》第四卷）

高亨说："盖哀之者存不忍杀人之心，处不得不战之境，在天道人事皆有必胜之理也。"(《老子正诂》）

陈鼓应说："基本上，老子是反战的。不得已而卷入战争，应'不敢为主而为客，不敢进寸而退尺。'——不挑衅，完全采取被动守势；不侵略，无意于争端肇事……本章和前面二章是相应的，阐扬哀慈，以明'不争'之德。"(《老子注译及评介》）

孙以楷说："这一章，老子接着第六十八章，继续论述用兵的原则。这些原则可以用三个字概括：让、后、哀。实际上这些都是从用兵的角度对道的无为原则的应用，或者说从军事角度论证了无为原则的正确与伟大。"(《老子通论》）

第七十章

吾言甚易知，甚易行。天下莫能知，莫能行①。
言有宗，事有君②。夫唯无知，是以不我知③。
知我者希，则我者贵。是以圣人被褐怀玉④。

[自圆其说]

① 知：理解。行：实行。"吾言甚易知"四句：我的言论很容易理解，很容易实行。天下没有人能理解，没有人能实行。

② 宗：宗旨，主题。君：主宰，纲领。"言有宗"二句：言论是有宗旨的，行事是有纲领的。

③ 夫唯：正因为。无知：此指不理解我言论的宗旨和行事的纲领。不我知：即不知我，指不理解我。"夫唯无知"二句：正因为人们不理解这个道理，所以人们不理解我。

④ 希：通"稀"，稀少。则：效法、效仿。贵：珍贵，高贵。被：通"披"，穿着。褐：此指穷人穿的粗劣衣服。《说文解字》："褐，粗衣。"怀：放在怀里。玉：宝玉，引申为第三十六章"国之利器"。圣人被褐怀玉：圣王就像外面穿着粗衣怀里藏着宝玉那样深藏不露密不示人。即第三十六章"国之利器不可以示人"之意。"知我者希"三句：理解我的人稀少，效法我的人珍贵。因此，圣王就像外面穿着粗衣怀里藏着宝玉那样深藏不露，密不示人。

［今译今读］

我的言论很容易理解，很容易实行。天下没有人能理解，没有人能实行。

言论是有宗旨的，行事是有纲领的。正因为人们不理解这个道理，所以人们不理解我。

理解我的人稀少，效法我的人珍贵。因此，圣王就像外面穿着粗衣怀里藏着宝玉那样，深藏不露，密不示人。

［高谈阔论］

本章说"知我者希"。

在本章，老子以典型的三段式进行阐述：

首先，提出问题。老子认为，世人对自己所说思想的理解和实行，存在难易并存问题，一方面是"易"，即"吾言甚易知，甚易行"；另一方面是"难"，即"天下莫能知，莫能行"。

其次，分析原因。老子说，我的言行有根有据，"言有宗，事有君"，一切言行"惟道是从"（第二十一章），因为人们无知，所以不了解我。

最后，描述结论。了解我的人稀少，效法我的人更难能可贵。因此，我的道就像圣人身穿粗布衣服而怀中藏着的宝玉那样，深藏不露，不为人知。

［众说纷纭］

河上公说："希，少也。惟达道者乃能知我，故为贵也。被褐者薄外，怀玉者厚内。匿宝藏德，不以示人也。"（《老子道德经河上公章句》）

王弼说："可不出户窥牖而知，故曰'甚易知'也；无为而成，故曰'甚易行'也。惑于躁欲，故曰'莫之能知'也；迷于荣利，故曰'莫之能行'也。"（《老子注》）

林希逸说："吾言甚易知，甚易行，而天下之人莫有知者，莫有行者，此叹时之不知己也。"（《老子鬳斋口义》）

吴澄说："老子教人柔弱谦下而已，其言甚易知，其事甚易行也。世降

俗末，天下之人莫能知其言之可贵，莫能行柔弱谦下事者。"（《道德真经注》）

释德清说："若能当下顿悟此心，则立地便是圣人，故曰'则我者贵'。'则'，谓法则，言取法也。"（《老子道德经解》）

张舜徽说："宗、君，犹言主纲、要领也。老子自谓阐发君道之言虽多，而其中有主纲；人君所务之事虽繁，而其中有要领，一归于柔弱谦下而已。深慨时人愚而无知，是以不知我言之可贵也。"（《周秦道论发微·老子疏证》）

陈鼓应说："老子提倡虚静、柔和、慈俭、不争，这些都是本于人性自然的道理，在日常生活上最易实行，最见功效的。然而世人多惑于躁进，迷于荣利，和这道理背道而驰。"（《老子注译及评介》）

第七十一章

知不知，上 ①；不知知，病 ②。

夫唯病病，是以不病 ③。

圣人不病，以其病病，是以不病 ④。

[自圆其说]

① 知不知：即知若不知，意谓知道了却好像不知道，指大智若愚，亦即第二十七章"虽智大迷"。上：通"尚"，好。"知不知"二句：大智若愚，好。第二十七章"虽智大迷，是谓要妙"，即为此意。"知不知"，注家或解作"以知为不知"，或解作"知道自己有所不知"，皆与老子本义不符。

② 不知知：即不知若知，意谓不知道却好像知道了，指不懂装懂。病：毛病，此指错误。"不知知"二句：不懂装懂，错。"不知知"，注家或解作"以不知为知"，或解作"不知道自己有所知"，亦与老子本义不符。

③ 第一个"病"，动词，意动用法，以……为病；第二个"病"与上文"不知知，病"之"病"同义，指"不知知"。病病：以病为病，即以"不知知"为病，指认识到不懂装懂是错的。"夫唯病病"二句：正因为认识到不懂装懂是错的，因此就不会出错了。

④ "圣人不病"三句：圣王不出错，是因为他认识到不懂装懂是错的，因此不会出错。

[今译今读]

大智若愚，好；不懂装懂，错。

正因为认识到不懂装懂是错的，因此就不会出错了。

圣王不出错，是因为他认识到不懂装懂是错的，因此不会出错。

[高谈阔论]

本章承接第六十五章续说"大智若愚"。

老子在第六十五章阐述了愚民政策，认为"民之难治，以其智多。故以智治国，国之贼；不以智治国，国之福"，主张"非以明民，将以愚之"。本章则着重阐明"智""愚"内涵。老子的"愚民"政策，讲的是民真愚、君假愚，对民则"非以明民，将以愚之"，对圣王则要求做到知若不知（"知不知"），大智若愚。老子认为，圣王做到"知不知"，懂装不懂，大智若愚，"虽智大迷"（第二十七章），这样最妙（"是谓要妙"（第二十七章））。圣王的愚不是真愚，愚的背后是大智，"不知"的前提是"知"。如果圣王"不知知"，不懂装懂，看起来是"知"，实质是"不知"，就很蠢了，这就错了。圣王知道不懂装懂是错的（"不知知，病"），他不会用这种错误去治国，所以他不会犯错误。

[众说纷纭]

河上公说："知道而言不知，是乃德之上。"（《老子道德经河上公章句》）

林希逸说："圣人之所以不病者，盖知此知之为病而病之，所以不病。此一章文字最奇。或以'上'为'尚'，又于首句添两'矣'字，误矣。"（《老子鬳斋口义》）

吴澄说："知而若不知，上智之人，聪明睿知，守之以愚，故曰上。不知而以为知，下愚之人，耳目聋盲，自谓有所闻见，故曰病。"（《道德真经注》）

奚侗说："尚，上也。知而不自以为知，是谓上德之人；若不知而自以为知，则有道者之所病也。河上本、王弼本均作'知不知，上；不知知，病'，文谊不显，兹从《淮南·道应训》引改。"（《老子集解》）

高亨说："知而以为不知，斯上也。不知而以为知，斯病也。夫唯以病为病，是以不病也。《论语·为政》篇载孔子之言曰：'知之为知之，不知为不知，是知也。'持义与老子不同。"（《老子正诂》）

陈鼓应说："本章是就不知的态度上来说的。有些人只看到事物的表层，便以为洞悉事物的真相；或一知半解，强不知以为知。这在求知的态度上，欠缺真诚，所以说犯了谬妄的'病'。有道的人之所以不被视为谬妄，乃是由于他能不断地作自觉与自省的工作，能恳切的探寻'不知'的原因与根由，在不了解一件事情之前，也不轻易断言。在求知的过程中，能做到心智上的真诚。"（《老子注译及评介》）

第七十二章

　　民不畏威，则大威至①。无狎其所居，无厌其所生②。夫唯不厌，是以不厌③。

　　是以圣人自知不自见，自爱不自贵。

　　故去彼取此④。

[自圆其说]

　　① 畏：畏惧，害怕。威：威势，权威，此指君王的威压。大威：最大的危险。至：到。"民不畏威"二句：民众不畏惧君王的威压，那么对君王来说最大的危险就来了。第七十四章"民不畏死，奈何以死惧之"、第七十五章"民之轻死"，与此旨意相通，可以互参。

　　② 狎：通"狭"，禁锢，封闭。厌：通"压"，压制，压迫。《说文解字》："厌，笮也。笮，迫也。""无狎其所居"二句：不要禁锢民众的居住，不要压迫民众的生活。

　　③ 厌：老子擅长用顶真格修辞方法，第一个"厌"，承前文"无厌其所生"之"厌"，指压迫。不厌：指君王不压迫民众。第二个"厌"，即老子在第六十六章所说的"天下乐推而不厌"之"厌"，指厌恶。"不厌"指民众对君王不厌恶。"夫唯不厌"二句：正因为君王不压迫民众，因此民众不厌恶君王。

　　④ 见：同"现"，表现，显现。自见：自我表现。自贵：自命高贵。彼：指自见、自贵。此：指自知、自爱。"是以圣人自知不自见"三句：因

此，圣王有自知之明而不自我表现，能够自我珍爱而不自命高贵。所以，要舍去自见、自贵，而选取自知、自爱。第二十二章"不自见，故明"、第二十四章"自见者不明"，与此旨意内涵一致，亦可互参。

[今译今读]

民众不畏惧君王的威压，那么对君王来说最大的危险就来了。不要禁锢民众的居住，不要压迫民众的生活。正因为君王不压迫民众，因此民众不厌恶君王。

因此，圣王有自知之明而不自我表现，能够自我珍爱而不自命高贵。

所以，要舍去自见、自贵，而选取自知、自爱。

[高谈阔论]

本章针对"民不畏威"问题而说圣王治国安民"非常道"。

老子认为，一旦出现"民不畏威"问题，情况就很严重，大祸将降临。为此，老子为君王献上两条治国安民之策：

一是在政策上要对民众"无狎""无厌"，不要禁锢民众的居住，不要压迫民众的生活，即"无狎其所居，无厌其所生"，与第三章"圣人之治，虚其心，实其腹，弱其志，强其骨"以及第八十章"甘其食，美其服，安其居，乐其俗"旨意一致。所以，圣王不厌迫民众，民众就不会厌恶圣王，亦即第六十六章"天下乐推而不厌"之意。

二是在自身修养上圣王要自知自爱，即"自知不自见，自爱不自贵"，圣王"自知"而不去显示自己的威势，就不会挤压民众的居所；"自爱"而不去追求奢侈的生活，就不会堵塞民众的生路。

[众说纷纭]

河上公说："威，害也。人不畏小害，则大害至。"（《老子道德经河上公章句》）

　　王弼说："清净无为谓之居，谦后不盈谓之生。离其清净，行其躁欲，弃其谦后，任其威权，则物扰而民僻。威不能复制民。民不能堪其威，则上下大溃矣，天诛将至。故曰'民不畏威，则大威至。无狎其所居，无厌其所生'。言威力不可任也。"（《老子注》）

　　朱元璋说："谓王臣及士庶修身谨行，止务大道焉。经云民不畏威，大威至矣。言君天下者，以暴加于天下，初则民若畏，既久不畏，既不畏方生，则国之大祸至矣，莫可释。在士庶平日不可恣意慢法，眇人侮下，一日干犯刑宪，则身不可保。若言王大祸即大威，士庶则刑宪，乃大威矣。"（《明太祖御注〈道德真经〉》）

　　奚侗说："圣人但'自知'以明道，'自爱'以存身；'不自见'以矜能，'不自贵'以贱物也。不矜能、不贱物，自无狭民居、厌民生之事矣。"（《老子集解》）

　　蒋锡昌说："'自知'与'自爱'词异谊同，'自见'与'自贵'词异谊同，'自爱'即清静寡欲，'自贵'即有为多欲。此言圣人清静寡欲，不有为多欲，故去后者而取前者也。"（《老子校诂》）

　　高亨说："老子认识到人民的无畏精神（本章：'民不畏威'。七十四章：'民不畏死'。七十五章：'民之轻死'。），又认识到人民的反抗力量，是值得赞扬的。"（《老子注译》）

　　陈鼓应说："暴政逼迫，使用恐怖手段压制人民，人民到了无法安居、无以安生的时候，就会铤而走险了。本章是对于高压政治所提出的警告。"（《老子注译及评介》）

第七十三章

勇于敢则杀，勇于不敢则活①。此两者，或利或害②。天之所恶，孰知其故？是以圣人犹难之③。

天之道，不争而善胜，不言而善应，不召而自来，繟然而善谋④。天网恢恢，疏而不失⑤。

[自圆其说]

① 勇：勇气。《说文解字》："勇，气也。"敢：本义是有胆量做某事，此指逞强。《说文解字》："敢，进取也。""勇于敢则杀"二句：勇气用于逞强上就会被杀，勇气不用于逞强上就会活着。第七十六章"故坚强者死之徒，柔弱者生之徒"，即为此意。

② 此两者：指"勇于敢"和"勇于不敢"。或利或害：有的获利，有的受害。

③ 难之：指难以知道，难以回答。"天之所恶"三句：天有所厌恶，有谁知道那是什么原因？因此，圣王也难以知道。

④ 不争而善胜：不争夺而善于取胜，即第二十二章"夫唯不争，故天下莫能与之争"之意。不言而善应：不言语而善于应对，即第二章"行不言之教"之意。不召而自来：不用召唤而自动到来，即第三十二章"譬道之在天下，犹川谷之与江海"、第六十六章"江海之所以能为百谷王者，以其善下之，故能为百谷王"之意。繟然：坦然，宽缓。《说文解字》："繟，带缓也。"本指丝带宽缓。《广雅·释训》："繟繟，缓也。"繟然而善谋：坦

然自如而善于谋划，即第二十七章"善数不用筹策"之意。"天之道"五句：天道是这样的，不争夺而善于取胜，不言说而善于应对，不用召唤而自动到来，坦然自如而善于谋划。

⑤ 恢恢：广大，宏大。《说文解字》："恢，大也。"疏：稀疏，不密。失：漏失。"天网恢恢"二句：天道好像一张宏大的天罗地网，虽然稀疏却不会漏失。成语"天网恢恢，疏而不漏"即出于此，但已经不是老子本义。

[今译今读]

勇气用于逞强就会被杀，勇气不用于逞强就会活着。这两者，有的获利，有的受害。天有所厌恶，有谁知道那是什么原因？因此，圣王也难以知道。

天道是这样的，不争夺而善于取胜，不言说而善于应对，不用召唤而自动到来，坦然自如而善于谋划。

天道好像一张宏大的天罗地网，虽然稀疏却不会漏失。

[高谈阔论]

本章解说第六十七章"天将救之，以慈卫之"。

本章无一"慈"字，却通篇讲"慈"。"慈"为老子用兵"三宝"之第一宝，老子在第六十七章提出"天将救之，以慈卫之"，本章即为此注脚。

老子在第六十七章说："慈，故能勇"。老子强调"勇"必须以"慈"为前提，如果现在舍弃"慈"而选择"勇"，即是本章所说的"勇于敢"，这是勇于刚强，勇于逞强，其结果必然是被杀，对"今舍慈且勇……死矣"作了诠释。以"慈"为本之"勇"，即本章所推崇的"勇于不敢"，"不敢"既表现了慈的柔弱，也表达了慈悲。"勇于不敢"的结果自然是"活"，即第六十七章所说的"慈故能勇""夫慈，以战则胜，以守则固"之意。

两者皆"勇",结果却如此不同,老子于是用反问的语气说:"此两者,或利或害,天之所恶,孰知其故?"这一反问的句式将前后两个层次的内容联系起来。最后一段即申言"天将救之,以慈卫之"之意,"不争""不言""不召""繟然"犹言"慈"也;"善胜""善应""自来""善谋"皆指"卫之"。最后,老子以"天网"喻"慈网",意谓"慈"既是慈弱慈悲、无形无象、疏而不密的,又是恢宏博大、广袤无垠、包容无限的,"天网恢恢,疏而不失"即"慈网恢恢,疏而不失",总括"天将救之,以慈卫之"之意。慈者("勇于不敢"者)自有慈网笼罩着,"以慈卫之"。注家或以"天网"喻"法网",认为恶人总是逃脱不了法网制裁。此法家观念,与老子原意不符。

[众说纷纭]

河上公说:"勇于敢有为,则杀其身;勇于不敢有为,则活其身。"(《老子道德经河上公章句》)

王弼说:"俱勇而所施者异,利害不同,故曰'或利或害'也。"(《老子注》)

吕惠卿说:"用其刚强而必于外物者,勇于敢者也,则死之徒是已,故曰勇于敢则杀。致其柔弱而无所必者,勇于不敢者也,则生之徒是已,故曰勇于不敢则活。勇于敢者,人以为利,而害或在其中矣。勇于不敢者,人以为害,而利或在其中矣。"(《老子注》)

林希逸说:"天道恶盈而好谦,则勇于敢者,非特人恶之,天亦恶之也。而世人未有知其然者,故曰'孰知其故',叹世人之不知也。"(《老子鬳斋口义》)

奚侗说:"高延第曰:'敢',谓强梁;'不敢',谓柔弱。强梁者,死之徒,故'杀'。柔弱者,生之徒,故'活'。"(《老子集解》)

张舜徽说:"此数语乃言为人君者宜法天,所谓道法自然也。天无为而万物化,人君无为而万事理,故《老子》陈君道,归本于法天。"(《周秦道

论发微·老子疏证》）

　　陈鼓应说："老子以为自然的规律是柔弱不争的，人类的行为应取法于自然的规律而恶戒刚强好斗。'勇于敢'，则逞强贪竞，无所畏惮；'勇于不敢'，则柔弱哀慈，慎重行事。人类的行为应选取后者而遗弃前者。"（《老子注译及评介》）

第七十四章

　　民不畏死，奈何以死惧之^①？若使民常畏死，而为奇者，吾得执而杀之，孰敢^②？

　　常有司杀者杀^③。夫代司杀者杀，是谓代大匠斫^④；夫代大匠斫者，希有不伤其手矣^⑤。

[自圆其说]

　　① 畏：畏惧，害怕。奈何：怎么能。惧：恐吓、威胁。"民不畏死"二句：如果民众不怕死，怎么能用死来恐吓他们呢？

　　② 若使：假如，假使。奇：不正，不寻常，与"正"相对而言。人的正常本性是"常畏死"，"不畏死"则不正常，让人称"奇"。为奇者：指不怕死的人。吾：我，此代君王。执：抓，抵押。之：指为奇者，即个别不怕死的人。孰：谁。"若使民常畏死"四句：假使民众经常怕死，对个别不怕死而犯上作乱的人，我把他抓起来杀掉，谁还敢？

　　③ 司：管理，掌管。司杀者：掌管杀人的人，即执法者。常有司杀者杀：平常有专管杀人的人来杀人。

　　④ 代司杀者：代替专管杀人的人。大匠：砍伐木头的专业大师傅。斫：砍伐木头。"夫代司杀者杀"二句：如果代替专管杀人的人去杀人，这可以说是代替专门砍木的大匠去砍伐木头。

　　⑤ "夫代大匠斫者"二句：代替专门砍木的大匠去砍伐木头，很少有不伤自己的手啊。第三十一章"夫乐杀人者，则不可得志于天下矣"，可与此互参。

[今译今读]

如果民众不怕死，怎么能用死来恐吓他们呢？假使民众经常怕死，对个别不怕死而犯上作乱的人，我把他抓起来杀掉，谁还敢？

平常有专管杀人的人来杀人，代替专管杀人的人去杀人，这可以说是代替专门砍木的大匠去砍伐木头。代替专门砍木的大匠去砍伐木头，很少有不伤自己的手啊。

[高谈阔论]

本章针对"民不畏死"而说圣王治国安民"非常道"。

老子认为，如果"民不畏死"，圣王以死威胁、恐吓民众是没用的。

假如民众怕死，对个别不怕死而犯上作乱的人，抓起来杀掉，杀一儆百，就没人敢了。但杀人的事由"司杀者"去做，圣王不要代替，否则会伤及自己。

针对"民不畏死"，本章只说圣王不该做什么，至于圣王应该做什么，老子留下悬念，且听下回分解。

[众说纷纭]

河上公说："治国者刑罚酷深，民不聊生，故不畏死也……人君不宽其刑罚，教民去其情欲，奈何设刑法以死惧之？"（《老子道德经河上公章句》）

王弼说："诡异乱群，谓之奇也。为逆，顺者之所恶忿也；不仁者，人之所疾也。故曰'常有司杀'也。"（《老子注》）

林希逸说："为国而切切于用刑，是代造物者司杀也。以我之拙工，而代大匠斫削，则鲜有不伤其手者。此借喻之中又借喻也。此章亦因当时嗜杀，故有此言，其意亦岂尽废刑哉？天讨有罪，只无容心可矣。"（《老子鬳斋口义》）

范应元说："谓民之争利犯法而常不畏死者，由上之人有为多欲而然

也。在上者只当清静无欲，而使之自化，如之何更以死罪惧之。"（《老子道德经古本集注》）

吴澄说："不以死惧其人，为恶者可不杀乎？曰：有司杀者在。司杀者，天也。惟天为能杀人，惟大匠为能斫木，人欲代天杀人，犹代匠斫木也。代斫者手必多伤，以譬代杀者身必多害也。盖不有人祸，必有天刑。"（《道德真经注》）

张舜徽说："代大匠斫，乃喻君行臣职也。道论之精，主于君无为而臣有为。君行臣职，乃主术之所忌，故《老子》又以伤手为戒。此处虽但言司杀之事，而其他可类推也。"（《周秦道论发微·老子疏证》）

第七十五章

民之饥，以其上食税之多，是以饥^①。

民之难治，以其上之有为，是以难治^②。

民之轻死，以其上求生之厚，是以轻死^③。

夫唯无以生为者，是贤于贵生^④。

[自圆其说]

① 饥：饥饿，饥荒。其：指民众。其上：指民众上面的君王。下文同。食税之多：指征收很多的税赋。是以：因此。"民之饥"三句：民众遭受到饥荒，是因为民众上面的君王收取的税赋太多了，因此遭受饥荒。

② 有为：与"无为"相对，此指君王以智治国。第五十七章所说"天下多忌讳""法令滋彰"，第五十八章所说"其政察察"，皆是有为。"民之难治"三句：民众难以治理，是因为民众上面的君王用智作为，因此就难以治理。第六十五章"民之难治，以其智多。故以智治国，国之贼；不以智治国，国之福"，亦即此义。这是正说。老子又反过来说，第三章"常使民无知无欲，使夫智者不敢为也。为无为，则无不治"，亦即此意。

③ 轻死：指看轻死亡，即上章所说"不畏死"之意，"民之轻死"即"民不畏死。"轻死"与下文"贵生"相对。求生之厚：即求得厚生，指过分追求奢侈优厚生活，与第五十章所说"生生之厚"同义。"民之轻死"三句：民众看轻死亡，是因上面的君王过分追求奢侈丰厚的生活，因此导致民众看轻死亡。

④ 夫：发语词。唯：只有。无以生为：不以厚生为事，此指不把厚生
当作一回事。贤：好，胜过。贵生：即以生为贵，此指极力过分追求生活
享受，即老子所说"益生"（第五十五章）、"生生之厚"（第五十章）、"求
生之厚"（第七十五章）之意。"夫唯无以生为者"二句：只有不追求优厚
生活享受，才是胜过极力过分追求生活享受。

[今译今读]

民众遭受到饥饿，是因为民众上面的君王收取的税赋太多了，因此遭
受饥饿。

民众难以治理，是因为民众上面的君王有作为，因此就难以治理。

民众看轻死亡，是因上面的君王过分追求奢侈丰厚的生活，因此导致
民众看轻死亡。

只有不把厚生当作一回事，这才是比看重贵生更好的。

[高谈阔论]

本章说"民之轻死"原因并回答了上章遗留问题。

本章与第七十二章、第七十四章主旨一致，思想内容有联系，诸章合
读，理解更深刻。

老子认为，"民之轻死"现象的出现是有过程和原因的，从"民不畏
威"（第七十二章），到"民之饥"，到"民之难治"，到"民之轻死"，再
到"民不畏死"（第七十四章），反映出统治者与民众的矛盾程度依次递进，
相对矛盾层次的不同，其原因也表现为层次与程度上的差异，从"狎其所
居""厌其所生"，到"食税之多"，到"有为"，到"求生之厚"，统治者
贪婪的程度逐渐加大，民众的负担逐渐加重，社会矛盾也逐渐加深，民众
的反抗意识因而也逐渐加强，到了走投无路之时，甚至会铤而走险，不惜
以生命为代价作最后反抗。在老子看来，统治者"厚生""贵生"是民众
"轻死"的根源。所以，老子告诫君王，针对"民之轻死"现象，统治者应

该做到"无以生为"，不该"厚生""贵生"，如此才能保住统治。

[众说纷纭]

河上公说："夫唯独无以生为务者，爵禄不干于意，财利不入于身，天子不得臣，诸侯不得使，则贤于贵生也。"（《老子道德经河上公章句》）

王弼说："言民之所以僻，治之所以乱，皆由上，不由其下也。民从上也。"（《老子注》）

苏辙说："上以有为导民，民亦以有为应之，故事多而难治。上以利欲先民，民亦争厚其生，故虽死而求利不厌。贵生之极，必至于轻死。惟无以生为，而生自全矣。"（《道德真经注》）

范应元说："食者充君之庖，税者输国之赋。食用当俭，赋税当轻。在上者或取之于民太多，是夺民之食而使之饥也。然则上之库藏，民之怨府也。库藏之物，民之膏血也。何况酷吏非泛诛求，视天之民反不如于猪狗。吏馀珍馔，民乏糟糠，怨气冲天，祸乱斯作。殊不知民不难治，至于难治者，由上之人有为多欲，而民亦化上，是以难治也。"（《老子道德经古本集注》）

高亨说："无以生为者，不以生为事也，即不贵生也。君贵生则厚养，厚养则苛敛，苛敛则民苦，民苦则轻死，故君不贵生，贤于贵生也。"（《老子正诂》）

张松如说："本章揭露了劳动人民与封建统治者之间阶级矛盾的实质：人民的饥荒，是由统治者沉重的租税造成的；人民的反抗，是统治者苛酷的措施造成的；人民的轻生，是统治者无厌的聚敛造成的。这种说法，当然同贯穿《老子》书中的'无为'思想相通着。"（《老子校读》）

第七十六章

　　人之生也柔弱，其死也坚强①。万物草木之生也柔脆，其死也枯槁②。

　　故坚强者死之徒，柔弱者生之徒③。

　　是以兵强则不胜，木强则兵④。强大处下，柔弱处上⑤。

[自圆其说]

　　① 柔弱：此指柔软。坚强：此指僵硬。"人之生也柔弱"二句：人活着的时候身体是柔软的，人死后尸体就变得僵硬。

　　② 柔脆：柔软脆弱。枯槁：干硬枯萎。《说文解字》："枯，槁也。"又："槁，枯也。"枯、槁可互训。"万物草木之生也柔脆"二句：草木活着的时候是柔软脆弱的，死后就变得干硬枯萎。

　　③ 徒：类，群。"故坚强者死之徒"二句：所以，坚强的属于死亡一类，柔弱的属于生存一类。

　　④ 兵：前"兵"，名词，指军队、军事。兵强，此指用兵逞强。后"兵"，动词，指用刀砍伐。"是以兵强则不胜"二句：因此，用兵逞强则不会胜利，树木成材则被砍伐。第三十章所说"不以兵强天下"、第三十一章所说"夫佳兵者，不祥之器""兵者不祥之器，非君子之器"、第八十章所说"虽有甲兵无所陈之"，与"兵强则不胜"，主旨思想一致，可以互参。

　　⑤ 处：居，位居。下：下降趋势。上：上升趋势。"强大处下"二句：强大的处于下降趋势，柔弱的处在上升阶段。

[今译今读]

　　人活着的时候身体是柔软的，人死后尸体就变得僵硬。草木活着的时候是柔软脆弱的，死后就变得干硬枯萎。

　　所以，坚强的属于死亡一类，柔弱的属于生存一类。

　　因此，用兵逞强则不会胜利，树木成材则被砍伐。强大的处于下降趋势，柔弱的处在上升阶段。

[高谈阔论]

　　本章说"柔弱胜刚强"。

　　本章以人世间和自然界之"常道"喻示圣王治国安民之"非常道"。

　　首先，老子描述了日常生活中观察发现的人类社会和自然界司空见惯的四个例子：人生时柔软，死后僵硬；草木生时柔弱，死后枯硬；用兵逞强，不会胜利；树木成材，会被砍伐。

　　接着，老子揭示了蕴含其中的"常道"：坚强的属于死亡一类，柔弱的属于生存一类，即"坚强者死之徒，柔弱者生之徒"也。

　　最后，老子对这些人世间和自然界的"常道"作进一步的哲学概括和提升，抽象出圣王治国安民之"非常道"："强大处下，柔弱处上"，即"弱者道之用"（第四十章）、"柔弱胜刚强"（第三十六章）。

　　就近取譬，以习以为常之"常道"喻示异乎寻常之"非常道"，这是老子惯用的表述方式。正如老子在首章所说的"道，可道，非常道"，道是可以表达的，道是"非常道"，非"常道"，但是，"非常道"来源于"常道"，可以用"常道"来喻示表达"非常道"。

[众说纷纭]

　　河上公说："兴物造功，大木处下，小物处上。天道抑强扶弱，自然之效。"（《老子道德经河上公章句》）

　　吴澄说："上文言兵强者为人所胜，是处下也，不能如胜人者之处上。

木强者近根之干，是处下也，不得如小枝之处上。推此物理，则知人之德行，凡坚强者矜己凌人，必蹶其贵高而反处人下矣，柔弱者众所尊戴而得处人上矣。"（《道德真经注》）

奚侗说："兵强则以杀伐为事，终致灭亡，各本多作'兵强则不胜'，非是。木强则失柔韧之性，易致断折。'折'，各本或作'共'，或作'兵'，皆非是。'折'以残缺误作'兵'，复以形近误为'共'耳。"（《老子集解》）

陈鼓应说："老子从人类和草木的生存现象中，说明成长的东西都是柔弱的状态，而死亡的东西都是坚硬的状态。老子从万物活动所观察到的物理之恒情，而断言：'坚强者死之徒，柔弱者生之徒。'他的结论还蕴涵着强悍的东西易失去生机，柔韧的东西则充满着生机……本章为老子贵柔戒刚的思想。"（《老子注译及评介》）

黄瑞云说："老子常用自然现象来阐扬哲理，大多生动精辟，然亦间有不甚妥当者。如本章用动植物因生死引起的软硬变化，同事物品性上抽象的柔弱刚强混同，则颇显不伦。"（《老子本原》）

第七十七章

天之道，其犹张弓与^①！高者抑之，下者举之；有余者损之，不足者补之^②。

天之道，损有余而补不足^③。人之道则不然，损不足以奉有余^④。孰能有余以奉天下？唯有道者^⑤。

是以圣人为而不恃，功成而不处，其不欲见贤^⑥。

[自圆其说]

① 其：指天之道。张弓：指拉弓开弦瞄准靶子准备射箭。《说文解字》："张，施弓弦也。"段玉裁注："张、弛，本谓弓施弦、解弦。"古代用弓时，施拉弓弦称为张；不用时，松解弓弦称为弛。与：语气词。"天之道"二句：天之道，它很像拉弦开弓射箭啊！

② 高者：指弓弦拉得高了。抑：压低。下者：指弓弦拉得低了。举：抬高。有余：指弓弦拉得过满。损之：把拉得过满的弓弦放松一点。不足：指弓弦没有拉到位。补之：把没有拉到位的弓弦拉紧一点。"高者抑之"四句：弓弦拉得高了就压低一点，弓弦拉得低了就抬高一点。弓弦拉得过满就放松一点，弓弦没有到位就拉紧一点。

③ "天之道"二句：天之道总是减少有余的补充不足的。

④ 然：这样。奉：供奉，供给。"人之道则不然"二句：人类法则却不是这样，而是减少那些本来不足的用来供奉那些本来有余的。

⑤ "孰能有余以奉天下"二句：谁能够用自己有余的来供奉天下不足

的？只有得道者才能做到。

　　⑥ 见：通"现"，表现，显现。贤：贤才，贤能。"是以圣人为而不恃"三句：因此，圣王有所作为却不自恃有恩，大功告成却不居功自傲，他不想显露自己的贤能。

[今译今读]

　　天之道，它很像拉弦开弓射箭啊！弓弦拉得高了就压低一点，弓弦拉得低了就抬高一点。弓弦拉得过满就放松一点，弓弦没有到位就拉紧一点。

　　天之道总是减少有余的补充不足的。人类法则却不是这样，而是减少那些本来不足的用来供奉那些本来有余的。谁能够用自己有余的来供奉天下不足的？只有得道者才能做到。

　　因此，圣王有所作为却不自恃有恩，大功告成却不居功自傲，他不想显露自己的贤能。

[高谈阔论]

　　本章说"替天行道"。

　　老子以张弓射箭喻"天之道"，阐述"损有余而补不足"之"非常道"。老子认为，懂得射箭的人都了解射箭"常道"：要射中靶心，弓弦的位置不能过高也不能过低，发力不能过大也不能过小，只有位置上下调节，发力大小适宜，才能箭无虚发。"天之道"也如此，与张弓射箭"常道"一致，要做到"损有余而补不足"。而"人之道"与"天之道"背道而驰，"损不足以奉有余"，这是不公平的。第七十五章"民之饥""民之难治""民之轻死"，究其原因，实为奉行"人之道"所致。

　　最后，老子呼吁"有道者"即圣王出现，希望圣王推行天道，"替天行道"，能够"损有余而补不足"，做到"为而不恃，功成而不处"。

　　后世君王虽然都说"奉天承运"，但奉承的仍然是"人之道"，反而是后世农民起义军以及梁山好汉往往打着"替天行道"的旗帜，劫富济贫，希望建立一个"等贵贱、均贫富"的社会。

[众说纷纭]

王弼说："言谁能处盈而全虚，损有以补无，和光同尘，荡而均者？唯有道者也。是以圣人不欲示其贤，以均天下。"（《老子注》）

苏辙说："天无私故均，人多私故不均。有道者澹足万物而不辞，既以为人己愈有，既以予人己愈多，非有道者，无以堪此。为而恃，成而处，则贤见于世。贤见于世，则是以有馀自奉也。"（《道德真经注》）

范应元说："天道公平，人鲜能知，故取张弓之喻以明之。夫张弓者高则抑，下则举，有馀者减，不足者补，取其相称而已。"（《老子道德经古本集注》）

张松如说："在这一章里，老子以'天之道'来推论'人之道'，主张'人之道'应该效法'天之道'……老子把他从自然界得来的这种直观的认识，运用到人类社会，面对当时社会的贫富对立，阶级压迫的不合理现实，他认为'人之道'，也应该象好比张弓的'天之道'那样，'高者抑之，下者举之，有馀者损之，不足者补之'。"（《老子校读》）

张舜徽说："法天之道以为人道，即前文所谓'用人配天'也。用人配天，《老子》以为唯深于君道者能之。"（《周秦道论发微·老子疏证》）

陈鼓应说："本章将自然的规律与社会的规则作一个对比说明。社会的规则是极不平的……自然的规律则不然，它是拿有馀来补不足，而保持均平调和的原则。社会的规则应效法自然规律的均平调和，这就是老子人道取法于天道的意义。"（《老子注译及评介》）

第七十八章

天下莫柔弱于水，而攻坚强者莫之能胜，以其无以易之 ①。

弱之胜强，柔之胜刚，天下莫不知，莫能行 ②。

是以圣人云：受国之垢，是谓社稷主；受国不祥，是为天下王 ③。

正言若反 ④。

[自圆其说]

① 莫：没有。攻：攻克。坚强者：指坚硬刚强之物，如石、铁等。莫之能胜：即莫能胜之。之：指水。无以易之：没有什么东西可以代替它。"天下莫柔弱于水"三句：天下没有比水更柔弱的了，然而攻坚克强的东西却没有能胜过水的，因为水是没有什么可以代替的。第四十三章"天下之至柔，驰骋天下之至坚"，即为此意。

② "弱之胜强，柔之胜刚"：即第三十六章"柔弱胜刚强"。"弱之胜强"四句：以弱胜强、以柔克刚的道理，天下没有人不知道，却没有人能够实行。

③ 垢：污秽，此指屈辱。《说文解字》："垢，浊也。"社稷：古代帝王、诸侯所祭的土神（社）和谷神（稷），亦指国家、邦国。主：君王。"是以圣人云"五句：因此，圣王说：能够承受全国的污垢屈辱，才称得上国家的君王。能够承受全国的不祥灾祸，才能成为天下的君王。

④ 正言：正面的话，合于正道的话。若：好像。反：相反，反面。正言若反：正面的话听上去好像反话一样。

[今译今读]

　　天下没有比水更柔弱的了，然而攻坚克强的东西却没有能胜过水的，因为水是没有什么可以代替的。

　　以弱胜强、以柔克刚的道理，天下没有人不知道，却没有人能够实行。

　　因此，圣王说：能够承受全国的污垢屈辱，才称得上国家的君王；能够承受全国的不祥灾祸，才能成为天下的君王。

　　正面的话听上去好像反话一样。

[高谈阔论]

　　本章说"正言若反"。

　　老子以水为譬喻，再次阐明"柔弱胜刚强"之"非常道"。最柔弱的水胜过刚强的东西，这个结论同人们的生活常识"常道"相违背，却又是确确实实符合实际的真话、正话，因为滴水可以穿石，但世人不知，以为反话。老子又例举圣人之言说明，"社稷主""天下王"最为高贵，但需要能够承受"国之垢""国不祥"，才能胜任。正如第三十九章所说"贵以贱为本，高以下为基"。老子把正面的话说得好像反话。

　　最后，老子提醒世人，"非常道"的非常之处就是"正言若反"。"正言若反"也可看作是老子对五千言理论特征和表达方式、表述习惯的自我总结。老子在《老子》中大量使用"正言若反"的表达方式，也是老子在阐述圣王"非常道"的非常之处时所体现出的最重要特征之一。"正言若反"应句读为"正，言若反"，是指正向的、正面的意思，用反向、相反的语言表达出来。因具体语言环境的不同，"正言若反"含有丰富内容，统而言之，大致有三种表现：

　　其一，正言"反"说，以相反语言来表达正面意思。如第四十五章"大成若缺""大盈若冲""大直若屈""大巧若拙""大辩若讷"，其中大成、大盈、大直、大巧、大辩等都是正面意思，但是老子却以相反的语言来表达，说成如缺、冲、屈、拙、讷等。

其二，正言"否"说，以否定语言来表达肯定意思。如"道常无为而无不为"（第三十七章），老子肯定的是"无不为"，但是却用否定词"无为"来表达。实际上，老子认为，"无为"不是不为，而是"为无为"（第三章），是"处无为之事，行不言之教"（第二章），是"以辅万物之自然而不敢为"（第六十四章）；"无为"不是目的，其目的是"无不为"；"不言"，不是真的不说话，而是"行不言之教"；"不争"，不是真的不争，而是如第六十六章所说"以其不争，故天下莫能与之争"；又如第四十一章"大方无隅，大器晚成，大音希声，大象无形"，其中大方、大器、大音、大象等都是正面肯定词，但却用无隅、晚成、希声、无形等否定词来表达。

其三，正言"若"说，以反向模糊语言来表达正向意思。如第四十一章"明道若昧，进道若退，夷道若纇，上德若谷，大白若辱，广德若不足，建德若偷，质真若渝"，其中明道、进道、夷道、上德、大白、广德、建德、质真等都是正向形象，但是却要装得看起来好像昧、退、纇、谷、辱、不足、偷、渝等反向的表象，装成"好像"，模糊不清，模棱两可。

[众说纷纭]

河上公说："圆中则圆，方中则方，壅之则止，决之则行。水能怀山襄陵，磨铁消铜，莫能胜水而成功也。夫攻坚强者，无以易于水。水能灭火，阴能消阳。舌柔齿刚，齿先舌亡。……'正言若反'，此乃正直之言，世人不知，以为反言。"（《老子道德经河上公章句》）

苏辙说："正言合道而反俗，俗以受垢为辱、受不祥为殃故也。"（《道德真经注》）

林希逸说："故古之圣人常有言曰：'能受一国之垢者，方可为社稷主；能受一国之不祥者，方可为天下王。'此即'知其荣，守其辱'之意。不祥者，不美之名也。盖位至高者，不可与天下求胜，须能忍辱，则可以居人之上。"（《老子鬳斋口义》）

吴澄说："下文言和怨者正欲救助善人，而反不足以为之，此正言若反也。旧本以此为上章末句，今按：上章'圣人云'四句作结，语意已完，不应又缀一句于末，他章并无此格，绝学无忧章、希言自然章皆以四字居首为一章之纲，下乃详言之，此章亦然。又'反''怨''善'三字叶韵，故知此一句当为起语也。"（《道德真经注》）

张舜徽说："然则古之善为君者，有受垢含垢之道，实亦人君南面之术也。"（《周秦道论发微・老子疏证》）

陈鼓应说："本章藉水来说明柔弱的作用。水性趋下居卑，老子又阐扬卑下屈辱的观念，卑下屈辱乃是'不争'思想引申出来的。而'不争'思想即是针对占有意欲而提出的。"（《老子注译及评介》）

第七十九章

　　和大怨，必有余怨，安可以为善①？是以圣人执左契，而不责于人②。有德司契，无德司彻③。

　　天道无亲，常与善人④。

[自圆其说]

　　① 和：和解，调和。怨：怨恨，埋怨。善：妥善。"和大怨"三句：和解了大的怨恨，必定还有剩余的埋怨，怎么可以算妥善呢？

　　② 契：契券，此指借据凭证。古时候借债，刻木为契，一剖为左右两半，中间契口与契口必须能相合，左契由债权人收存，右契由欠债人收存。责：求取，索取。《说文解字》："责，求也。""是以圣人执左契"二句：因此，圣王即使保存着他人的借据凭证，也不会强求别人偿还。

　　③ 司：主管，掌管。《广雅·释诂》："司，主也。"司契：掌管契据的人。彻：周代的一种赋税制度。"有德司契"二句：有德行的人就像掌管着契约的人，不会强行求取；而没有德行的人像掌管赋税的人，就会强行索取。

　　④ 亲：亲近，此指无偏爱。常：经常。与：帮助。与善人：即"善与人"，指善于帮助人，与第八章"与善人"同义。"天道无亲"二句：天道没有偏爱，经常善于帮助人。即第八章"善利万物而不争"之意，亦与第八十一章"既以与人，已愈多"之意相同。注家或将此句解作"天道无所偏爱，却总在帮助善人"，非是。老子还说过"天地不仁，以万物为刍狗"

（第五章）。天道既然"无亲""不仁"，何来选择善人与否？

[今译今读]

和解了大的怨恨，必定还有剩馀的埋怨，怎么可以算妥善呢？因此，圣王即使保存着他人的借据凭证，也不会强求别人偿还。有德行的人就像掌管着契约的人，不会强行求取；而没有德行的人像掌管赋税的人，就会强行索取。

天道没有偏爱，经常善于帮助人。

[高谈阔论]

本章说"天道无亲"。

老子认为，有了大的怨恨虽然可以和解，但"和解"是"有为"，"有为"则"有亲"，即使和解得再好，也会留下余怨。最妥善的办法是如同有"契约"规定那样，大家遵守自然之道，没有偏爱，不以自己的意愿责求于他人，而且善于帮助他人，就不会产生误会、埋怨以及怨恨了。

在老子看来，"无亲"与"不仁"（第五章）旨意一致，意谓无私情无偏爱，不亲不疏、不利不害、不贵不贱（第五十六章），守中不偏，自然而然。天道如此，圣王亦应如此。可参见第五章 [高谈阔论]。

[众说纷纭]

河上公说："杀人者死，伤人者刑，以相和报。任刑者失人情，必有余怨及于良人也。一人吁嗟，则失天心，安可以和怨为善？"（《老子道德经河上公章句》）

吴澄说："天道无所私亲，常救助善人。圣人虽无心于为善人，而天常为之，必不令恶人得以肆毒也。前言圣人不用刑而天杀恶人，此言圣人不和怨而天为善人。老子之道，无为自然，一付之天而已。然天之歼恶祐善，岂若人之有心哉？恶者必祸，善者必福，理之自然而然尔。"（《道德真经注》）

蒋锡昌说："此言有德之君主执左契而不责于人，无德之君主以收税为事。不责于人，则怨无由生；取于人无厌，则大怨至也。"（《老子校诂》）

任继愈说："'司契'和'司彻'，都是古代贵族所用的管账人。司契的人，只凭契据来收付，所以显得从容。'彻'是古代贵族对农民按成收租的剥削制度。为了对农民进行剥削，所以'司彻'的人对交租人斤斤计较。"（《老子绎读》）

张舜徽说："古人以右契为上，故秦汉虎符，皆右在皇帝。必右契始可责取，左契待合而已。此云'圣人执左契而不责于人'，乃言善为人君者以卑弱自处，不为主而为客之意。"（《周秦道论发微·老子疏证》）

陈鼓应说："本章在于提示为政者不可蓄怨于民。用税赋来榨取百姓，用刑政来箝制大众，都足以构怨于民。理想的政治是以'德'化民——辅助人民，给与而不索取，决不骚扰百姓，这就是'执左券而不责于人'的意义……所谓'天道无亲，常与善人'，并不是说有一个人格化的天道去帮助善人，而是指善人之所以得助，乃是他自为的结果。"（《老子注译及评介》）

第八十章

小国寡民^①。

使有什伯之器而不用^②；使民重死而不远徙^③，虽有舟舆无所乘之^④，虽有甲兵无所陈之^⑤；使民复结绳而用之，甘其食，美其服，安其居，乐其俗^⑥；邻国相望，鸡犬之声相闻，民至老死不相往来^⑦。

[自圆其说]

① 小：使……分小，形容词使动用法。国：此指诸侯王国。小国：使国家分小。寡：使……减少，形容词使动用法。寡民：使民众减少。小国寡民：使国家分小，使民众减少。

② 什伯之器：指兵器。俞樾《诸子平议》："什伯之器，乃兵器也。《后汉书·宣秉传》注曰：'军法五人为伍，二五为什，则共其器。'其兼言伯者，古军法以百人为伯，《周书·武顺》篇：'五五二十五曰元卒，四卒成卫曰伯。'是其证也。什伯皆士卒部曲之名。"可从。与下文"虽有甲兵无所陈之"并无重复，前后两句所指对象不同，前句针对侯王而言，后句针对民众而说。不用：不发挥作用。使有什伯之器而不用：使侯王虽有兵器而不发挥作用。

③ 重死：即以死为重，重视死亡，不轻易冒生命危险，与第七十五章"轻死"相反。徙：迁徙。使民重死而不远徙：使民众重视死亡，而不愿意向远处迁徙。

④ 舟：船。舆：通"车"。《说文解字》："舆，车舆。"虽有舟舆无所

乘之：虽然有船和车，却没有必要乘坐。

⑤ 甲兵：铠甲和兵器。陈：陈列。虽有甲兵无所陈之：虽然有铠甲兵器，却没有必要陈列。

⑥ 复：复归。结绳：指结绳记事。相传上古之时，在文字出现之前，人们用结绳来计数和记事。甘：形容词意动用法，以……为甘。下文"美""安""乐"均是此种用法。甘其食：以其食为甘，认为自己的食物很香甜。"使民复结绳而用之"五句：使民众复归结绳记事，使民众认为自己的食物很香甜，自己的衣服很华美，自己的居所很安适，自己的习俗很欢乐。

⑦ "邻国相望"三句：邻国之间可以相互望见，鸡犬之声可以相互听到，但要使民众一直到老了死去，也不相互往来。

[今译今读]

使国家分小，使民众减少。

使侯王虽有兵器而不发挥作用；使民众看重死亡而不愿意向远处迁徙，虽然有船和车却没有必要乘坐，虽然有铠甲兵器却没有必要陈列；使民众复归结绳记事，使民众认为自己的食物很香甜，自己的衣服很华美，自己的居所很安适，自己的习俗很欢乐；邻国之间可以相互望见，鸡犬之声可以相互听到，但要使民众一直到老了死去，也不相互往来。

[高谈阔论]

本章说"小国寡民"。

翻阅所能收集到的古今众多注家的注解，竟然发现本章无一例外地被误解误读，或以为"小国寡民"是老子所描绘的乌托邦式的理想社会模式，或以为"小国寡民"是老子复古思想的集中体现，是历史的倒退，或称赞或指责，皆为大谬。老子的目的是"以道佐人主"，提供圣王"以正治国，以奇用兵，以无事取天下"的政治方略，"小国寡民"只是圣王"以无事取天下"之"非常道"之一。

　　本章与第四十八章、第五十七章、第六十章、第六十一章，有内在思想上的逻辑联系，诸章合读，有助于深刻理解。第五十七章提出圣王"取天下"战略任务，圣王有"三大战略任务"："以正治国，以奇用兵，以无事取天下"，"取天下"是其中之一；第四十八章提出"取天下"基本思想，阐述"取天下"之"非常道"："取天下常以无事，及其有事，不足以取天下"；第六十一章提出"取天下"基本理论，取天下如娶女人；第六十章与第八十章提出"取天下"基本方略，分别讲述圣王应如何通过实施"治大国"和"小国寡民"策略，从而实现"以无事取天下"。"治大国"是正面说，做加法，"小国寡民"是反着说，做减法，总的思路是把本国搞得大大的，把别国搞得小小的。

　　"小国寡民"是本章主旨。"小国寡民"，省略主语"圣王"，本章所有内容都是老子对圣王提出施政方略，下文句子结构类同。"国"指诸侯王国，"小""寡"，形容词使动用法，意谓圣王要使诸侯王国分小，使民众减少。这一主张是老子针对当时社会现实而提出的。在古代，大国与小国、强国与弱国的区别，主要看土地疆域的大小和民众人口的多少，疆域辽阔、人口众多，则是大国、强国，反之则为小国、弱国。周代商立国后实行分封制，各种小封国林立，难计其数，有史书说一千八百多国，至周王朝后期，经过大规模的吞并后，有记载的封国还有一百七十余。各封国的面积都很小，人口不多，二三十个封国的面积和人口加起来还不如周天子所直辖的"王畿"，所以中央政府可以完全控制封国，虽然这是一种松散的联盟，周王朝最高统治者周天子被奉为天下"共主"。在西周时代，特别是其鼎盛时期，中央政府与封国、封国与封国之间，相安无事，社会安定繁荣。到东周时期，随着周王朝中央政权衰落，其政治威信已不再能控制封国，封国间开始了连绵不断的战争，开始相互吞并和争霸。老子生当东周春秋时期，兼并战争日趋激烈，如《史记·太史公自序》曰："春秋之中，弑君三十六，亡国五十二，诸侯奔走不得保其社稷者不可胜数。"老子身为周王室的史官，"历记成败存亡祸福古今之道"，纵观周室的荣衰、天下的失控，深知其根源所在。国大则好强，好强则必大争于天下；民多则好争，好争则必多乱。在老子看来，"小国寡民"是一个良方，把诸侯国分小，小国林立，小国疆域变小、民众变少，小国由于自身力量的弱小而不会侵犯别国，不会有争霸的野心，不仅不会威胁中央政权的统治，反而会积极向中央政府靠拢，寻求庇护，国小不好强，民少不好争，从此天下就会太平。

老子"取天下"之道的非常之处在于以"无事"取天下，他强调说"取天下常以无事，及其有事，不足以取天下"（第四十八章）。本章，老子在提出"小国寡民"方略之后，紧接着就从四个方面具体阐述如何息事宁人，削除事端，实现以"无事"取天下的目的：

其一，"使有什伯之器而不用"。这是针对侯王而言，非"使民"而是"使侯王"，把众多诸侯国分小后，侯王没有了争霸的野心和实力。老子认为"大国不过欲兼畜人，小国不过欲入事人。夫两者各得其所欲"（第六十一章）。此时小国的侯王"所欲"只是"欲入事人"，主动、自愿求助于大国，依赖大国。所以，实施"小国寡民"方略，首先要使侯王虽然拥有兵器也不敢、不能、不想发挥作用。所以，使侯王虽有兵器而"不用"，不争霸，就不会惹事，则天下安然无事，即可实现"以无事取天下"也。

其二，"使民重死而不远徙，虽有舟舆无所乘之，虽有甲兵无所陈之"。"虽有甲兵无所陈之"是对"重死"而言，战争最是夺人生命，最令人"轻死"，今使民"重死"，不愿冒死，则当弃置"甲兵"，所以说"虽有甲兵无所陈之"；"虽有舟舆无所乘之"是对"不远徙"而言，"不远徙"即是要安居，只有不向外迁徙才可能安居，今使民"不远徙"，则水陆交通工具自无用处，所以说"虽有舟舆无所乘之"。所以，使民众重死不远徙、不用舟舆甲兵，就不会多事，则天下平安无事，也可实现"以无事取天下"也。

其三，"使民复结绳而用之，甘其食，美其服，安其居，乐其俗"。使民众重新复归到上古结绳记事时代，则所谓文字、知识、智慧、礼仪、巧技、奇珍等等，尽皆弃置而无用，即第十九章所说的"绝圣弃智""绝仁弃义""绝巧弃利"，所以此句的实质是使民"无知"；"甘其食、美其服、安其居，乐其俗"，其实质是使民"无欲"，民众的日常生活，如衣、食、住、俗，即使是简陋、粗鄙、原始的，但是民众却仍然能自甘、自美、自安、自乐。只有使民众处于"无知""无欲"之中，民众才会随遇而安，才不会有人敢于无事生非，如第三章所说"常使民无知无欲，使夫智者不敢为也"。所以，使民众无知无欲，就不会生事，则天下安乐无事，亦可实现"以无事取天下"也。

其四，"邻国相望，鸡犬之声相闻，民至老死不相往来"。"民至老死不相往来"，"民"非主语，省略主语，使动用法，是"使民"，与"使民重死而不远徙""使民复结绳而用之"结构一致。"老死不相往来"，民非"不想"往来而是"不能"，非"主动"而是"被动"，非"自愿"而是"被迫"，皆因邻国间有一道鸿沟，使民众不能逾越。君王把各诸侯国分成众多小国，实行封闭管理政策，制定限制邻国间相互往来的禁令，邻国可以相望，鸡犬之声可以相闻，但禁令使得民众不能、不敢、不想相互往来。今使民"老死不相往来"，即是没有交往，没有交往就没有比较，没有比较就没有攀比，没有攀比就没有争夺，没有争夺就没有战争。所以，使民众相邻相望相闻不相往来，就不会来事，则天下相安无事，最终也可实现"以无事取天下"也。

汉高祖开国时，实施分封同姓王，自文、景两代起，中央王朝与诸侯王国的矛盾日趋突出，如何限制和削弱日益膨胀的诸侯王势力，一直是中央王朝面临的严重问题。文帝时，贾谊提出以"众建诸侯而少其力"为核心内容的《治安策》，认为"欲天下之治安，天子之无忧，莫如众建诸侯而少其力。力少则易使以义，国小则无邪心"；景帝时，采纳晁错提出的《削藩策》，犹豫不决，结果激起吴楚七国以武装叛乱相对抗；武帝时，实行主父偃提出的"推恩令"，核心内容是"令诸侯推恩分子弟，以地侯之"、"实分其国，不削而稍弱矣"，其意义在于将诸侯王国土地分给所有子弟，而不是像以前那样把所有的土地、权力仅仅传给嫡子，由王国析为侯国，从而使诸侯王国的封地越分越小，诸侯王不再有能力与中央王朝抗衡，有利于加强中央王朝的集权统治。贾谊的"治安策"、晁错的"削藩策"和主父偃的"推恩令"与老子的"小国寡民"在思想上是一脉相承的，是同属一个模式的。

上世纪八九十年代，美西方对苏联推行"和平演变"战略，导致苏联于 1991 年 12 月 25 日解体，一夜之间，一个超级大国被分解成 15 个国家，其中实力最强的是俄罗斯，但俄罗斯相对于前苏联来说，国家被分小了，国土面积减少了 530 万平方公里，人口被减少了一半多，直接从近 3 亿人口，缩减到 1.4 亿，致使俄罗斯至今都无法恢复元气，失去了与美西方抗衡的实力，其他解体后独立的 14 个国家更没有这样的实力，甚至有的国家反而寻求美西方的庇护。美西方运用"和平演变"战略，推动苏联解体，使原苏联国家分小、人口减少，失去抗衡能力，这不正是老子所说的"小国寡民"方略吗？

[众说纷纭]

河上公说："君能为民兴利除害，各得其所，则民重死而贪生也。政令不烦则民安其业，故不远迁徙离其常处也。清静无为，不作烦华，不好出入游娱也。无怨恶于天下。去文反质，信无欺也。"（《老子道德经河上公章句》）

王弼说："国既小，民又寡，尚可使反古，况国大民众乎！故举小国而言也。"（《老子注》）

吴澄说："不远徙者，生于此，死于此，不他适也。老子欲挽衰周，复还太古，国大则民众难治，得小国寡民而治之，使其民毋慕于外，自足于内，如此也。"（《道德真经注》）

张舜徽说："所谓小邦寡民，亦特指当时之部落氏族耳，非真如后世之建国立制也。老子生于周末扰攘之会，目睹斯民涂炭之苦，故追思太古无剥削、无压迫之乐，偶尔称述及之。论者遽据此谓老子欲导斯民返于太古

之无事，失其旨矣。"(《周秦道论发微·老子疏证》)

高亨说："这一章是老子的政治论，描写他想像中社会。这个社会国家小，人民少，等于原始时代的小部落。不要提高物质生活，不要发展文化生活，人民无欲无知，满意于朴素、简单的生活条件和环境，所以没有乱事。国与国之间没有战争，异国人民也不相往来。这很明显是倒退到没有阶级的原始社会。"(《老子注译》)

陈鼓应说："'小国寡民'乃是基于对现实的不满而在当时散落农村生活基础上所构幻出来的'桃花源'式的乌托邦。在这小天地里，社会秩序无需镇制力量来维持，单凭各人纯良的本能就可相安无事。在这小天地里，没有兵战的祸难，没有重赋的逼迫，没有暴戾的空气，没有凶悍的作风，民风淳朴真实，文明的污染被隔绝。故而人们没有焦虑、不安的情绪，也没有恐惧、失落的感受。这单纯朴质的社区，实为古代农村生活理想化的描绘。"(《老子注译及评介》)

詹剑峰说："这种自足自给而自治的村落，实是原始公社在老子头脑里的反映，表达了当时自由农民这一阶层的要求与愿望。由此可见，老子的理想国是有其客观的根据，并且是农民意识的反映。"(《老子其人其书及其道论》)

李零说："'小邦寡民'，是《老子》描述的理想国。'小邦'，乙本、今本避汉高祖讳作'国'，甲本不避。古人的理想国，都是与现实拧着来。现实世界，大家都想当大国，过奢侈生活，处于商业和文化的中心。但理想国，一般都是小国，越原始越有味。这种小国，多半是出于反文明的幻想，但也有一点原型。"(《人往低处走》)

黄瑞云说："《老子》的'小国寡民'与《礼运》的'天下为公'是先秦无独有偶两个幻想的社会模式……两者比较，道家'小国寡民'幻想远古的社会人民自然生存，是没有统治者的，即使有也会是'太上不知有之'。儒家'天下为公'的理想社会是有统治者的，这些统治者是选举产生的贤能，'选贤与能'，他们对人民承担责任。儒道两家哲人的社会理念不

同，却同样反映了战乱中人民对安定生活的向往。"(《老子本原》)

　　傅佩荣说："本章所述可以视为理想国或桃花源，虽不能至，但心可向往之——'甘其食''美其服''安其居''乐其俗'。也许无法真的有这些条件，但是可以从这个角度来享受这一切，吃任何东西都觉得好吃，穿任何衣服都觉得很开心，安于生活。"(《傅佩荣细说老子》)

　　范文澜说："老子想分解正在走向统一的社会为定型的和分离的无数小点，人们被拘禁在小点里，永远过着极低水平的生活，彼此孤立……这种反动思想，正是没落领主的思想……老子小国寡民的政治思想是反历史的。"(《中国通史》)

第八十一章

信言不美，美言不信①。

善者不辩，辩者不善②。

知者不博，博者不知③。

圣人不积，既以为人，己愈有④；既以与人，己愈多⑤。

天之道，利而不害⑥；圣人之道，为而不争⑦。

[自圆其说]

①　信：诚信。《说文解字》："信，诚也。"美：漂亮，华美。美言：漂亮的话，也指花言巧语，自吹自擂。第六十二章"美言可以市尊"，即为此意，美言可用于市场交易时吆喝。"信言不美"二句：诚信的话不华美，华美的话不诚信。

②　善者：即第七十七章所说"有道者"，亦与第二十七章所说"善人"、第十五章、第六十五章所说"善为道者"同义，指得道的人。辩：辩说，此指诡辩。辩者：指巧舌如簧的诡辩者。"善者不辩"二句：得道的人不诡辩，诡辩的人不得道。

③　知：聪明。第三十三章"自知者明"、第五十五章"知常曰明"，即为此意。知者：聪明的人，有自知之明的人。博：广博，此指炫耀广博。"知者不博"二句：聪明的人不炫耀，炫耀的人不聪明。

④　积：积累，积聚。不积：不积藏。第四十四章说"多藏必厚亡"，所以老子主张不积藏。既：尽量。《广雅·释诂》："既，尽也。"为：帮助。

《广雅·释诂》："为，施也。""圣人不积"三句：圣王不积藏财物，尽量用来帮助他人，而自己却愈加富有。

⑤ 与：施与，给予。"既以与人"二句：尽量给予他人，而自己愈加增多。

⑥ "天之道"二句：自然的法则是利于万物，而不伤害万物。

⑦ "圣人之道"二句：圣王的法则是有所作为，而不与人争夺。

[今译今读]

诚信的话不华美，华美的话不诚信。

得道的人不诡辩，诡辩的人不得道。

聪明的人不炫耀，炫耀的人不聪明。

圣王不积藏财物，尽量用来帮助他人，而自己却愈加富有；尽量给予他人，而自己愈加增多。

自然的法则是利于万物，而不伤害万物；圣王的法则是有所作为，而不与人争夺。

[高谈阔论]

本章说"圣人不积"。

上章为老子总括圣王"以无事取天下"之"非常道"而提出"小国寡民"方略；本章则为老子总括圣王"以正治国"之"非常道"而提出"圣人不积"之策略。老子"以道佐人主"，希望圣王"唯道是从"，遵从"天之道""圣人之道"，遵道而行。

"信言不美"至"博者不知"六句，老子阐述圣王应该怎样在处理具体问题上"唯道是从"。在"言"上，圣王要为信而不争美，要做到"言善信"（第八章），因为"美言不信"，圣王"信不足焉"，民众"有不信焉"（第十七章）；在"善"上，圣王要为善而不争辩，不分辩，因为"辩者不善"，要做到"圣人无常心，以百姓心为心。善者吾善之，不善者吾亦善之"，这样就能得到民众的善待；在"知"上，圣王要为知而不争博，不争相炫耀，因为"博者不知"，"知不知，上"（第七十一章），圣王要"自知不自见"。

老子认为，天之道，讲"利而不害"；圣人之道，讲"为而不争"。"天之道"与"圣人之道"是相通的，共性是"不积"。圣人做到"不积"，为了别人而不争，自己反而拥有越多；利于别人而不害，自己反而得到越多，"不积"反而积得更多，这是"不积"之"积"，亦即第五十九章所谓"重积德"。这是立国的根本，是国家固本强基、长治久安之道。

[众说纷纭]

河上公说："圣人积德不积财，有德以教愚，有财以与贫也。既以为人施设德化，己愈有德。既以财贿布施与人，而财益多，如日月之光，无有尽时。"（《老子道德经河上公章句》）

苏辙说："势可以利人，则可以害人矣。力足以为之，则足以争之矣。能利能害而未尝害，能为能争而未尝争，此天与圣人所以大过人而为万物宗者也。凡此皆老子之所以为书与其所以为道之大略也，故于终篇复言之。"（《道德真经注》）

范应元说："信实之言多朴直，故不美。甘美之言多华饰，故不信。嘉善之言止于理，故不辩。辩口利辞乱于理，故不善。"（《老子道德经古本集注》）

张松如说："本章开头提出了美与信、善与辩、知与博诸范畴，实际上是提出了真假、善恶、美丑等矛盾对立的一系列问题，说明某些事物的表面现象和内在实质往往不一致。这中间包含着丰富的辩证法思想。"（《老子校读》）

张舜徽说："积谓停滞也。善为君者，不以天下之事滞于一己，而必与天下之人共治之。任人之才而不任己之智，群下效力，而己收其成功，故曰己愈有，己愈多也。天之生物，任其自然而化育之，是利而不害也。人

君之治国，分委群下而自处下，是为而不争也。"（《周秦道论发微·老子疏证》）

陈鼓应说："本章的格言，可作为人类行为的最高准则。前面三句格言在于提示人要信实、讷言、专精。后面四句，在于勉励人要'利民而不争'……老子的'不争'，并不是一种自我放弃，并不是消沉颓唐，他却要人去'为'，'为'是顺着自然的情状去发挥人类的努力，人类努力所得来的成果，却不必擅据为已有。这种贡献他人（'为人''与人''利万物'）而不和人争夺功名的精神，亦是一种伟大的道德行为。"（《老子注译及评介》）

主要参考书目

1. 马王堆汉墓帛书整理小组编：《马王堆汉墓帛书〈老子〉》，北京：文物出版社，1976 年。

2. 国家文物局古文献研究室编：《马王堆汉墓帛书［壹］》，北京：文物出版社，1980 年。

3. 湖北省荆门市博物馆：《荆门郭店一号楚墓》，《文物》一九九七年第七期。

4. 湖北省荆门市博物馆编：《郭店楚墓竹简》，北京：文物出版社，1998 年。

5. 韩非：《韩非子》，上海：上海古籍出版社，1989 年。

6. 辛妍：《文子》，上海：上海古籍出版社，1989 年。

7. 刘安：《淮南子》，北京：中华书局，2012 年。

8. 河上公：《老子道德经河上公章句》，北京：中华书局，1993 年。

9. 严遵：《老子指归》，北京：中华书局，1994 年。

10. 司马迁：《史记》（简体字本），北京：中华书局，1999 年。

11. 司马迁：《史记》，上海：上海古籍出版社，2011 年。

12. 班固：《汉书》，北京：中华书局，2007 年。

13. 王弼：《老子注》，北京：中华书局《诸子集成》，1954 年。

14. 僧祐、道宣：《弘明集·广弘明集》，上海：上海古籍出版社，1991 年。

15. 王安石：《老子注辑佚会钞》，上海：华东师范大学出版社，2013 年。

16. 吕惠卿：《老子注》，上海：华东师范大学出版社，2015 年。

17. 苏辙：《道德真经注》，上海：华东师范大学出版社，2010 年。

18. 林希逸：《老子鬳斋口义》，上海：华东师范大学出版社，2010 年。

19. 范应元：《老子道德经古本集注》，上海：华东师范大学出版社，2010 年。

20. 吴澄：《道德真经注》，上海：华东师范大学出版社，2010 年。

21. 释德清：《老子道德经解》，武汉：崇文书局有限公司，2015 年。

22. 焦竑：《老子翼》，上海：华东师范大学出版社，2011 年。

23. 魏源：《老子本义》，上海：华东师范大学出版社，2010 年。

24. 魏源：《孙子集注序》，《魏源全集》第十二册，长沙：岳麓书社，2004 年。

25. 奚侗：《老子集解》，上海：上海古籍出版社，2007 年。

26. 叶适：《习学记言》卷十五《老子》，上海：上海古籍出版社，1992 年。

27. 王夫之：《庄子解》，北京：中华书局，1985 年。

28. 陈寿：《三国志》，北京：中华书局，2011 年。

29. 房玄龄等：《晋书》，北京：中华书局，1974 年。

30. 毛泽东：《毛泽东早期文稿》，长沙：湖南出版社，1995 年。

31. 毛泽东：《毛泽东选集》，北京：人民出版社，1966 年。

32. 毛泽东：《毛泽东文集》，北京：人民出版社，1996 年版。

33. 鲁迅：《故事新编·出关》，《鲁迅小说全集》（2），北京：北京燕山出版社，2011 年。

34. 鲁迅：《〈出关〉的关》，《鲁迅杂文全集》（下），北京：北京燕山出版社，2013 年。

35. 胡适：《中国哲学史大纲》，杭州：浙江古籍出版社，2012 年。

36. 冯友兰：《中国哲学史》，上海：华东师范大学出版社，2012 年。

37. 章炳麟：《訄书》，上海：上海文艺出版（集团）有限公司、中西书局，2012 年。

38. 罗根泽：《诸子考索》，北京：人民出版社，1958 年。

39. 罗根泽主编：《古史辨》第四、六册，上海：上海古籍出版社，1982 年。

40. 蒋伯潜：《诸子通考》，北京：中华书局，2016 年。

41. 王力：《老子研究》，上海书店《民国丛书》第四编，商务印书馆，1928 年。

42. 高亨：《老子注译》，北京：清华大学出版社，2010 年。

43. 高亨：《老子正诂》，北京：清华大学出版社，2011 年。

44. 范文澜：《中国通史》（第一册），北京：人民出版社，1978 年。

45. 蒋锡昌：《老子校诂》，北京：商务印书馆影印，1937 年。

46. 朱谦之：《老子校释》，北京：中华书局，1984 年。

47. 吕思勉：《先秦学术概论》，北京：中国大百科全书出版社，1985 年。

48. 郭沫若：《十批判书》，北京：东方出版社，1996 年。

49. 郭沫若：《中国史稿》第一册，北京：人民出版社，1964 年。

50. 任继愈：《老子绎读》，北京：商务印书馆，2009 年。

51. 任继愈主编：《中国哲学史简编》，北京：人民出版社，1973 年。

52. 任继愈主编：《中国哲学发展史》，北京：人民出版社，1983 年。

53. 林语堂：《老子的智慧》，长春：时代文艺出版社，1988 年。

54. 饶宗颐：《老子想尔注校笺》，香港苏记书庄，1956 年。

55 徐观复：《中国人性论史》，北京：九州出版社，2014 年。

56. 徐观复：《中国思想史论集续篇》，北京：九州出版社，2014 年。

57. 钱穆：《先秦诸子系年》，北京：商务印书馆，2002 年。

58. 詹剑峰：《老子其人其书及其道论》，武汉：华中师范大学出版社，2006 年。

59. 南怀瑾：《老子他说》，北京：国际文化出版公司，1991 年。

60. 陈鼓应：《老子注译及评介》，北京：中华书局，1984 年。

61. 陈鼓应：《中国哲学创始者——老子新论》，北京：中华书局，2015 年。

62. 陈鼓应：《庄子今注今译》，北京：中华书局，2009 年。

63. 陈鼓应、白奚：《老子评传》，南京：南京大学出版社，2001 年。

64. 钱锺书：《管锥编·老子王弼注》，北京：生活·读书·新知三联书店，2012 年。

65. 钱锺书：《写在人生边上》，北京：中国社会科学出版社，1990 上。

66. 许抗生：《帛书老子注译与研究》，杭州：浙江人民出版社，1982 年。

67. 戴维：《帛书老子校释》，长沙：岳麓书社，1998 年。

68. 张松如：《老子校读》，长春：吉林人民出版社，1981 年。

69. 张松如：《老子说解》，济南：齐鲁书社，1998 年。

70. 高明：《帛书老子校注》，北京：中华书局，1996 年。

71. 张舜徽：《张舜徽文集·周秦道论发微》，武汉：华中师范大学出版社，2005 年。

72. 李泽厚：《中国古代思想史论》，北京：人民出版社，1986 年。

73. 李泽厚：《论语今读》，北京：生活·读书·新知三联书店，2004 年。

74 杨伯峻：《论语译注》，北京：中华书局，2015 年。

75. 古棣、周英：《老子校诂》（《老子通》上部），长春：吉林人民出版社，1987 年。

76. 刘笑敢：《老子古今》，北京：中国社会科学出版社，2006 年。

77. 黄瑞云：《老子本原》，武汉：长江出版传媒、湖北人民出版社，2013 年。

78. 傅佩荣：《傅佩荣细说老子》，北京：国际文化出版公司，2007 年。

79. 李零:《人往低处走——〈老子〉天下第一》,北京:生活·读书·新知三联书店,2008 年。

80. 李零:《中国方术正考》,北京:中华书局,2006 年。

81. 萧兵、叶舒宪:《老子的文化解读——性与神话学之研究》,武汉:湖北人民出版社,1994 年。

82. [荷] 高罗佩:《中国古代房内考》,李零等译,北京:商务印书馆,2012 年。

83. [美] W. 马斯特斯、V. 约翰逊:《人类性反应》,马晓年等译,北京:知识出版社,1989 年。

84. [英] 霭理士:《性心理学》,潘光旦译注,北京:商务印书馆,2013 年。

85. 李敖:《中国性研究》,长春:吉林出版集团、时代文艺出版社,2013 年。

86. 阮芳赋主编:《性知识手册》,北京:科技文献出版社、人民卫生出版社,1988 年。

87. 尹振环:《楚简老子辨析——楚简与帛书〈老子〉的比较研究》,北京:中华书局,2001 年。

88. 杨义:《老子还原》,北京:中华书局,2011 年。

89. 刘韶军:《唐玄宗·宋徽宗·明太祖·清世祖〈老子〉御批点评》,长沙:湖南人民出版社,1997 年。

90. 朱俊红整理:《〈道德经〉四帝注》,海口:海南出版社,2012 年。

91. 兰喜并:《老子解读》,北京:中华书局,2005 年。

92. 易中天:《中国智慧》,上海:上海文艺出版社,2011 年。

93. 曹勇宏:《老子:冷笑着的智慧》,北京:中国发展出版社,2009 年。

94. 卢育三:《老子释义》,天津:天津古籍出版社,1987 年。

95.《周易》,长春:时代文艺出版社,2000 年。

96.《战国策》,长春:时代文艺出版社,2000 年。

后　　记

　　20 世纪 80 年代的大学生普遍有一种追求不朽的冲动，我自认为只是一介书生，便以"立言"为人生追求，本想寒窗苦读，成就"为往圣继绝学"的梦想。大学毕业后，我被分配回到当时属于浙西贫困地区的老家，在县委党校教书。我自幼嗜书如命，当时填报分配志愿是图书馆，教书也算如愿。我想这辈子大概也就这样与书为伴了，因此我在一块产自本地的青石镇纸上刻下了九个字："死读书读死书读书死"。

　　但是，人在俗世，难免是个俗人。在官本位氛围中，我也随波逐流走入仕途。之后三十多年时间，一直在市县两级机关沉浮，虽有一时虚荣心的满足，但更多的是内心的失落。铁打的机关，流水的官员。在一个单位，主要领导离任了，一年之后就没人记得了，副职更是离任半年之后就没人想起了。子曰："君子疾没世而名不称焉。"大学时代"追求不朽的冲动"，到后面越来越变成了一种"追求不朽的焦虑"。

　　2019 年，我遭遇人生变故，有一段时间，一度出现精神分裂症状，坠入人生低谷，经历了人生至暗时刻，深切体会到了世态炎凉，好友不友好，同学不同情，同事成路人，微信被拉黑，群聊被踢出。那段时间，我身处困境，寝食不安，彻夜难眠，时而清醒，时而恍惚，时有幻听幻觉，感觉自己已经被世界抛弃，被关闭在一个狭小的房间里。后来在家人的努力下，我开始走出阴影。我把自己关进了自家顶楼小阁楼书房里，如同把自己抛到了一个孤岛上，除了与家人交往，一心只读圣贤书，与古圣先贤对话交流。把别人的绝情关闭化成自己的闭关修炼，精神内守，昼读夜思，在读书中修炼，在修炼中写书，把修炼心得写成书。闭关修身四年，静坐读书百卷。先读《周易》，看了古今众多注解。一日，用《易传》记载的"大衍筮法"，自占前程，占得困卦九四爻。正是："窗前占得泽水困，困于金车徐来徐。有言不信似有咎，致命遂志终有终。"《周易》让我明白了当时处境，明了了未来前景，明晰了脱困路径，让我有了自信。我用两年时间先后写了《我的第一本周易使用手册》《易经易知：于变局中开新局》。再读《老子》，看了古今众多《老子》注解，发现《老子》一直都被误读误解了，老子其人其书其道，早已面目全非。老子是"周守藏室之史"，在周朝廷当"柱下史"，相当于现在的政策研究室主任，肩负"以道佐人主"的职责，怎么可能是"无为"的老子。入仕初期，我曾担任过先后两任县委书记的秘书，并任县委政策研究室主任，这个职务相当于县级"柱下史"。也许我与二千多年前的老子职务相似，心意相通，我觉得自己才是老子的知音，于是便写了这本与众不同的《〈老子〉自圆其说》。从去年开始读《论语》，因《周易》中的《易传》为孔子所写，《周易》与《论语》血脉相连，我于是用《周易》解读《论语》，便写了《易说论语》。现在感觉良好，下一步准备把《墨子》《韩非子》《庄子》《孙子兵法》也解读一遍，觉得也很有意思。

　　我能走出阴影，能走到今天，能顺利完成四部书稿的写作，我要感谢我的家人，是家人的爱挽救了我。我要感谢已近期颐之年的父亲高明浩和母亲郑丽英，他们是我的精神支柱。我要特别感谢我的妻子何苏君，她对我不离不弃，悉心照料，并用她作为一名国家二级心理咨询师的专业知识、实操技术以及实践经验，把我从精神崩溃的边缘拉了回来，使我回归正常，重新恢复写作能力。她还帮我解答了《周易》《老子》等经典古籍里的一些心理类词义和心理现象，并承担了所有家务，让我有充裕的时间写作。谢谢了，苏君，我亲爱的妻子！我要感谢我的女儿高何尘，她不仅是爸爸的"贴心小棉袄"，而且是书稿的第一手读者，她的鼓励支持，是我能够完成书稿的强大精神动力。我还要感谢我的姐姐高玲娟、大妹高红娟、二妹高素娟、小妹高秀娟，她们时刻牵挂着我的健康，不时给我送来温暖。没有家人的精心呵护和鼓励支持，我不可能恢复得这么快、这么好，也不可能完成四部书稿。谢谢了，我的家人！

同时，我要感谢我的"命中贵人"。华龄出版社的编辑以出版人的敏锐眼光看中了我的投稿，并为书稿的出版付出了辛劳。这本书能够顺利出版面世全靠他们造就。在此，我向他们表示诚挚的敬意和衷心的感谢！

最后，我要感谢我遭遇的一切。一切都是最好的安排。"自天祐之，吉，无不利"。

2024 年 1 月 5 日
于浙江衢州信安湖畔亭川善庆居